날씨가 바꾼

서프라이징
세계사

KODEF
안보총서 56

날씨가 바꾼
서프라이징
세계사

날씨는 인류의 역사를 만들고 지배한다

반기성 지음

플래닛미디어
Planet Media

추천의 말

◆ "기후 변하면 전쟁 부른다." 데이비드 장David Zhang 홍콩대학교University of Hong Kong 교수는 과거 300년간 유럽의 기후를 추적한 후 이와 같은 결론을 얻었다. 소빙기의 추운 날씨는 식량의 감산을 불러왔고, 농업의 쇠퇴가 뒤따랐다. 농업 쇠퇴가 경제위기를 불러왔으며 이어 전쟁이 발생하는 원인이 되었다는 것이다.

피터 브레키Peter Brecke 미 조지아공과대학Georgia Institute of Technology 교수는 "지구온난화로 농작물 감소, 가뭄의 확산, 인구 증가 등 물과 식량으로 인한 충돌이 증가하면서 전쟁 가능성이 높아질 것"이라고 말한다. 또한 2003년 미 국방부 보고서 〈급작스런 기후변화 시나리오와 미국 국가안보에 미치는 영향〉에서는 "기후변화에 따른 자연재해와 전쟁 등으로 수백만 명의 인구이동과 전 지구적 재앙이 올 것이다"라고 예견하고 있다.

기후와 날씨는 전쟁만 부르는 것이 아니다. 정권의 몰락에도 기여를 한다. 블룸버그 통신은 2011년 튀니지, 알제리, 이집트, 시리아, 예멘에 몰아닥친 재스민 혁명도 날씨 때문에 발생했다고 말한다. 2010년 엘니뇨와 라니냐로 인한 주요 식량 수출국의 식량 감산이 식량 가격을 폭등시켰다. 결국 전체 국민의 80퍼센트 이상이 하루에 1~3달러로 연명하는 나라들에서 폭동이 일어날 수밖에 없었다는 것이다.

미래학자들은 이처럼 과거만 아니라 미래에도 세계의 역사를 바꾸는 주역은 기후와 날씨가 될 것이라고 말한다. 이러한 때 반기성 씨가 『날씨가 만든 어메이징 세계사』와 속편인 『날씨가 만든 서프라이징 세계사』를 펴냈다. 역사를 바라보는 예리한 시각과 함께 전쟁에서 날씨가 승패를 가른 그의 글은 많은 사람들에게 역지사지의 좋은 가르침이 될 것으로 확신한다.

선영제 (전쟁기념관장, 전쟁기념사업회 회장)

◆ 기후로 문명의 흥망성쇠를 설명하려는 이론적 시도는 엘즈워스 헌팅턴Ellsworth Huntington에 의해 이루어졌다. 그는 문명은 기후의 영향을 받으며 과거의 수많은 대국들은 기후 조건이 유리한가 불리한가에 따라서 흥하기도 하고 망하기도 했다고 주장했다. 이집트와 그리스에서는 기후 조건이 유리한 동안에는 문명이 발달했으며, 로마가 무너진 것도 3세기 초반에 나타난 열악한 기후 조건 때문이었다는 것이다.

그의 이론은 많은 학자들의 반발을 불러 왔지만 또 다른 한편에서는 그의 이론을 보완하기도 했다. 윙클스와 브라우닝은 소빙기나 화산 등의 기후변화가 전쟁이나 폭동을 가져온다고 말한다. 예를 들어 화산의 폭발은 기후 변화를 가져오고, 그것은 다시 식량 공급에 영향을 미쳐 사람들의 행동에 변화를 가져온다는 것이다.

많은 미래학자들은 가까운 장래에 국제사회에 가장 큰 영향을 줄 것으로 식량, 에너지, 물 문제를 꼽는다. 그런데 이 세 가지는 기후와 날씨의 절대적인 영향을 받는다. 미래의 역사나 전쟁에 기후와 날씨가 더 많은 영향을 줄 것이라는 말이다. 헌팅턴이나 브라우닝의 주장이 힘을 얻는 이유다.

우리나라에서는 날씨와 관련된 역사나 전쟁 이야기를 찾기가 어렵고 문명 기후결정론에 대한 논의도 거의 없다. 다만 오랜 시간 동안 역사와 기후의 관계, 전쟁에서 날씨가 미친 영향을 연구해온 반기성 씨가 독보적이다. 그래서 그의 기후와 날씨에 대한 열정에 항상 감동한다. 『날씨가 바꾼 서프라이징 세계사』 출간에 축하와 격려를 보낸다.

이태영 (연세대학교 대기과학과 교수)

◆ 전장을 호령하던 역사 속의 영웅들은 그들의 흥망성쇠에 날씨가 결정적인 변수로 작용할 수 있다는 사실을 알고 있었을까? 프랑스 제국을 건설하고 황제 자리에 오른 나폴레옹과 파죽지세로 유럽과 아프리카를 점령해 가던 독일의 히틀러가 러시아(소련)의 '혹한'이라는 복병에 쓰러져 쇠락의 길로 접어들고, 명나라를 치기 위해 원정길에 나선 이성계가 '장마'를 이유로 위화도에서 회군하여 고려가 멸망할 것이라고 얼마나 많은 사람이 예상을 했겠는가?

물론 날씨가 전쟁 승패를 결정짓는 모든 것은 아니다. 그러나 역사 속에서 인간의 탐욕과 오만함을 꾸짖는 '날씨'라는 자연의 경고가 분명히 나타났다. 전쟁이 인류 역사와 함께 불가피하게 계속되어 온 것은 사실이지만, 인간에게 가장 소모적이고 낭비적인 행위이자 가장 잔인하고 비인간적인 행위가 바로 전쟁 아니던가?

그래서인지 저자는 날씨가 역사 변동의 주요인이라고 자신 있게 말하고 있다. 오랜 시간 기상전문가이자 군인으로서 길을 걸어온 저자는, 섣부른 역사 해석을 절제하면서도 전쟁사에 대한 해박한 지식과 최고의 기상 전문가로서의 타당한 분석을 통해 날씨와 전쟁과의 관계를 새로운 시각으로 조명하고 있다. 전편 『날씨가 바꾼 어메이징 세계사』에 이어 우리에게 지금껏 잘 알려지지 않은 역사의 새로운 면면이 저자 나름의 분석과 설득력으로 채워진 이 책을 통해, 전 세계 곳곳에서 벌어진 역사 속의 전쟁 이야기를 독자들은 흥미진진하게 훑어보는 재미를 느낄 수 있을 것이다.

김동식 (기상산업연합회 회장, 녹색성장위원회 민간위원)

여는 말

"세계 문명의 흥망을 결정짓는 중요한 요소는 기후변화였다."

대학이나 경제단체 등에서 특강을 할 때 필자가 하는 말이다. 물론 기후나 날씨가 유일한 원인이었다는 것은 아니다. 문명의 멸망 뒤에는 정치·경제·사회적 요인과 이민족의 침입 등 외부 요인도 크게 작용을 했다. 그러나 공교롭게도 인류의 주요 문명은 극심한 기후변화 시대에 멸망했다. 우연의 일치일까? 이집트 문명의 흥망을 결정지은 가장 중요한 요인은 기후 조건이었다. 처음 빙하기가 물러난 이후 따뜻한 기후가 나일Nile 강 일대에 사람들을 불러 모았다. 계절마다 서늘한 기후가 반복되었고, 이는 나일 강의 주기적인 범람을 가져와 농업생산성을 크게 증대시켰다. 강력한 왕권국가가 탄생하고 거대한 피라미드와 스핑크스가 건설되었다. 이것은 농업 발전이 뒷받침되었기 때문이다. 하지만 중왕국 시기에 이르면서 나일 강 일대의 기후가 변했다. 온화했던 기후가 찌는 듯한 더위로 바뀌면서 나일 강의 범람도 멈추었다. 더운 기후와 강수량의 감소는 농업의 파탄을 초래했고, 이는 곧 왕조의 멸망으로 이어졌다. 중동의 유프라테스Euphrates 강가를 중심으로 세워졌던 메소포타미아Mesopotamia 문명과 인도의 인더스Indus 문명도 이집트 문명과 비슷했다. 온난하고 적절한 강수량을 보이면서 농업생산력이 최고였던 때 문명이 가장 발달했지만 대가뭄기가 닥치면서 이 두 문명도 문을 닫고 말았다.

긴 역사의 기간 중에서 한 문명의 쇠퇴가 '기후climate'와 연관이 있다면 전쟁의 승패에 영향을 주는 요소는 '날씨weather'라 할 수 있다. 7세기 마호메트가 이슬람교를 창시한 이후, 아랍인들은 식량문제를 해결하고 이슬람교를 확산시키기 위해 칼을 들고 전쟁을 시작했다. 이들이 가장 먼저 맞부딪친 제국이 비잔틴 제국과 페르시아 제국이었다. 이 두 강대국과 벌인 야르무크 강 전투와 카디시야 전투에서, 이슬람군은 모래바람을 활용해 완벽한 승리를 이끌어냈다. 한 번도 아니고 두 번씩이나 중요한 전투에서 모래바람을 이용했다는 것이 흥미롭다. 이 전투 이후 비잔틴 제국은 중동에서 물러났으며, 페르시아 제국은 이슬람 세력권으로 편입되었다.

대기과학을 전공하고 군에서 기상장교로 복무하면서 날씨가 전쟁에 미친 영향이 너무나 크다는 것을 알게 되었다. 자료를 준비하는 중 《국방일보》에서 글을 쓸 수 있는 공간을 허락해 주었다. 1999년부터 2001년까지 '전쟁과 기상'이라는 제목으로 1차 연재를 했다. 2009년부터 다시 연재를 시작하면서 전쟁에 승패를 준 날씨에 역사를 바꾼 기후이야기를 추가했다. '기후와 역사, 전쟁과 기상'이라는 제목으로 2차 연재를 현재 하고 있는 중이다. 2010년에 연재했던 내용들로 『날씨가 바꾼 어메이징 세계사』를 출간했는데, '2011년 문화체육관광부 우수교양 도서'에 선정되면서 너무 기뻤다. 우리 집 늦둥이가 가장 좋아했다. 학교에 가서 친구들에게 자랑하면서 아빠가 자랑스럽다고 한단다. 얼마나 감사했는지 모른다.《국방일보》에 연재해 온 분량이 많았기에 자연스럽게 속편을 출간했으면 싶었다. 기꺼이 출판사에서 허락해 주어 너무나 감사할 뿐이다.

대학에서 강의하면서 학생들에게 역사를 바꾸는 것도 전쟁의 승리를 가져오는 것도 한 가지 요소로 이루어지지는 않는다고 말한다. 수많은 요소 가운데 국가의 지도자나 전쟁터에서의 리더의 역할이 가장 중요하다고 강조한다. 그런데 위대한 리더들의 공통점은 기후나 날씨를 잘 활용했다는 점이다. 손자孫子는 장수가 가져야 할 덕을 다섯 가지로 말했다. 도道, 천天, 지地, 장將, 법法이다. 이 중 '도道'는 부하들과 목표와 비전을 공유해야 함을 말한다. 죽어도 같이 죽고 살아도 같이 사는 조직의 분위기를 도가 있는 조직이라고 한다. '천天'은 기상조건을 가리킨다. 장수는 전투에 영향을 줄 것으로 예상되는 날씨를 예측하고 전략과 전술을 구사할 수 있는 능력이 있어야 한다. '지地'는 지형조건에 대한 분석이다. 장수는 어떤 지형을 선택해야 전투에서 승리할 것인지 정확히 판단할 수 있어야 한다. '장將'은 장수의 능력을 뜻한다. 성품과 전투능력과 판단 능력 등을 두루 갖추어야 한다는 것이다. '법法'은 조직과 편성, 임무의 정확한 배분, 군사물자의 적시 공급과 관리, 그리고 군법을 정확히 세워야 한다는 말이다. 장수의 덕 중에 두 번로 기상을 말한 것은 그만큼 날씨가 중요하다는 뜻이다. 역사의 뛰어난 리더였던 알렉산드로스Alexandros 대왕이나 나폴레옹Napoléon 등은 날씨를 잘 활용했던 것으로 유명했다.

세계 해전사를 보면 위대한 해군 제독들은 날씨를 전투에 잘 활용한다. 트라팔가르Trafalgar 해전의 넬슨Nelson 제독이 그랬고 명량해전의 이순신李舜臣 장군이 그랬다. 그런데 나는 네덜란드 함대사령관이었던 드 로이테르De Ruyter를 참 좋아한다. 그는 영국이나 프랑스, 일본처럼 강국의 제독이 아니었다. 그럼에도 가장 적극적으로 날씨를 활용해 프랑스, 영국과의 해전에서 연전연승했다. 단 한명이라도 뛰어난 리더가 있으면 그 나라는 행복하다. 임진왜란 때 이순신 장군은 조선의 마지막 희망이었고 그는 국민들의 자랑스러운 영웅으로 남았다. 강대국 틈 사이에서 쇠락해가는 네덜란드의 마지막 희망은 드 로이테르 제독이었다. 이순신이 우리의 자랑이듯이 그는 지금도 네덜란드인들에게는 커다란 자부심의 근거다.

날씨를 이용해 승리하는 장군의 공통점은 전쟁에 대한 철저한 준비가 되어 있다는 점이다. 제갈공명諸葛孔明은 요술로 바람과 비를 부르는 마술사가 아니었다. 오랫동안 날씨를 관측하면서 바람의 흐름, 습기의 정도, 구름의 모양, 동물의 움직임으로 다가올 날씨를 예측할 수 있었던 것이다. 철저히 준비했기에 그는 적벽대전의 대승을 이끌어 내었다. 오래 준비한 자만이 승리의 면류관을 얻는다는 사실을 잘 보여준다. 고구려와 부여의 전쟁사를 보면 부여의 대소왕帶素王은 병력과 장비의 우세를 의지했다. 고구려는 소수의 병력이라도 적절한 전술과 날씨를 이용했다. 전쟁의 승리가 병력의 수나 장비의 질로 결정되는 것만이 아니다. 준비된 리더의 날씨와 지형을 적절하게 이용하는 뛰어난 전술이 승리를 보장하는 것이다. 한 가지 예를 더 들어보자. 일본은 몽골의 침공 때 태풍의 내습으로 두 번의 전쟁에서 승리했다. 그런데 2차 전쟁에서 일본은 무려 7년 동안 몽골의 재침략에 대비해 만반의 준비를 했다. 해안에 견고한 돌 성을 세웠고, 병사들의 훈련에 힘을 쏟았다. 고려-몽골 연합군이 규슈九州의 섬들을 공략하고 하카다博多에 도착했을 때, 일본군은 총력을 기울여 7주 동안 해안선을 단호히 지키는데 성공했다. 근해에서는 일본 해군이 연합군 군함에 상당한 타격을 가했다. 일본군의 분전으로 상륙을 저지당하던 고려-몽골 연합군은 배 안에 머물 수밖에 없었다. 8월 15일 태풍이 북상하면서 몽골군은 배 안에서 전멸하고 말았다. 만일 이때 고려-몽골 연합군이 상륙하여 육지에서 일본군과 교전하고 있었다면 태풍으로 인한 패배는 없었을 것이다. 그러나 일본의 리더들은 철저한 준비를 통해 날씨를 내 편으로 만든 것이다. 그래서 나는 나폴레옹의 이 말을 참 좋아한다.

> "일단 중요한 교전을 벌이기로 결정하면, 성공을 위해 있음직한 모든 우연성을 확보하라. 승리를 확실히 하기 위한 모든 합리적인 수단을 마련했을 때, 우연성이 자신에게 유리하게 다가올 수 있는 것이다. 분명 행운은 우연하게 찾아오지만, 담대한 지휘관만이 기회를 이용할 수 있다."[1]

미군은 걸프전을 마치고 전투교범에 있는 '전투지휘관에게 요구되는 능력'을 다음과 같이 수정했다. 첫째, 지형과 기상의 영향을 볼 줄 아는 능력, 둘째 적을 볼 줄 아는 능력, 셋째 자기 자신을 볼 줄 아는 능력, 넷째 자신을 적의 입장에서 볼 줄 아는 능력, 다섯째 다가올 전투를 그려볼 줄 아는 능력. 최첨단의 무기체계를 가지고 있는 미군이 날씨의 영향을 첫 번째로 올린 것은 그만큼 전쟁에서 날씨의 중요성을 인식했기 때문이리라.

제2차 세계대전에서 처음 열대우림 전투가 벌어졌다. 열대우림에서의 전투는 무더위와 높은 습도, 그리고 이로 인한 무수한 질병들과 싸워야 한다. 무더위로 인한 열사병 등은 병사들의 체력을 현저히 약화시키며, 부상자가 회복하기 힘들게 한다. 무엇보다 큰 문제는 무기력하게 만드는 열과 습도가 군인들의 사기를 형편없이 떨어뜨리며, 기력을 고갈시켜 적

---

1 버나드 로 몽고메리 저, 송영조 역, 『전쟁의 역사 2』, 책세상, 1995, 571쪽.

을 추적할 능력을 약화시키고, 승리하고자 하는 마음을 없앤다는 것이다. 1944년에 중국-버마-인도 작전에서 미군 사망자의 90퍼센트가 질병으로 인한 것이었고 전투에서 사망한 수는 단 2퍼센트에 불과했다. 그리고 제2차 세계대전 중 남서태평양에서 사망한 전체 군인 중 83퍼센트가 질병으로 인한 것이었다. 이러한 악조건들은 전쟁에서 의료 지원 체계를 개선하는 계기가 되었다. 미군은 베트남 전쟁에서는 개선된 의료체계를 활용하여 질병으로 인한 병력 손실률을 60퍼센트 대까지 낮출 수 있었다. 6.25전쟁 중 장진호에서 중공군과 전투를 벌이던 미 해병대 제1연대장 풀러 대령은 전투를 위해 탄약을 먼저 보내달라고 할 것인가, 난방시설을 먼저 보내달라고 할 것인가를 선택해야만 했다. "살아 있기만 하면 총검만으로도 싸울 수가 있다. 우선 생존하는 것이 긴요하다." 풀러 대령은 난방시설을 먼저 보내달라고 요청했다. 당연하게도 제1연대는 병력 손실을 최소화하면서 후퇴에 성공할 수 있었다. 날씨를 전투에 적극 활용한 리더십이 동상 등의 비전투적 손실을 중공군보다 7분의 1 이하로 줄여 영웅적인 철수작전이 가능하게 만든 것이다. 두 사례는 우리에게 리더는 전장 상황을 가장 잘 파악하여 전투에 활용해야 한다는 것을 보여준다. 유연한 사고가 승리의 지름길인 것이다. '온고지신溫故知新'이라는 말이 있다. 『논어論語』의 「위정편爲政篇」에 나오는 것으로 옛 것을 익히고 그것을 통하여 새 것을 안다는 말이다. 기후가 역사를 바꾼 사례나 전쟁에서 날씨가 승패를 좌우한 이야기를 기록하고 배워야 하는 것은 온고지신의 정신 때문이다.

온고지신만 아니라 리더들에게 필요한 것은 미래를 보는 눈이다. 1785년 아이슬란드의 라키Laki 화산이 폭발했다. 화산 폭발은 곧 태양빛 차단으로 이어지면서 유럽을 강추위로 몰고 갔다. 1786년의 가뭄, 기록적인 우박, 예상할 수 없는 폭우, 강추위 등은 취약하던 농업에 치명타를 입혔다. 유럽의 많은 국민들이 길거리에 나앉고, 굶주리고, 질병에 걸려 죽어갔다. 굶주림과 차별을 참을 수 없었던 프랑스 국민은 바스티유 감옥 습격을 시작으로 프랑스 혁명을 이루어내었다. 2011년 아프리카와 중동지역의 독재정권들이 무너졌다. '재스민 혁명'이라 불리는 독재정권 몰락 도미노 현상의 원인은 상당히 복합적이다. 그런데 블룸버그 통신은 이들 나라의 혁명이 가능했던 것은 백성들의 단합된 힘이었다고 한다. 그리고 그 배경에는 날씨가 있었다고 말한다. 2010년 엘니뇨와 라니냐로 인한 기후변화는 전 세계 식량수출국가에 큰 영향을 주었다. 가뭄과 홍수와 태풍으로 엄청난 식량감산이 있었고 식량가격의 폭등으로 이어졌다. 재스민 혁명이 일어난 국가들은 국민의 80퍼센트가 하루에 1~3달러로 연명하는 극빈층이다. 식량가격의 폭등은 이들의 생존에 영향을 주었다. 프랑스 혁명과 재스민 혁명이 일어난 배경에는 날씨가 큰 역할을 담당한 것이다. 미래의 기후변화가 우리에게 어떤 영향을 줄 것인가? 우리는 어떻게 대비해야 하는가? 흥미로운 사례를 살펴보자.

역사에서 침략자 바이킹Viking이 등장한 것은 기후 변화 때문이었다. 900년경 기후가 따뜻해지기 시작했다. 온난기에 접어들면서 식량 생산이 늘어나자 인구가 급증했다. 바이킹이 살던 노르웨이는 대부분이 산악지역이다. 국토의 3퍼센트만 농지로 이용할 수 있다. 농지가 부족한데 인구가 증가하자 이들은 바깥쪽으로 눈을 돌렸다. 바이킹은 빠르고 조작하기 쉬운 배를 만들었다. 돛과 노를 동시에 동력으로 사용하는 날렵한 배였다. 이들은 유럽의 여러 지역을 습격해 금은보석을 빼앗는 약탈자로 변했다. 시간이 흐르면서 바이킹들은 약탈자에서 정착자로 바뀌기 시작했다. 유럽 대륙과 영국에서 정착한 바이킹은 토착민들과 융화되었다. 그린란드에도 식민지를 세워 450년간 지배했다. 1000년경에는 그린란드 인구가 근 5,000명에 이르렀다. 그러나 1300년대에 들어 온난기가 끝이 나고 소빙기가 닥쳐왔다. 그린란드에서 바이킹들은 목축과 식량재배와 사냥을 결합시킨 경제 덕분에 300년간 살아왔다. 그런데 기후가 한랭해지면서 경제의 근간이 무너지기 시작했다. 식량 생산은 줄어들었고 가축들은 죽어갔다. 빙산이 늘고 해수 온도가 낮아지면서 물고기들이 찾아오지 않았다. 바다표범도 급속히 줄어들었다. 혹독한 한랭기후가 계속되면서 이들은 더 이상 버틸 수가 없었다. 어느 날 그린란드의 바이킹들이 역사 속에서 사라졌다. 고고학자 토머스 맥거번^{Thomas McGovern}은 말한다. "너무 추워졌고, 그래서 모두가 죽었다."

그런데 똑같은 환경에서 살아남은 사람들이 있다. 북극의 이누이트^{Inuit}족이다. 이들은 바이킹들과 그린란드에서 같이 살았다. 이누이트족은 북극권에서 가혹한 기후를 이겨내는 방법을 터득해왔다. 눈으로 이글루^{igloo}를 지었고, 고래와 바다표범의 기름을 태워 집을 난방하고 조명을 밝혔다. 배의 골조에 바다표범 가죽을 씌워서 배를 만들어 먼 바다로 나가 고래를 사냥했다. 한랭기로 바뀌면서 위기가 닥치자 이들은 기후변화에 더욱 적극적으로 적응했다. 사냥방법을 바꾸고 어려운 시기에 살아남는 방법인 공동체의 협력을 강화시켰다. 바이킹들이 추워지는 기후에 속수무책으로 죽어간 반면 이누이트족이 살아남은 이유다. 우리는 이 사실에서 무엇을 배워야 하는 것일까? 현재 우리는 지구 온난화로 인한 기후변화 시대에 살고 있다. 지구의 역사는 빙하기와 온난기가 반복되면서 진행되어왔다. 극심한 기후변화로 거의 전 생물종이 멸종한 때도 있었다. 그러나 최악의 기후조건에서도 살아남은 동식물은 있었다. 기후변화에 가장 잘 적응했던 개체들이었다. 소빙기가 닥쳤을 때 살아남은 이누이트족처럼 말이다.

몇 년 전 영국을 포함해 8개국 군사전문가들의 모임이 있었다. 군사전문가들이 모인 이유는 기후변화와 지정학적 불안정 간의 관계를 논의하기 위해서였다. 이들은 기후변화가 앞으로 세계의 어느 곳에 어떤 불안을 초래할 수 있을 것인지에 대해 의견을 나누었다. 군사전문가들의 결론은 다음과 같았다.

"점진적이고 급작스런 기후변화가 인류에게 전례가 없는 비극을 불러오고 있다. 안보에 중대한 영향을 미칠 수 있는 것이므로 시급하게 이에 대처해야 할 필요가 있다."

"자연재해가 핵위기나 테러보다 국가안보에 더 큰 위협이 된다"는 펜타곤 비밀보고서는 더 이상 비밀이 아니다. 보고서에서는 기후 변화로 인한 자연재해, 전쟁 등으로 수년 후부터 전 지구적으로 재앙이 닥칠 것이라고 말한다. 기후전문가들은 21세기 중엽이 되면 남유럽과 미국 남서부, 수단 등의 아프리카 사헬Sahel 지역 등의 강우량이 30퍼센트 이상 감소할 것으로 예상한다. 전 지구 면적의 19퍼센트인 3,000만 제곱킬로미터가 사막화 되면서 1억 5,000만 명이 생존을 위협받게 될 것이란다.

"우리가 생각하는 것 이상으로 기후문제는 정말 심각합니다. 하루빨리 힘을 모아 대책을 세우고 하나하나 앙보하면서 해결해 나가야만 합니다."

반기문 유엔 사무총장의 말은 앞으로의 역사가 기후나 날씨에 의해 크게 영향을 받을 것이라는 것을 말하고 있다.

최근 지구가 겪고 있는 지구온난화는 정말 심각하다. 기온상승, 집중호우, 태풍의 강도강화, 심각한 사막화, 해수면 상승 등 어떤 것도 해결하기가 쉽지 않다. 탄소배출을 감축해 일단 더 이상의 기후변화를 저지해야만 한다. 그러나 이를 위한 국제적인 감축협상은 지지부진하기만 하다. 지구는 티핑포인트로 가고 있는데 말이다. 많은 미래전문가들은 기후변화로 인해 국지적인 분쟁이 빈발하고 최악의 경우 핵전쟁까지 예상하고 있다. 이런 기후변화 시대에 가장 호전적인 국가인 북한을 맞대고 있는 우리는 어떻게 대비해야만 할까? 내가 썼던 글들이 정답은 아닐지라도 미래에 대비하는 좋은 지침은 되리라고 생각한다. 이 책이 이 시대를 살아가는 군인이나 기업가, 국민들에게 조금의 도움이 되었으면 한다.

2012년 8월 여의도에서

반기성

차례

제1부

지도를 바꾼 날씨

⚓ 카이사르의 브리타니아와 히스파니아 전역

로마 역사상 최고의 장군이라 불리는 가이우스 율리우스 카이사르^{Gaius} Julius Caesar (기원전 100~44)는 수많은 전쟁에서 승리를 거둔 것으로 유명하다. 그가 명장이 될 수 있었던 것은 병사들에게 최상의 급료를 줄 수 있었기 때문이다. 당시 로마 병사들은 직업군인이었고, 이들의 급료는 지휘관이 지불해야 했다. 장군들은 병사들의 월급을 주기 위해 전쟁에서 전리품을 많이 챙겨야 했다. 만일 월급을 제때 주지 않으면 병사들이 반란을 일으키거나 적과 내통하는 경우도 있었다. '병사'를 영어로 'soldier'라고 하는데, 이 단어는 로마 시대 금화를 뜻하는 'solidus'에서 유래했다. 즉 '병사'는 '돈(금화)을 받고 군대에 가는 직업군인'을 가리키는 것이다. 세월이 흐른 지금에 와서는 'soldier'라는 단어가 직업군인이 아닌 모병제의 군인까지 지칭하고 있다.

카이사르는 재산가들의 후원을 받아 많은 병사를 거느릴 수 있었다. 그는 전쟁을 통해 얻은 전리품을 병사들에게 공평하게 나누어 주었다. 충분한 급여와 보너스를 지급하는 카이사르의 리더십은 병사들로 하

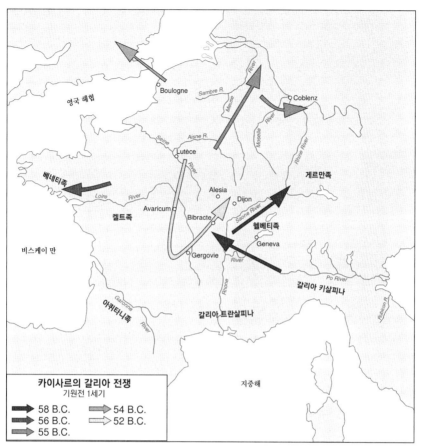

카이사르의 갈리아 전쟁 시기 지도. (cc)(i)(o)Sémhur at wikipedia.org

여금 그에게 충성을 다하도록 만들었다. 이런 것이 카이사르가 갈리아 Gallia[1] 전쟁에서 성공하게 만든 동력이었다. 카이사르는 기원전 55년 갈리아 정복을 마친 후 브리타니아Britannia(오늘날 영국 그레이트브리튼

---

[1] 고대 유럽의 켈트족이 기원전 6세기부터 살던 지역. 오늘날의 프랑스·벨기에 전 지역과 이탈리아 북부, 네덜란드 남부, 독일의 라인 강 유역, 스위스의 대부분을 포함했으나, 기원전 1세기 무렵 로마의 카이사르에게 정복되어 로마 영토가 되었다.

카이사르의 흉상. 나폴리 국립고고학박물관Museo archeologico nazionale di Napoli 소장

섬) 침공 계획을 세운다. 갈리아 편을 들었던 브리타니아의 켈트Celt족[2]을 응징한다는 의미도 있었지만 황금이 많다고 전해진 브리타니아 섬을 차지하고픈 열망도 있었다. 막대한 황금을 차지한다면 강한 군단을 창설할 수 있고 결국 로마의 가장 강력한 힘이 될 수 있었기 때문이다.

카이사르는 모리니Morini족이 항구로 이용하고 있던 이티우스Portus Itius[3]에 기원전 55년 8월 25일 병력을 집결시켰다. 브리타니아로 출항하기 위해서는 동풍이 불어야만 한다. 카이사르는 동풍으로 바뀐 한밤중에 보병들을 배에 태우고 출항했다. 기병대를 태운 선단이 뒤를 따랐다. 이튿날 오전 10시, 최초의 로마 선박이 브리타니아 해안에 도착했다. 후일 영국 수상 윈스턴 처칠Winston Churchill은 이를 두고 "대영제국의 역사는 이때부터 시작했다"라고 말했다.

조류에 밀려 북쪽으로 떠내려가는 바람에 로마 군단이 도착한 곳은 유명한 도버 해협의 백악절벽White Cliff 기슭이었다. 해안은 좁았고 육지 쪽으로는 깎아지른 벼랑이 솟아 있었다. 고지대에는 켈트족 병사들이

---

2 켈트족은 인도유럽어족의 한 일파인 켈트어파를 쓰는 유럽 게르만 민족을 가리킨다. 스코틀랜드 · 아일랜드에는 순수 켈트족이 많이 거주한다. 웨일스의 켈트족은 자체 문화를 거의 잃어버리고 잉글랜드에 동화되었다

3 오늘날 프랑스의 불로뉴쉬르메르(Boulogne-sur-Mer) 지방에 위치한 항구로 추정한다.

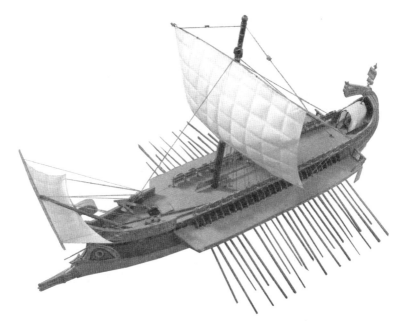

아마도 카이사르군이 사용했을 고대 로마의 갤리선. 영국 해협을 건너는 데는 적합하지 않았다.
ⓒⓕⓢⓞRama at wikipedia.org

기다리고 있었다. 언덕 위에서 켈트족이 창과 활을 쏘아대자 로마의 장군들은 병사들에게 배에서 뛰어내려 공격하라고 명령했다. 강한 바람과 높은 파도가 치는 가운데 병사들은 잇달아 바다로 뛰어들었다. 바다에 뛰어든 병사들은 갑옷을 입은 채 방패와 무기를 들고 헤엄을 쳐서 힘겹게 해안에 상륙했다. 많은 병사들이 갑옷의 무게로 바다에서 익사했다. 뒤로는 강한 파도가 있고 앞에는 용맹한 켈트족이 공격했다. 상륙하면서 기진맥진한 로마 병사들은 진격할 엄두도 내지 못한 채 쓰러져 갔다. 켈트족은 그 틈을 놓치지 않고 대대적인 공격을 감행해 왔다. 절체절명의 위기를 맞은 로마군에게는 카이사르가 있었다. 그는 직접 구원병을 이끌고 켈트족과 맞서 용맹하게 싸웠다. 카이사르의 지휘로

로마군은 켈트족을 물리치고 해안에 교두보를 확보하는데 성공했다. 그러나 그날 밤 강력한 폭풍우가 몰아쳤다. 정박해 놓았던 군함들이 부서지고 침몰하고 떠내려갔다. 병사들이 먹을 식량과 많은 무기가 배 안에 실려 있었기에 로마군으로서는 큰 타격이었다. 카이사르는 켈트족을 단시간 내에 정복하려 했으나 용맹한 켈트족은 악착같이 저항했다. 켈트족은 죽음을 두려워하지 않는 용사들이었다. 이들이 가장 자랑스럽게 생각했던 것은 전쟁터에서 싸우다 죽는 것이었다. 켈트족은 별다른 이유도 없이 걸핏하면 이웃 종족과 싸움을 벌이거나 축제를 하다가도 결투를 벌이는 종족이었다. 그러니 제아무리 로마 군대라 해도 손쉽게 승리를 거둘 수 없었던 것이다. 시간이 흐르면서 로마 병사들의 사기가 떨어지고 추위가 다가오자 카이사르는 후퇴하기로 결정했다. 카이사르의 브리타니아 1차 침공이 실패로 돌아간 것이다.

로마 제국을 이끄는 명장 카이사르가 이름도 없는 켈트족과의 전투에서 얻은 것이 아무 것도 없다보니 자존심이 말이 아니었을 것이다. 카이사르는 1년간 철저하게 준비한 다음, 이듬해인 기원전 54년 또 다시 브리타니아를 침공했다. 로마군은 이곳 해안선의 특성을 감안해 군함의 폭을 넓게 개조했다. 많은 기병대와 물자를 재빠르게 싣고 내릴 수 있도록 한 것이다.

그러나 2차 침공 때도 날씨가 중요한 역할을 했다. 여름 내내 영국 해협에 서풍과 북서풍이 지속적으로 분 것이다. 이 바람이 불면 해협을 건너갈 수 없었기 때문에 로마 군대는 오랜 시간을 기다려야만 했다. 이런 바람이 지속적으로 부는 경우는 영국에서부터 아조레스^{Azores} 제도까지 고기압이 강력하게 발달하는 경우다. 아조레스 고기압[4]이 강하게 발달하면 폭풍우가 북쪽으로 진행하기 때문에 영국 해협에 폭풍우가 닥치는 경우는 거의 없다. 서유럽이 비가 거의 내리지 않는 건조한 날씨를 보인다. 카이사르의 『갈리아 전기』에서 대단히 건조한 까닭에 가을 수확이 아주 적어 영국을 침공할 때 필요한 식량 보급 문제가 있다는 기록을 남긴 것도 이런 기상상황에 기인한다.

드디어 건조한 여름 바람이 바뀌었다. 북서풍에서 동풍으로 바뀐 것이다. 기압계의 변동은 지금까지 영국과 서유럽을 비껴가던 폭풍우가 다시 올 수 있다는 것을 의미한다. 당시에 기상을 알 수 없었던 카이사르는 로마군에게 진격을 명령했다. 개조한 군함을 타고 바다를 건넌 로마군은 기마대를 앞세워 맹공격을 퍼부었다. 켈트족도 전차를 앞세우고 들어와 로마군의 한 복판을 무너뜨린 뒤, 주변에 숨겨두었던 켈트족 용사들을 돌진시켜 로마군을 양 옆에서 에워쌌다. 그러나 철저하게 준비한 로마군은 지난번과 완전히 달랐다. 마치 켈트족의 기습을 기다리고 있었다는 듯, 반격에 나서서 격퇴했다. 로마군은 1차 전투 후에 도버 근처에 전진기지를 건설했다. 그런데 기압골이 접근해 오면서 강력한 폭풍우가 로마 선단을 덮쳤다. 전함을 해변에 끌어올리고 수송선이 해안가에 닻을 내린 직후, 천둥과 번개를 동반한 엄청난 폭풍우가 몰아친 것이다. 강풍과 높은 파도에 해변에 있던 전함이 파괴되고 닻을 내린 수송선까지 바위 해안으로 밀려왔다. 12척의 배가 파괴되었고, 이번에도 전력 손실은 상당했다. 카이사르의 로마군 전력 약화는 당장 켈트족과의 전쟁에서 영향을 받았다. 결정적인 승리를 차지하지 못한 카이사르는 결국 영국 동남부 일부 지역을 장악하고, 켈트족으로부터 조공을 받는다는 조건으로 강화조약을 맺게 된다. 공교롭게도 두 번의 침공 때 불어온 폭풍우가 카이사르의 야망을 꺾은 것이다. 카이사르의 전투

---

4 아조레스 고기압은 아시아의 태평양에 위치하는 북태평양고기압과 같이 해상에 위치한 역학적 고기압으로 반 영구적으로 해상에 위치해 육지에 영향을 주는 고기압이다.

기록에서 유일하게 승리하지 못한(패배한 것은 아님) 전투가 브리타니아 전역이다. 만일 당시 폭풍우가 없었더라면 영국의 역사는 달라졌을 것이라고 전사가들은 말한다.

카이사르는 브리타니아 섬 전체를 완전히 정복하려면 보다 많은 군사와 물자가 필요하다는 사실을 깨달았다. 병력과 군수품을 수송할 군함과 함께 바닷가에 위치하면서도 보급품을 운반하고 보관하기 쉽고, 군사들이 주둔하기에 적합한 장소가 있어야 한다는 것이다. 로마가 찾아낸 곳이 바로 오늘날의 런던London 이다. 런던은 성벽이 둘러쳐진 요새여서 사람들의 접근이 쉽지 않았고, 템스Thames 강이 흐르기에 배로 물자를 나르기도 편했다. 바닷가에 있었기 때문에 군함이 접근하기도 쉬웠다. 훗날의 영국 수도가 된 런던은 이렇게 만들어졌다.

로마 밖에서 수많은 정복전쟁을 치르면서 명장으로 우뚝 선 카이사르는 로마의 권력을 잡기 위해 폼페이우스Pompeius 와 크라수스Crassus 와 손을 잡는다[5]. 로마의 집정관에 오르면서 갈리아 총독으로 부임한다. 카이사르에 불안감을 느낀 원로원은 폼페이우스를 충동질하여 카이사르를 제거하기로 한다. 원로원은 카이사르에게 귀국할 것을 명령한다.

"주사위는 던져졌다." 로마로 들어가는 루비콘Rubicon 강을 건널 때 카이사르가 한 말이다. 무장을 하고 이 강을 건너면 쿠데타가 된다. 맨몸으로 들어가 죽을 것이냐? 아니면 무장을 하고 로마로 들어가 권력을 잡을 것이냐? 카이사르는 루비콘 강 앞에서 결단을 했고 그것은 바로 로마의 정치 체제가 공화정에서 제정으로 바뀌는 계기가 된다.

카이사르가 로마를 점령하자 폼페이우스는 도망쳐 카이사르와 전쟁

---

5 율리우스 카이사르, 폼페이우스, 크라수스 사이에 로마를 공동으로 지배하자고 맺어진 비공식적 협약으로 제1차 삼두정치라고 부른다. 제2차 삼두정치는 카이사르가 암살된 이후 마르쿠스 안토니우스, 옥타비아누스, 레피두스 사이에 맺어진 공식적 협약이다.

BC 197년 히스파니아

을 벌인다. 기원전 49년 4월 카이사르는 히스파니아^{Hispania}[6]로 진격한다. 당시 히스파니아에는 폼페이우스의 군대 주력이 주둔하고 있었다. 주력은 일레르다^{Ilerda}(오늘날의 레리다^{Lérida})에 있었고, 폼페이우스의 부장들이 지휘하고 있었다. 병력은 5개 군단과 보조병 80개 대대와 기병 5,000명이 있었다. 이 외에 2개의 폼페이우스의 군단이 서쪽으로 멀리 떨어져 있는 히스파니아 울테리오르^{Hispania Ulterior}[7]에 주둔하고 있었다. 카이사르와 맞서는 폼페이우스의 군대는 시코리스^{Sicoris} 강(오늘날의 세그레^{Segre} 강) 서안에 있는 산등성이에 자리 잡고 있었다.

이에 맞서는 카이사르의 군대는 6개 군단과 다양한 인종의 기병 3,000

---

6 오늘날 스페인과 포르투갈이 위치한 이베리아(Iberia) 반도의 로마 시대 이름.

7 당시 이베리아 반도에는 두 개의 로마 속주가 존재했다. 히스파니아 울테리오르는 오늘날 포르투갈의 대부분, 안달루시아, 에스트레마두라, 남부 레온 지역에, 히스파니아 시테리오르(Hispania Citerior)는 오늘날 스페인의 북부·동부·중남부 지역에 해당한다.

명, 갈리아 기병 3,000명으로 구성되어 있었다. 카이사르의 부장 파비우스는 일레르다에 도착하여 강 위에 2개의 다리를 건설해 강을 건넌 뒤 강 서안에 야영지를 만들었다. 6월경 후속부대를 이끌고 도착한 카이사르는 야영지의 참호를 깊게 파 방어진지를 완벽하게 만든 다음 폼페이우스 군을 공격했다. 그는 일레르다와 적의 야영지 사이에 있는 언덕을 점령하기 위해 병력을 진군시켜 점령했다. 그러자 폼페이우스의 군대가 재빠르게 공격해왔다. 적의 공격에 언덕위의 병력이 포위되었다. 카이사르는 병력을 계속 투입했으나 언덕은 경사면이 급하고 비좁아 많은 병력을 투입할 수 없었다. 한 번에 3개 대대 이상 전투를 벌이기 힘든 곳이었다. 언덕 위의 병력이 위험해지자 카이사르의 제9군단이 언덕 위로 돌격해 적을 물러서게 했다. 간신히 후퇴한 카이사르의 병력은 폼페이우스의 군대보다 3배 이상 더 많은 병력 손실을 입었다.

첫 전투가 벌어진 이틀 뒤였다. 비가 심하게 내려 강의 수위가 높아지고 물결이 거세졌다. 강 서안으로 건너가는 다리가 떠내려가고 말았다. 카이사르의 보급선이 차단되었다. 폼페이우스의 장군들이 그제의 승세를 몰아 카이사르의 군대가 허둥지둥하는 틈을 타 공격해왔다. 명장은 위험할 때 빛이 나는 법이다. 카이사르는 절대적으로 불리한 상황에서 브리타니아 원정 때 사용했던 것과 같은 배를 만들었다. 이 배로 1개 군단을 밤중에 시코리스 강을 도하하여 교두보를 확보하게 한 후 새로운 다리를 만들도록 했다. 카이사르의 군대가 강 양 쪽 편에서 자유롭게 전력을 보강하면서 떨어졌던 병사들의 사기가 올랐다. 비가 내려 강물이 불어 다리가 떠내려 간 것이 오히려 전화위복의 계기가 된 것이다. 카이사르의 군대는 서안은 물론 동안에서도 폼페이우스의 군대에 대해 공세를 펼쳤고, 비록 작은 전투였지만 수차례의 전투에서 승리했다.

지금까지 양군의 전투를 지켜보던 히스파니아 호족들이 카이사르가 이기기 시작하자 급격히 카이사르 진영에 합류했다. 카이사르의 병력이 증가했음은 물론 식량 보급까지 원활해졌다. 카이사르는 기병의 기동성을 높이기 위해 공병들을 동원해 강의 옆으로 운하를 파 강물이 그쪽으로 빠져나가도록 만들었다. 강은 수위가 낮아져 기병이 말을 타고서 건널 수 있게 되었다. 이제 기병은 원거리 작전까지 펼칠 수가 있게 되었다. 카이사르의 기병이 폼페이우스의 기병에 대해 수적인 우위를 차지하게 되면서 폼페이우스의 군대는 식량 보급이 어려워졌다. 폼페이우스의 장군들은 더 이상 카이사르에 대항하기 어렵다고 판단했다. 그들은 밤중에 후퇴를 했다. 카이사르는 아직도 강물의 여울이 강하게 흐르자 보병들을 건너게 하기 위해 운송용 가축을 두 줄로 세워 물살을 약화시킨 다음 그 사이를 통과하게 했다. 카이사르의 군대는 지름길로 진격해 폼페이우스의 군대를 앞질러 포위했다.

폼페이우스의 군대를 전멸시키자는 부하들의 진언을 카이사르는 물리친다. 포위된 폼페이우스의 장군들은 자기 병사들의 충성심에 불안을 느낀다. 그들은 생포한 카이사르의 병사들을 모두 학살해 병사들의 전의를 일으키려고 했다. 그러나 카이사르는 생포한 폼페이우스의 병사들을 모두 돌려보냈다. 시간이 지나면서 사기도 떨어지고 보급선도 차단된 폼페이우스 군은 항복할 수밖에 없었다. 불과 넉 달 만에 카이사르는 지형과 날씨를 이용한 과감한 전술로 히스파니아를 점령한 것이다.

"카이사르는 병사들과 함께 도보로 행군하고, 사시사철 투구를 쓰지 않으며, 부하들과 마찬가지로 헤엄을 쳐서 강을 건너는 뛰어난 전사이다."

로마의 전기 작가 수에토니우스^{Suetonius}[8]의 말이다. 카이사르는 자신의 회고록에서 스스로를 전쟁터에서 신출귀몰하고, 갈리아 등지의 전투에서 군단을 오가며 최전선에서 지휘하고, 다양한 전략을 구사하고, 적군을 따라잡기 위해 강행군을 이끄는 모습으로 그리고 있다.

　　수에토니우스나 카이사르 자신의 말이 아니더라도 카이사르는 장군으로 엄청난 활동력, 자신감, 과단성 등을 보여주는 명장이었다. 기원전 57년에 벌어졌던 상브르 강 전투에서의 일이다. 갈리아 북부의 벨기에 부족들을 상대로 펼친 전투에서 적의 매복습격으로 로마군이 위기에 빠졌다. 로마 기병과 경장보병들은 이렇다 할 전투선을 형성하지도 못한 채 속수무책으로 죽어갔다. 이때 카이사르는 여러 군단을 오가면서 최전선에서 병사들을 독려했다. 병사들의 사기를 높이려고 하급 장교들의 이름을 하나씩 부르며 선봉에서 용감하게 싸웠다. 결국 지원군이 도착하면서 전세를 역전시켜 승리했다. 카이사르가 로마 역사에서 가장 훌륭한 장군으로 기록된 것은 결코 우연이 아닌 것이다.

8　로마 제국 초창기의 역사가(서기 69년?~130년경). 율리우스 카이사르부터 도미티아누스까지 로마 제국의 초창기 12명의 황제에 대하여 다룬 『황제전(De vita Caesarum)』을 썼다.

폭풍우가 결정지은 로마의 게르만 정복전쟁

"게르만족은 죽은 아내와 자식을 거느린 끔찍한 거인이다. 그들은 물소 뿔과 들소 뼈로 장식한 야만인이다. 피를 흘려야만 무언가 얻을 수 있다고 생각하는 잔인한 민족이다."

역사가 타키투스Publius Cornelius Tacitus(56~117)의 말이다. 그가 게르만족을 무식하고 흉측한 민족으로 그린 것은 토이토부르거발트Teutoburger Wald 전투에서 로마군이 게르만족에게 잔인하게 전멸당한 것에 대한 반감이라고 전해진다.

로마의 위대한 장군 카이사르는 게르마니아Germania[9] 지역을 버림받은 땅이라고 불렀다. 늘 비가 오고 춥기만 해 사람이 살기에 적합하지 않았다. 게르만족은 무척이나 호전적이었기에 카이사르는 라인 강을 경계로 더는 동쪽으로 진출하려 하지 않았다. 그러나 그 후 황제가 된

---

9 고대 유럽, 민족 대이동 이전에 게르만 족이 거주하던 지역. 동쪽은 비스와 강, 서쪽은 라인 강, 남쪽은 다뉴브 강, 북쪽은 발트 해에 이르는 중부 유럽 일대로, 오늘날 독일 · 폴란드 · 체코 · 슬로바키아에 해당한다.

아우구스투스는 게르만족이 살고 있던 현재의 독일 지역을 점령했다. 이 당시 게르마니아 지역 로마군 사령관 바루스Publius Quinctilius Varus (기원전 46~기원후 9)는 아우구스투스 황제의 인척이란 인연으로 출세한 장군이었다. 그의 군대는 게르만족을 괴롭히는 데는 뛰어났다. 로마군은 가축을 훔치거나, 부녀자를 납치하여 강간하거나 돈을 빼앗는 등 온갖 악행을 저질렀다. 게르만족이 반발하자 바루스 사령관은 잔인하게 진압했다.

게르만족은 아르미니우스Arminius (기원전 18~기원후 21)[10]의 지휘 아래 뭉치게 된다. 아르미니우스는 로마군 장교로 복무하며 각종 전투에 참가해 혁혁한 전공을 세웠고, 그 공로로 로마 시민권도 얻었다. 그러나 그의 마음속에는 자기 조국을 지배하는 로마에 대한 증오심으로 가득 차 있었다. 20대 중반에 조국으로 돌아왔을 때 마침 바루스의 잔행이 벌어지고 있었다. 아르미니우스는 적으로 지내던 카티Chatti 족, 마르시Marsi 족, 브룩테리Bructeri 족 같은 주변의 게르만족과 동맹을 맺었다.

세계 최강을 자랑하는 로마 군단과 싸우기엔 게르만족은 너무 약했다. 그들은 사냥을 해먹고 살던 거칠고 미개한 부족이었다. 무기라곤 가늘고 작은 쇠로 만든 예리하고 휴대가 간편한 짧은 창과 도끼뿐이었다. 갑옷을 입은 사람조차 없을 정도로 장비는 열악했다. 아르미니우스는 로마군과 정공법으로 싸워 이기기 어렵다고 생각했다. 그는 독일의 지형과 기후를 최대한 이용하기로 결정하고 토이토부르거 숲을 선택했다. 이 숲은 울창한 수풀과 좁은 길, 진창과 습지대로 이루어진 곳이었다.

아르미니우스는 사령관 바루스에게 게르만족의 반란 사실을 알려주

---

10 로마 제국에 대항한 게르만족의 지도자. 게르만족의 지파인 케루스키(Cherusci) 부족의 족장이다.

고 로마군이 토이토부르거 숲으로 이동하도록 조종했다. 기원후 9년, 로마군은 아르미니우스의 말을 따라 토이토부르거 숲으로 이동하고 있었다. 아르미니우스는 갈림길이 나타나면 로마 병사들이 다른 길로 가지 못하게 깊은 구덩이를 파고 물을 채워 수로처럼 보이게 만들었다. 또한 길 위의 언덕 가장자리를 따라서 잔디와 흙으로 1.5킬로미터 길이의 장벽을 만들었다. 게르만족은 감쪽같이 매복할 수 있었다. 모든 준비가 갖추어졌다.

우선 전투가 벌어졌을 때의 날씨를 살펴보자. 이 무렵 기온은 평균 섭씨 2~3도로 서울의 2월 중순 정도이지만, 습기가 높고 바람이 강하기 때문에 체감온도는 이보다 훨씬 낮다. 이 추위를 독일 사람들은 '뼈에 스며드는 추위'라고 부른다. 기록에 의하면 로마군이 이동하는 기간 동안 비가 엄청 많이 내렸고, 폭풍우까지 몰아쳤다고 한다. 곳에 따라 강한 우박이 쏟아지기도 했다고 하는 것을 보면 강한 전선대가 연이어 통과했던 것으로 보인다. 폭우가 내리면 로마군이 자랑하는 기병과 중장보병의 행군이 어려워진다. 가죽으로 만든 갑옷은 물이 스며들어 축축하고 무거워진다. 활시위는 젖어 사용할 수가 없게 된다. 전력이 급격히 약해질 수밖에 없다. 그럼에도 로마군은 게르만족의 공격에 전혀 대비하지 않았다.

로마군은 전투대형이 아닌 흩어진 채 이동을 했다. 언덕 비탈을 따라 난 좁은 길을 택해 행군할 수밖에 없었기 때문이다. 진흙투성이의 좁은 길을 따라가면서 로마군은 더욱 분산되었다. 폭우로 한치 앞도 보기 어려운 상태였음에도 척후병조차 세우지 않았다. "우리의 전능한 신 토르Thor[11]가 번개를 만들고 폭우를 쏟아 부어 우리를 돕는다. 단 한 사람

---

11 북유럽 신화에 나오는 천둥의 신.

도 살려 보내지 마라!" 아르미니우스의 명령에 게르만족은 로마군에게 일제히 짧은 창을 던지면서 격렬한 공격을 가했다. 적은 보이지도 않는데 창이 새카맣게 날아오자 로마군은 갈팡질팡하던 끝에 쓰러져 갔다. 미끄러운 늪지에서 벌어진 접근전에서 게르만족의 도끼는 엄청난 위력을 발휘했다. 로마군은 효과적인 반격조차 아예 해보지 못하고 궤멸하고 말았다. 다음 날 로마가 자랑하는 3개 군단 2만 명 전원이 죽을 때까지 폭풍은 계속되었다. 게르만족의 대승에 날씨가 큰 역할을 한 전투가 토이토부르거 전투이다.

로마의 아우구스투스 황제는 그가 사랑하던 정예의 로마 3개 군단이 전멸했다는 보고를 받자 "바루스여! 내 병사들을 돌려다오!"라고 외치며 크게 통곡했다. 이 전투 후 로마는 게르마니아 정복을 단념하게 된다.

로버트 그린Robert Greene 의 저서 『전쟁의 기술The 33 Strategies of War 』 중에 "복종하는 것처럼 보이면서 조종하라"는 말이 있다.

> "사람들은 어떤 사람을 생각할 때 가장 단순하고 가장 쉽게 이해할 수 있는 방향으로 해석하려는 경향이 있다. 예를 들어 착하다 혹은 나쁘다, 우직하다 혹은 교활하다 등 이분법적 사고를 한다. 그러나 사람은 그리 단순하지 않다. 아무리 긍정적인 사람이라도 부정적인 면이 있다. 자꾸 단순화하면 할수록 오해나 오판에 빠지기 쉽다. 전사에서 복종하는 것처럼 보이면서 상대편을 조종하는 단순한 전략이 큰 효과를 발휘하는 이유는 바로 이 때문이다."

아르미니우스는 이 전쟁의 기술을 가장 잘 알고 활용한 장군이었다. 그는 로마군 사령관 바루스의 신임을 얻었다. 가장 충성스러운 조언자처럼 믿게 했다. 게르만족을 규합하는 와중에 바루스에게 지방에서 반

란이 일어났다는 소식이 들리도
록 정보를 조작했다. 진압 결정
을 내린 로마군이 이동할 경로를
제공했고, 그를 믿은 바루스는
그곳을 선택했다. 그곳은 아르미
니우스가 로마군을 전멸시키기
위해 준비한 곳이었다. 바루스에
게 복종하고 충성하는 것처럼 보
인 후 완벽하게 조종해 통쾌한
승리를 이끌어낸 것이다.

마르쿠스 아우렐리우스 황제의 흉상

그 후로 로마인은 더 이상 독
일 내부 깊숙이 들어가려 하지
않았고, 대신 게르만족에 대비해
국경 경비를 강화했다. 로마인들
이 두려워했던 것은 게르만족이 사냥터와 농지를 바꾸면서 로마 제국
으로 침범하는 것이었다. 그들은 남자들뿐 아니라 여자와 아이들까지
수레에 태워 거주지를 찾아 이동해 왔다. 서기 1세기에 만리장성과 같
은 방벽을 라인-다뉴브 국경지대에 건설한 것은 이 때문이었다. 목책
을 치고 참호를 파고 감시탑을 세워서 게르만족으로부터 로마를 보호
하고자 했다. 또한 로마를 보호하기 위해 국경에 상비군을 배치했다.
그런데 167년에 국경이 뚫려 버렸다. 마르코만니Marcomanni, 콰디Quadi,
롬바르드Lombard족과 그 밖의 게르만 부족들이 라인 강을 건너 난입해
이탈리아 북부까지 침입했다. 게르만계의 민족이 로마 영토를 점거한
것은 이것이 처음이었다. 로마의 마르쿠스 아우렐리우스Marcus Aurelius
(121~180) 황제는 스스로 제국군의 지휘를 맡고 반격에 나섰다.

서기 174년 마르쿠스 아우렐리우스 황제는 다뉴브^{Danube} 강가에서 게르만족의 강력한 부족이었던 콰디족과 전투를 벌였다. 이 전투에 참여했던 그의 병력 수는 적에 비해 훨씬 적었다. 불의의 기습 공격까지 받아 사기가 땅에 떨어져 있었다. 극심한 가뭄으로 로마군 진영의 물이 동나면서 닷새 동안이나 물 한 모금 마시지 못한 상태였다. 이 전투에서 패하면 7년 동안 끌어온 게르만족과의 전쟁이 물거품으로 돌아갈 형편이었다. 무언가 특단의 조치가 필요했다.

마르쿠스 아우렐리우스 황제는 병사들의 사기가 중요하다고 생각했다. 무엇보다 그들의 갈증을 해결시켜 주어야 했다. 그는 주술사들을 불러 하늘에 비를 내리게 하라고 명령했다. 주술사들은 비를 주관하는 로마의 신인 '주피터^{Jupiter}'에게 빌었다. 하늘은 쨍쨍했고 비는 내리지 않고 병사들은 쓰러져갔다.

"게르만족 신인 '토르'가 로마의 신 '주피터'보다 더 세단 말이냐?"

주술사에게 대노한 황제는 마지막으로 병사들 중 기독교도들을 불러내어 자신과 로마를 위하여 하나님께 기도하도록 명령했다. 그런데 이게 웬일인가? 기독교도 병사들이 기도를 시작하자, 거짓말같이 하늘로부터 비가 쏟아지기 시작한 것이다. 더욱 더 신기한 점은 로마 쪽으로는 단비가 내렸지만, 콰디족 진영에는 엄청난 천둥번개와 우박이 쏟아졌다는 점이다. 고대의 병사들은 천둥번개를 신이 만든다고 생각했기에 콰디족 진영으로 번개가 내려치자 그들은 감히 싸울 생각도 품지 않고 도망치기에 바빴다. 반대로 신이 로마와 함께 한다는 사실에 고무된 로마 병사들은 혼비백산한 콰디족에 총공격을 가했다. 콰디족은 이 전투에서 대패하면서 역사에서 그 이름을 지우게 된다.

당시 전투가 벌어졌던 지역은 연중 구름이 많고 비가 자주 내리는 곳이지만 강한 천둥이나 우박현상은 드물다. 그러나 북쪽에서 강하게 발달하며 지나가는 한랭전선 끝 부분에 위치 할 때는 악기상이 나타난다. 전선 말단부에서 몇 개 이상 뭉쳐 다가오는 스콜선squall line[12]은 공포의 뇌우군단이다. 무섭고 거대한 검은 해일 같은 모양의 뇌우 구름대는 마치 일렬횡대로 전진해오는 군대와 흡사하다. 스콜선은 돌풍과 격심한 비, 천둥과 번개, 우박 등을 동반하면서 강한 충격파처럼 밀려온다. 이 전투 때 보였던 악기상은 스콜선이었을 가능성이 높다. 스콜선 기상의 특징은 우박이나 번개는 전선의 아주 좁은 지역에서 발생하고 그 주변으로는 비만 내린다. 따라서 강한 전선대가 콰디족 지역으로 통과하면서 천둥번개와 우박이 내렸고 그 옆의 로마군 지역으로는 비만 내렸던 것이 아닌가 생각된다.

로마에 있는 승전기념비에 이 전투 장면이 새겨져 있고, 동시대의 여러 문헌과 그림들 또한 이 전투를 상세히 기록한 것으로 미루어 실제 있었던 일로 보인다. 절망적인 마지막 순간, 절대자에 대한 기도, 번개와 비와 승리. 날씨가 전쟁의 승패를 결정지은 정말 흥미로운 전투가 아닌가?

마르쿠스 아우렐리우스 황제는 로마 제국을 침입한 게르만족과의 전투에서 적에게 자비를 베풀지 않았다. 정복당한 부족은 황제의 자비를 기대할 수 없었다. 게르만족의 지도자는 대개 추방 또는 사형에 처해지고, 많은 여자가 노예가 되었다. 그러다보니 게르만족의 일부 여자는 로마군을 무서워한 나머지 싸움에 패했다는 것을 알면 아이들을 먼저 죽이고 자살하여 포로가 되기를 피했다. 마르쿠스 아우렐리우스는 게르만족을 토벌하면서 수천 명을 살해하고, 수만 명을 붙잡아 노예로

---

12 종관기상계에서 가장 나쁜 기상현상이 나타나는 곳으로 보통 선(line) 형태가 많기에 '스콜선'이라고 부른다. 스콜선을 경계로 기압, 바람, 강수, 뇌우현상이 극명하게 대비되어 발생한다.

만들었다. 콰디족도 이와 같은 처절한 변을 당했다. 아주 소수만 살아 남아 다뉴브 강 근처에서 간신히 명맥만 유지한 채 살아가게 되었다.

마르쿠스 아우렐리우스 황제는 『명상록Ton eis heauton diblia』을 저술한 철학자이기도 했지만 전쟁에서는 승리에 승리를 거듭했다. 게르만 전 쟁뿐 아니라 파르티아Parthia의 침공 등에도 슬기롭게 대처했다. 그의 치세 중 로마 제국의 영토는 아프리카 사막에서 잉글랜드 북쪽까지 걸 쳐 있었다. 전 세계 인구의 4분의 1이 로마 황제의 지배하에 있었을 정 도로 제국의 절정기였다.

바이킹 역사를 만든 중세 온난기 🌸

북유럽 신화에 등장하는 미남신 프레이르^{Freyr}가 담당하는 것은 비와 햇빛이다. 그의 아버지 니외르드^{Njörd}는 바다와 바람의 신이다. 이 부자가 관장하는 날씨는 바이킹^{Viking}**13**의 본거지인 스칸디나비아^{Scandinavia} 지역에서는 매우 중요한 기상요소다. 이 지역은 고위도 지방에 위치해 있어 기온이 낮다. 그리고 북해 쪽으로부터 서풍 기류가 유입되면서 구름이 많고 비가 자주 내리는 등 흐린 날씨를 자주 보인다. 따라서 가끔 볼 수 있는 햇빛 나는 맑은 날씨는 이들에게는 아름다운 하늘의 선물이 된다. 그렇기에 그들의 신화에서 햇빛을 관장하는 프레이르를 가장 아름다운 신으로 그렸을 것이다. 또한 프레이르는 접을 수 있는 배를 타고 바다를 여행하는 것을 좋아하는 신이다. 바이킹들은 날렵한 배를 가지고 세계의 바다를 누빈 해양민족이었다. 역사에 의하면 바이킹들

---

13 7세기~11세기에 스칸디나비아와 덴마크 등지에 거주하면서 해로(海路)를 통하여 유럽 각지로 진출한 노르만(Norman)족. 9세기 이후 유럽의 광범위한 지역을 습격하고 식민지로 만들어 유럽사에 중대한 영향을 미쳤다.

은 항해하다가 육지가 나타나면 배를 들고 횡단하기도 했다. 따라서 프레이르가 가진 접는 배는 그들의 이상적인 꿈이었을 수도 있다.

춥고 강한 바람이 불며 수시로 눈보라가 몰아치는 바이킹의 땅에 프레이르는 따뜻한 햇빛과 좋은 날씨를 주는 너무나 착한 신이었기 때문인지 하늘은 그에게 스스로 싸우지 않아도 대신 악한들과 싸워주는 보검을 선사한다. 그러나 그는 보검을 허무하게 날려버린다. 거인의 아름다운 딸을 본 순간 사랑에 빠져버린 프레이르는 상사병에 걸린다. 그녀의 마음을 사로잡기 위해 온갖 방법과 유혹을 써보지만 별 소득이 없었다. 그러던 중 그를 무척이나 따르는 친구가 그녀를 찾아가 설득하는데 성공하고 프레이르는 그녀와 결혼하게 된다. 너무 고마워 그는 보검을 친구에게 선물한다. 그러나 그 일로 인해 세계종말의 날에 아무런 무기도 없이 싸워야 하는 신세가 되었고 결국 불의 거인과 맞서다가 최후를 맞이하게 된다.

신화란 '삶의 모듬살이의 꿈'이라고 한다. 이 신화를 통해 우리가 알 수 있는 것은 바이킹들에게 가장 중요한 것은 따뜻한 햇빛과 좋은 날씨, 그리고 항해를 하기 위한 좋은 배, 순탄한 바람이었다. 그런 그들의 바람이 신화에 반영된 것이 아닐까? 그리고 호전적인 바이킹에게 보검은 절대적인 것이며 이들은 아무리 고맙더라도 자기의 생명을 지킬 수 있는 가장 소중한 보검까지 주어서는 안 된다. 이런 교훈을 남긴 것은 칼을 의지하는 그들의 호전적인 성향을 나타는 것이리라.

역사가 시작된 이래 유럽 사람들은 저 멀리 북쪽 바다 끝에 있는 무섭고 호전적인 민족에 대한 이야기가 전설로 전해지고 있었다. 그 나라는 북쪽 끝에 있었는데 세상의 끝자락에 위치해있고, 얼음으로 뒤덮인 추운 나라였다. 이 나라에는 상상하기도 어려운 기괴한 동물들이 득실거리고 있으며 마녀들이 마법으로 사람들을 괴롭히는 곳이었다. 또한 그곳에 사는 사람들은 무척 사납고 큰 사람들로 무식하고 난폭하다고 알려졌다. 한마디로 그곳은 두려움과 미지의 세계였고 환상적인 이야기 거리를 제공해주는 나라였다.

이 지역에 살았던 민족이 바로 바이킹이다. 현재 스칸디나비아 반도에 본거지를 두었던 이 족속들은 가장 험한 날씨와 싸워야만 했다. 북위 60도 이북에 위치한 이 지역은 강한 바람과 많은 눈과 비, 그리고 다른 지역보다도 더 추운 날씨를 보이는 곳이다. 이들은 척박한 땅, 햇빛을 거의 보기 힘든 자연조건, 북해에서 불어오는 강한 바람으로 인해 애초부터 농사를 지어 풍족한 삶을 살 수 없었다. 그러기에 그들은 그들을 둘러싸고 있는 바다로 나가 물고기를 잡거나 다른 지역을 침략하여 식량을 약탈하며 살았다. 그러기에 바이킹들은 온몸으로 바람과 파도와 접하며 살 수밖에 없었다. 그들은 늘 바다와 하늘을 관찰하며 살았다. 고위도 지역에서만 나타나는 특징적인 빙광氷光을 발하는 높은 빙하를 보며 살았고, 오랜 동안 수로를 항해 하면서 얻은 경험으로 얼음 상태의 변화를 예측했다. 지금도 전해 내려오는 날씨와 관련된 속담이나 징후가 가장 많은 곳이 바이킹 지역인 것은 바로 이들의 삶과 날씨가 너무 밀접했기 때문이다. 바이킹이라면 어떤 해류를 이용해야 잘 항해할 수 있는지를 알았다. 겨울 철새와 여름 바닷새의 움직임으로 날씨를 예측했고, 바다표범과 물고기의 이동을 보고서도 예측해야만 했다. 하늘과 바다의 색과 모습을 보고 폭풍의 악천후가 올지, 바다안개가 낄지 빙산이 다가오는지를 선조들로부터 배웠다. 아주 작은 바람의 흐름과 냄새를 통해서도, 또 파도의 모양과 높이를 보고서도 날씨를 예측해야만 했던 민족이었다. 이러한 능력으로 인해 온난기로 접어든 때부터 바이킹들에 의해 아이슬란드, 그린란드, 북미대륙까지 개척이 이루어 진 것이다.

그러나 추운 기후이었던 시기에 북해의 거친 바다는 살을 에는 바람, 무서운 폭풍, 북쪽바다에서 내려오는 해빙, 사람을 죽이는 상상도 못할 추운 겨울의 발원지였다. 그러기에 배를 타고 외부로 진출하기에는 많은 제한을 받을 수밖에 없었다. 기록에 의하면 극소수의 아일랜드 수도사들과 강인한 바이킹들만이 감히 배를 저어 얼음 세계의 변경까지 도전했다고 전해진다. 그러나 신선했던 기후가 온난기로 접어들면서 역사의 뒤편에 숨어있던 바이킹들을 역사의 전면으로 불러낸다.

고대에 약간 선선했던 기후가 서기 800~1200년 사이에는 따뜻한 기후로 바뀌었다. 기후학적으로 후빙기의 기후최적기에 비하면 덜 따뜻하지만, 이 시기를 기후학자들은 '중세의 온난기' 또는 '제2의 기후최적기'라고 부른다. 이 기간은 지구가 8,000년 만에 처음 맞는 가장 따뜻한 기간이었으며 특히 북대서양 지역에서는 과거 2,000년 사이에 가장 온난한 시대이기도 했다. 나무 연륜, 화분, 동위체, 빙핵, 해저 퇴적물 등의 방법에 의해, 또는 사료, 고기록, 전설 등의 분석을 통해 이 시기의 온난함이 과학적으로 증명되었다. 여러 학자가 이 당시의 온난함을 증명했는데, 슈나이더 S. H. Schneider 는 이 시기의 온난했던 기후의 증거를 다음과 같이 제시했다.

첫째, 아이슬란드에서 귀리나 보리를, 노르웨이에서 밀을, 그린란드에서 목초를 생육했다. 둘째, 그린란드에서 지금은 사람이 살 수 없는 지역에 바이킹이 식민지를 건설했다. 셋째, 캐나다의 삼림 한계선이 10킬로미터나 북으로 연장되었다. 넷째, 영국에서 포도주를 생산할 수 있었다. 다섯째, 유럽이 메뚜기 피해를 입었다.

슈나이더의 말처럼 이때에는 그린란드나 아이슬란드에서 목축이나 농업이 가능했다. 빙하가 후퇴하고 그린란드의 기온이 현재보다 약 4도 더 따뜻했기 때문에 바이킹들이 이곳에서 농경생활을 하기도 했다고 램Lamb은 말한다. 바이킹들이 바다를 건너와 밭을 갈고 목장을 만들고 마을을 세워 정착 생활을 했으며, 그 일부는 아메리카 대륙에까지 건너갔다.

지금까지 날씨로 인해 움츠리고 있었던 바이킹은 온화해진 날씨로 전성기를 맞게 된다. 사회학자들은 그들의 기술 발전이나 모험주의가 바이킹을 역사로 불러냈다고 하지만, 바이킹의 정복과 탐험은 전적으로 온화하고 안정적인 기후가 닥치면서 가능해진 것이다.

중세온난기로 접어들기 시작한 서기 800년경, 북유럽의 기후가 온화해지면서 현재의 노르웨이 지역 사람들이 활동하기 적합한 날씨로 변했다. 북해에 몰아치던 폭풍이 급격히 줄어들었고, 남쪽으로 밀려 내려오던 해빙海氷도 현격히 줄어들었다. 끔찍한 기상 상태에서도 항해를 하곤 했던 바이킹들에게 빙하가 없는 조용한 바다는 그야말로 자기 집 안마당이나 마찬가지였다. 이때부터 바이킹의 해양 탐험, 유럽 해안을 약탈하는 등 바이킹의 해적 행위에 관한 난폭한 이야기가 나온 것이다. 이것을 혹자는 '바이킹 시대Viking Age'라고 부른다. 그들은 덴마크 등 북유럽 지역의 침탈은 물론, 유럽 내륙, 프랑스 북부지역, 영국까지 침략하여 유럽인들에게 엄청난 공포를 불러 일으켰다. 이 시기 가장 유명한 바이킹은 잉글랜드, 덴마크, 노르웨이를 동시에 다스리고 스웨덴의 일부까지 정복한 크누트 왕Cnut(?~1035)이다.

또 다른 유명한 바이킹 왕은 '정복왕'으로 알려진 노르망디 공 윌리엄William the Conqueror(1028?~1087)이다. 그는 서기 1066년에 잉글랜드를 정복하고 새로 획득한 영토를 그의 노르만족 신하들에게 쪼개어 나눠주었다. 재미있는 것은 이 당시의 온난한 기후는 바이킹들이 유럽이나 그린란드, 북아메리카 지역까지 정복하고 활동하게 했지만 이러한 온난한 기후가 늘 그들에게 도움이 된 것은 아니었다. 정복왕 윌리엄이 잉글랜드를 정복했을 때는 벌써 온난기가 2세기에 걸쳐 계속되어 해수면이 현저하게 높아지고 있었다. 잉글랜드 동부의 경우 멀리 노리치 Norwich 까지 바닷물이 올라왔다. 영국의 저지대와 소택지들은 무수한 섬으로 변하고 수로는 미로가 되어 버렸다. 바이킹은 물론 잉글랜드 원주민조차 활동하기 어려워진 것이다. 이런 기상조건으로 인해 1066년 이후에는 새로운 바이킹의 침략을 받지 않게 되었다.

바이킹들은 천연 자석이나 나침반을 사용하면서 북쪽으로는 북극해의 배핀 Baffin 섬까지, 서쪽으로는 그린란드와 뉴펀들랜드까지 탐험했던 것으로 전해진다. 기록에 의하면 노르웨이 왕 하랄 3세 Harald Ⅲ Sigurdsson (1015~1066)는 1040년경 선단을 이끌고 북쪽 바다를 탐험하여 육지의 경계를 지나 얼음 두께가 3미터에 이르는 북쪽 바다까지 진출했다. 하랄 3세는 "우리 눈앞 저 멀리에 사라져가는 어두운 세상이 놓여있다"고 기록했다. 그러나 실제 그의 백성들인 노르만족은 이미 북해를 훨씬 넘어서 아이슬란드와 그린란드, 아니 그 이상 북쪽까지 진출하고 있었다. 이 가운데 바이킹에 의한 그린란드 개척은 세계사에 큰 영향을 미친 사건이었다. 이 땅을 탐험하고 노르만족을 이곳으로 정착시키는 데는 '에리크 Erik the Red'라는 사람이 중요한 역할을 했다. 그린란드를 탐험한 에리크는 이 땅을 '푸른 땅', 그린란드라고 이름 짓고는 대대적인 선전을 했다. 지금은 얼음의 땅인 그린란드에 '푸른 땅'이란 이름을 붙인 것은 온난기에 접어들었던 그 당시 실제로 해안이 푸르렀기 때문이다. 추운 지역에 살던 바이킹들이 푸른 땅이라는 매혹의 이름에 홀렸는지, 아니면 에리크의 설득에 넘어갔는지 모르지만 무려 25척의 배에 꽉 찰 만큼 많은 이주 희망자가 몰렸다. 그들은 꿈과 희망을 가지고 그린란드로 넘어갔다.

그린란드는 여름에는 푸른 초원이 펼쳐졌고, 우거진 버드나무 덤불

에리크가 발견한
그린란드.

그린란드에 있는 교회 유적.
오늘날 그린란드에서 가장
잘 보존된 바이킹 유적이다.

이 건초와 연료가 되었다. 주변 바다에는 사계절 생선이 풍부하게 잡혔고, 바다 포유류나 식용으로 할 만한 새도 엄청나게 많았다. 바이킹들은 본국의 낙농 경제를 이주지로 가져왔고 섬 북쪽 해안까지 귀리, 보리, 호밀 등을 재배했다. 기록에 의하면 인구가 가장 많았을 당시에는 주민 3,000명, 농장 280개소를 헤아릴 정도였다. 소기후 최적기는 온난했으므로, 또한 물개 사냥과 대구 어획이 추가되어 먹을거리는 풍족했다. 비록 여름은 짧았지만 아이슬란드보다 고위도였기에 여름에는 낮이 더 길었고 상당히 따뜻했다. 온난기인 당시에도 겨울은 길고 잔인했지만 그 정도의 추위는 그들에게는 아무것도 아니었다. 여름에 건초를 충분히 마련하여 겨울에 대비할 수 있었기 때문이다.

그린란드에 정착한 바이킹들이 캐나다의 래브라도와 뉴펀들랜드까지 탐험한 이야기는 그들의 후손에게 전승으로 남았다. 이들의 전승에 따르면 바이킹들은 토착민의 격렬한 저항에 부딪치는 바람에 새로운 땅에 정착촌을 건설하지는 못했다. 그러나 그들은 목재를 얻기 위해 정기적으로 북아메리카 지역을 방문했는데, 온난기가 지속된 약 3세기 동안 그린란드에 살던 바이킹들은 북아메리카 항로를 이용했다. 그들이 북아메리카로 갈 때는 바람을 이용했고, 돌아올 때는 남하하는 해류를 이용했으며, 고향인 노르웨이로 갈 때는 남서풍을 활용했다.

13세기 말에 접어들면서 '기후 최적기'라 불렸던 온난기가 물러가면서 유럽 북부에서는 저기압 활동이 활발해지기 시작했으며 점차 습하고 추워지기 시작했다. 그린란드에 정착했던 바이킹들은 얼음이라고는 전혀 없던 뱃길에 여기저기 해빙海氷이 나타나고 부둣가가 얼어붙기 시작하면서 기후가 변하고 있다는 것을 알아차렸다. 이런 기후 변화로 인해 바이킹의 해적 문명도 그린란드에 고립되기 시작했다.

나이테와 얼음 분석에 따르면 14세기 중엽에 이르러 기후는 더욱 춥고 혹독해졌으며, 그린란드는 살기 힘든 곳이 되어갔다. 기후가 추워지면서 농작물 재배가 어려워지고, 바다에 얼음이 증가하면서 바다표범과 해마가 감소하기 시작했다. 식량을 구하기가 힘들어지자 사냥감을 구하는 경쟁은 더욱 치열해졌다. 이런 기후조건은 사람들이 생존에 필요한 최소한의 식량을 확보하기 힘들게 만들었다. 최근 연구결과에 의하면 그린란드의 날씨가 온화해 많은 식량이 있었던 이주 초기의 바이킹의 평균 신장은 177센티미터였다. 그러나 소빙기小氷期가 닥치면서 추위로 식량을 구하기 힘들어진 15세기에 헤리욜프스네스Herjolfsnes의 묘지에 매장된 성인의 평균 신장은 164센티미터에 불과했다. 이처럼 기후조건은 인간의 생존에 절대적인 영향을 주는 것이다.

닥쳐온 추위로 인해 약 75가구의 농가가 있던 북쪽에 위치한 서그린란드의 두 개의 작은 바이킹 중심지인 서쪽 정착지Vesterbygd는 약 1350년에 파괴되었다. 북극의 유빙한계선이 남하하고 바다의 얼음이 점점 더 증가하면서, 1342년경에 북위 65도 상에 위치한 아이슬란드와 그린란드 사이의 항로가 폐쇄되고 이보다 남쪽에 있는 항로를 이용하게 되었다. 그러나 이 항로마저도 1369년에 폐쇄되면서 유럽과 그린란드 사이의 정기적인 교통이 단절되고 말았다. 그리고 약 225호의 농가가 있던 규모가 큰 동쪽 정착지Osterbygd는 점점 더 어려워지는 상황을 겪으며 근근이 생존했으나, 1500년대가 되었을 때 그린란드에서 바이킹들은 완전히 사라지고 만다.

현재 그린란드에 살고 있는 사람은 이누이트Inuit족[14]과 유럽인의 혼혈이 대부분이다. 현재 4만 5,000명 정도가 그린란드에 살고 있으며, 그중 절반 정도가 북극권 주변에 살고 있다. 이들은 바이킹이 적응하지 못했던 추위를 이겨내는 방법을 개발했고 그들의 신체를 추위에 적응시켰다. 그린란드의 혹독한 추위에 적응하기 위해 이들은 일부 집단 정착촌을 제외하고는 전통적으로 유목 생활을 한다. 이누이트족은 바다코끼리, 물범류, 고래 등 해양 포유류를 사냥하기 위한 필수 물품만 지닌 채 많은 거리를 이동하는데, 모든 도구나 물품들을 주변에 있는 것들을 이용해 만들어내는 탁월한 능력을 지니고 있다. 물범 가죽옷, 바다코끼리 상아와 고래뼈, 사슴뿔을 이용해 만든 작살, 돌로 만든 칼, 건조한 물고기를 이용해 만든 눈썰매의 날, 눈으로 만든 집인 이글루 등, 모든 것은 환경과 밀접하게 조화를 이루어 생존에 유리하게 만든 예이다. 또한 이누이트족은 키가 작은데, 이는 외부에 열을 빼앗기는 면적을 최소화하여 추운 환경에 잘 적응할 수 있도록 형질이 진화한 것이다. 아울러 낮은 온도에서도 신체 말단인 손가락과 발가락 등에는 혈액

---

14 북극, 캐나다, 그린란드 및 시베리아의 북극 지방에 사는 인종. 피부는 황색으로 주로 수렵·어로에 종사하고, 여름에는 흩어져 살다가 겨울에는 집단으로 거주한다.

1917년, 그린란드에 거주하는 이누이트족 가족.

순환이 잘 이루어지는 체질로 순화하면서 그린란드의 극한 추위에 완벽하게 적응하게 된 것이다.

그린란드보다는 남쪽에 위치해 현재도 많은 주민이 살고 있는 아이슬란드 역시 바이킹이 개척한 지역이다. 기후 조건상 그린란드보다 사람이 살기가 용이한 아이슬란드 역시 소빙기가 닥친 서기 1200년경에 몰락하기 시작했다. 아이슬란드의 인구는 1095년 약 7만 7,500명에서 1311년에 약 7만 2,000명으로 감소했고 1703년경에는 거의 5만 명으로 감소했다. 1780년대에 화산폭발로 인해 기후가 더 나빠지자 인구는 약 3만 8,000명으로 줄어들었다. 과학이 발달하고 최신농법이 적용되는 오늘날에도 추운 지역의 기후는 농업에 많은 영향을 준다. 1967년 겨울, 심한 얼음과 함께 혹한이 찾아오자 농가의 생산성이 5분의 1로 뚝 떨어졌다. 농작이나 목축 기술이 발달하고 난방 시설이나 교통망이 제대로 갖추어져 있는 시대에도 이런 형편이니 700여 년 전의 열악한 환경에서야 오죽했을까 싶다.

약 3세기 동안 유럽을 공포에 몰아넣었던 민족, 항해술과 전투능력이 뛰어난 해적의 선조, 그린란드와 북극의 섬들을 발견하고 개척하며, 북미대륙까지 진출했던 민족, 번개의 신인 토르와 지혜의 신인 오딘 Odin을 숭상하고 햇빛의 신인 프레이르를 사랑했던 민족, 그들이 이루었던 바이킹 문명은 기후의 온난화 시점에 시작되어 소빙기로 접어드는 1200년대까지 유럽의 역사를 찬란히 만들었다. 그러나 그 이후부터 서서히 몰락하기 시작하여 15세기에는 역사의 뒤안길로 사라져 버리고 말았다. 한 위대한 문명의 영광과 몰락, 즉 역사는 기후와 날씨로 인해 만든 것이라는 것을 보여주는 것이다.

산맥과 사막을 건넌 칭기즈 칸의 호라즘 정벌

초한전쟁에서 항우項羽를 이긴 유방劉邦은 한漢나라를 세운다. 한나라의 고조高祖가 된 유방 앞에는 거칠 것이 없었다. 한고조는 북쪽 국경을 자주 침범하는 흉노匈奴족을 섬멸하기로 한다. 무려 30만 명의 대병력을 동원했으나 흉노에게 무참히 패배한다. 한고조는 공주를 흉노의 족장에게 보내고 막대한 돈을 주는 등 자존심 상하는 화친을 맺을 수밖에 없었다. 당시 북방민족들은 유목민으로 기마술에 능숙했다. 숫자는 적었지만 현대적인 개념으로 보면 기동타격전에 능숙했던 것이다. 유목민들은 병력의 부족으로 중국을 본격적으로 침략하고 지배하지는 못했지만 오랫동안 괴롭혀 왔다. 그런 유목민 중 중국을 최초로 지배하게 된 것은 칭기즈 칸Chingiz Khan이 이끄는 몽골족이었다.

　인류 역사상 가장 넓은 영토를 장악했던 나라는 몽골족이 세운 원元나라였다. 몽골족은 불과 70년 만에 마치 질풍같이 중국을 비롯한 동아시아 대부분 지역과 중앙아시아, 동유럽을 정복했다. 초원에 살던 몽골족이 왜 당시의 전 세계를 공격했던 것일까? 여기에는 날씨의 비밀이 있다.

기후학자들은 빙하 분석을 통해 서기 900년부터 1200년 사이에 온난기가 있었다고 말한다. 라플란드Lapland(스칸디나비아 북부 지역)와 알래스카의 빙하가 후퇴하기 시작했고, 범세계적으로 따뜻한 기후가 형성되었다는 것이다. 기후온난화는 추운 지역에 살던 바이킹족이 세계무대에 나서는 계기가 되었다. 바이킹은 유럽 각국을 침공하여 영토를 확장하고 그린란드와 아이슬란드를 개척했다.

기후온난화는 아시아에서 고위도지방에 살던 몽골족에게 부흥의 계기가 되었다. 알타이Altai 산맥의 눈이 녹아 물이 풍부해졌다. 초지의 상태가 좋아지면서 수렵뿐만 아니라 농업과 유목 등이 용이해졌다. 몽골 사람들의 생활은 활기를 띠고 인구도 급격히 증가했다. 따뜻한 날씨 덕에 몽골족은 북쪽으로 영토를 더욱 확대했다.

그런데 이게 웬일인가? 1200년대부터 아시아 지역에 대가뭄이 몰려왔다. 갑자기 찾아온 서늘한 기후와 대가뭄은 몽골족이 살던 대초원을 황폐화했다. 급격히 증가한 인구를 먹여 살릴 방법이 없었다. 몽골족은 큰 강이 있는 따뜻한 중국으로 눈을 돌렸다. 당시 중국을 지배한 금金나라는 통제력이 약했다. 몽골족은 금나라와 협력해서 타타르Tatar를 정복했다. 전투에서 이긴 몽골족은 칭기즈 칸을 왕으로 추대했다. 1210년부터 몽골은 중국으로 남하하기 시작하여 결국 중국을 통일하고 원나라를 세우게 된다.

칭기즈 칸은 아시아 내륙 초원에 살던 유목민을 어떻게 강력한 병사로 만들 수 있었을까? 여기에 칭기즈 칸의 위대함이 있다. 이 위대함이 후에 나폴레옹으로 하여금 군단 조직과 전술전략을 만들 때 칭기즈 칸을 벤치마킹하게 한 것이다. 칭기즈 칸은 기동성의 대가였다. 여러 부대로 나뉜 그의 군사들은 복잡한 패턴으로 흩어졌다 다시 모이곤 했다. 적들이 몽골군의 혼란스러운 모습에 당황해 정신을 차리지 못하는 와

칭기즈 칸

중에도 칭기즈 칸의 부대는 놀라운 조화를 보이며 기동했다. 후에 그의 적들이 칭기즈 칸의 군대는 '악마에 씌었다'고 말할 정도로 상상하기 어려운 기동성이었다. 나폴레옹이 가장 자랑하는 기동성도 바로 칭기즈 칸에게 배운 것이다. 이들의 뛰어난 기동성과 이합집산, 배후 기동이 가능했던 것은 혹독한 훈련 덕분이었다. 칭기즈 칸은 전쟁이 없을 때면 겨울마다 '위대한 사냥'을 하곤 했다. 이 사냥에서 칭기즈 칸은 현재 몽골 지역에 군사들을 130킬로미터에 걸쳐 한 줄로 세웠다. 수백 킬로미터 떨어진 곳에는 사냥이 끝나는 지점을 나타내는 깃발이 꽂혀 있었다. 칭기즈 칸이 했던 훈련은 매우 단순하면서도 강렬했다. 한 줄로 늘어선 대열이 전진하면서 사냥감들을 앞쪽으로 몬다. 그리고 난 후 대열의 양 끝이 복잡하게 짜인 기동훈련에 따라 서서히 곡선을 형성하며 원을 만들고 사냥감을 포위한다. 사냥의 끝 지점을 표시한 깃발이 원의 중심이 된다. 원을 점점 좁혀 나가면서 사냥감을 포획한다. 이 '위대한 사냥'을 통해 몽골군은 멀리서 보내는 신호를 통해 의사소통을 하는 훈련을 한다. 부대의 움직임에 정확성을 기한다. 맹수들을 포획하는 등의 다양한 상황에서 해야 할 일을 인식하게 한다. 또한 돌발 상황이 발생하면, 명령을 기다리지 않고 행동하는 능력을 키운다. 병사들에게 호랑이에 올라타게 하는 훈련을 통해 담력과 전투력을 키우기도 했다. 사냥이자 일종의 놀이인 이 훈련을 통해 칭기즈 칸은 자신의 전쟁철학을

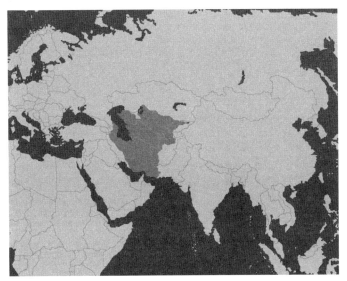

1190~1220년 호라즘 왕국.

병사들에게 가르치고, 병사들 사이의 단결과 신뢰를 구축하고, 군대의 기강을 다졌다.

칭기즈 칸은 강력해진 병사들을 이끌고 동쪽에서 가장 큰 세력이던 금나라를 1216년 굴복시켰다. 이후 그는 서쪽으로 관심을 돌렸다. 1218년, 그는 서쪽의 가장 강력한 지배자이자 실크로드를 장악하고 있던 호라즘Khorezm 왕국의 샤 무하마드 2세Shah Muhammad Ⅱ에게 사절단을 보냈다. 중국과 유럽을 잇는 매혹적인 실크로드의 통행을 재개하자는 것이었다. 무하마드 2세는 기꺼이 조약에 서명했으나 문제는 그의 부하로부터 생겼다. 몇 달 후 몽골 상인들이 호라즘의 북동쪽에 위치한 오트라르Otrar라는 도시에 도착해 물건을 구입하기 시작했다. 그런데 오트라르의 총독은 몽골 상인들을 스파이로 몰아 모두 살해했다. 이 소식을 들은 칭기즈 칸은 불같이 노하여 무하마드 2세에게 사과를 요구했지만, 무하마드 2세는 오히려 대사의 목을 베어 칭기즈 칸에게 보냈다.

잠자는 호랑이의 코털을 뽑은 것이다.

당시 호라즘 왕국의 무하마드 2세가 칭기즈 칸의 요구를 단호히 거부한 데는 나름대로 자신이 있었기 때문이다. 그가 다스리던 호라즘 왕국은 지금의 이란과 아프가니스탄 대부분에 해당하는 광대한 영토를 차지하고 있었다. 또 전투 경험이 많은 군대를 거느리고 있었다. 막강한 군대와 많은 인구, 엄청난 경제력을 가지고 있었기에 자신만만했던 것이다.

1219년 봄 칭기즈 칸은 약 25만 명으로 추산되는 몽골군을 이르티시Irtysh 강 상류로 소집시켰다. 그는 몽골군을 4개 부대로 나눈 후 주요 부대를 아들들에게 맡겼다. 우군은 장남인 주치Juchi가 지휘하고, 좌군은 차남인 차가타이Chagatai와 삼남인 오고타이Ogotai, 중군은 칭기즈 칸 자신과 사남인 툴루이Tului가, 별동대는 체베Chebe가 이끌었다.

무하마드 2세는 몽골군이 쳐들어온다는 말을 듣고 시르다리야Syr Dar'ya 강변을 따라 견고한 진지를 구축했다. 칭기즈 칸은 먼저 미끼를 던졌다. 장남이 이끄는 우군으로 하여금 시르다리야 강 하류를 공격하게 했다. 무하마드 2세는 자신의 아들인 젤라라딘Jelaladdin을 보내 방어하게 했다. 의외로 몽골군은 몇 번 싸워보지도 않고 평원의 풀밭에 불을 지르고 도망쳐버렸다. 몽골의 의도를 알기 어려웠던 무하마드 2세는 시르다리야 강 전역에 군대를 배치했다. 수비 길이가 길어지면서 호라즘 왕국의 방어는 약해질 수밖에 없었다. 칭기즈 칸의 의도대로 이루어진 것이다.

칭기즈 칸은 가을에 이동을 시작했다. 그는 두 방향으로 부대를 나누어 호라즘 왕국으로 침공해 들어갔다. 하나의 부대는 아쿰 사막과 알라타우Ala-Tau 산맥 사이의 황폐한 골짜기를 지나 호라즘의 북부지역으로 향했다. 다른 부대는 위구르 관문을 지나 투르키스탄Turkistan 북쪽의 텐산 산맥天山山脈을 넘었다. 겨울의 아쿰 사막과 알라타우 산맥의 골짜기에는 매서운 강추위가 몰아쳤다. 또한 남쪽 텐산 산맥의 추위도 매서웠다. 몽골 병사들은 영하 50도를 내려가는 강추위 속을 넘어갔다. 그들은 추위를 막기 위해 양가죽으로 몸을 감쌌다. 양가죽 안쪽에는 발효시킨 말 젖을 발랐다. 그러면 따스한 온기를 오랫동안 유지할 수 있었다. 날씨에 충분한 대비를 한 덕분에 몽골군은 희생을 최소한으로 줄이면서 사막과 산맥을 넘을 수 있었다. 무하마드 2세는 설마 겨울에 산맥과 사막을 넘으리라고는 생각지도 못했는데, 갑자기 몽골군이 나타난 것이다.

칭기즈 칸은 적을 혼란시키고 협공작전을 펼치기 위해 별동대로 호라즘 왕국의 남동쪽인 카슈가르Kashgar에서 호젠트Khodzhent로 진격하게 했다. 별동대가 호라즘의 주력 도시인 타슈켄트Tashkent와 사마르칸트Samarkand로 진격하자 무하마드 2세는 북쪽에 있던 병력을 남쪽으로 이동시켰다. 그 순간 칭기즈 칸은 주력부대를 이끌고 북부 국경을 가로질러 진격하고 있었다. 2월에는 우군과 좌군이 오트라르 등 북쪽 국경 도시들을 함락했다. 이어 분산되어 있는 호라즘 왕국의 군대를 격파하며 별동대의 병력과 합세하기 위해 시르다리야 강을 따라 남쪽으로 진격했다. 3월에는 6만 명이 수비하던 철벽 요새 사마르칸트를 점령했다. 이들의 공격에 혼이 나간 무하마드 2세가 수비에 급급하는 동안 칭기즈 칸은 북쪽 키질쿰Kyzyl Kum 사막을 건너 호라즘 왕국의 동쪽에 다다랐다. 칭기즈 칸 이전에 사막을 횡단한 정복전쟁에 성공한 군대가 없었다. 알렉산드로스 대왕은 인도 원정에서 게드로시아Gedrosia 사막을 횡단하다 병력의 75퍼센트를 잃었다. 키루스 대왕도 인도 정복전쟁에서 게드로시아 사막을 횡단하다 병력의 대부분을 잃고 겨우 7명만 살아 귀환했다. 그만큼 사막의 날씨는 가혹하다. 그러나 칭기즈 칸은 사막 날씨에 대한 철저한 준비로 사막횡단에 성공했다.

사막을 넘은 칭기즈 칸은 누라타^{Nurata}를 함락하고 부하라^{Bukhara}에 모습을 드러냈다. 4월 11일에는 부하라를 함락했다. 여러 도시가 무너져 갔다. 이제 무하마드 2세가 몽골과 싸우기 위해서는 서쪽으로 퇴각해서 군대를 재정비해야 했다. 그러나 그것도 마음대로 되지 않았다. 1220년 말, 칭기즈 칸이 이끄는 주력군과 좌·우군, 그리고 별동대가 모여 호라즘 왕국의 수도인 우르겐치^{Urgench}를 공격했다. 우르겐치 수비군은 용맹스럽게 저항했다. 그러나 1221년 4월, 몽골군이 강을 막았던 둑을 터뜨리는 수공 작전에 완전히 몰살당하고 만다. 무하마드 2세는 약간의 군사들을 데리고 카스피^{Caspie} 해로 도망쳤다. 몇 달 후 최강의 나라라고 뽐내던 호라즘 왕국의 무하마드 2세는 카스피 해의 작은 섬에서 누더기 옷을 입고 굶주림 속에서 죽고 말았다.

칭기즈 칸이 승리한 전략은 무엇이었을까? 칭기즈 칸은 '슬로, 슬로, 퀵, 퀵'이라는 고대 중국 전략을 이용했다. 첫 단계인 '슬로(천천히)'는 전쟁을 시작하기 전에 철저한 준비를 하는 것이다. 그는 키질쿰 사막을 건너기 위해 사막 안내자를 확보했고, 가혹한 날씨에서 생존하기위한 물품과 생존요령을 익혔다. 톈산 산맥을 넘기 위해서 추위에 대한 철저한 대비를 했다. 두 번째 단계인 '슬로(천천히)'는 상대가 자기만족에 취해서 준비를 게을리하게 만드는 단계다. 몽골군은 첫 전투에서 일부러 져서 호라즘 왕국이 자만에 빠지게 했다. 세 번째, '퀵(빠르게)'은 기습 공격을 통해 적군의 관심을 한 방향으로 쏠리게 하는 것이다. 남쪽에서 별동대가 공격하자 당황한 무하마드 2세는 많은 병력을 그곳으로 보냈다. 네 번째 '퀵(빠르게)'은 상대가 예기치 못한 방향에서 더욱 신속하게 공격하는 것이다. 칭기즈 칸이 키질쿰 사막을 횡단해 부하라로 진격한 것은 군사학에서도 최고의 전략으로 기록되고 있다. 상대의 허를 찌르는 그의 전략은 상대방을 공포에 빠뜨렸고 싸울 의지를 꺾어 버렸다. 칭기즈 칸은 사막의 무서움과, 겨울 산맥의 강풍과 추위와 눈보라를 극복하고, 물을 이용한 수공으로 대미를 장식한 최고의 날씨 전략가이기도 했다.

칭기즈 칸의 어록을 보면서 최근 군 지휘관이나 경영자들을 대상으로 하는 교육내용을 떠올린다. "평소에는 입 다문 송아지가 되고 전쟁터에서는 굶주린 매가 되어라." "진실한 말은 사람을 움직인다." "자신을 알아야 남을 알 수 있다." "세심해야 성공할 수 있다. 치밀하고 과학적으로 사전준비를 하라." "듣고 또 들어라." "좋은 물건을 고르듯 자식도 잘 가르치고 훈련시켜야 한다." "몸을 청결이 하듯 도둑을 없애라." "자격이 없는 리더는 갈아치워라." "어른 셋이 옳다고 하면 옳은 것이다." "어른이 말하기 전엔 입을 열지 말라." "이익이 남는 교육을 하라." "모든 종교를 차별 없이 존중해라." "타인에 대한 장단점을 말하지 말라." "승려, 사법관, 의사, 학자는 면세하고 존중하라." 이런 정신이 밑바탕이 되었기에 전 세계를 정복하는 일을 해 낼 수 있었을 것이다.

🪶혹한과 폭우에 무너진 히틀러의 꿈

지그문트 프로이트^{Sigmund Freud} (1856~1939)는 "만약 어린애가 충분한 육체적 힘을 가졌다면 그에게 불쾌감을 주는 모든 것을 때려 부수고 말 것이다"라고 말했다. 히틀러^{Hitler}의 소련 공격을 이해하는 열쇠는 정치적·전략적 차원보다는 심리적 영역에서 찾아야 한다. 그는 병적으로 소련을 싫어했다. 앞으로 1,000년 동안 이어질 그의 제3제국에 대한 위대한 설계 안에 소련 정복이 들어있는 것은 아니었다. 그가 갈망했던 것은 소련 정부를 몰락시키고 경제를 분쇄해버리며 국민을 노예로 만들고 나아가 소련의 정치적 실체를 제거하는 것이었다. 히틀러의 소련 공격은 이해하기 어려울 정도로 너무도 철저하게 파괴적으로 이루어졌다. 이것은 바로 한 가지 목적에만 전념하는 어린아이 같은 '단순성' 때문이었다. 아르투르 쇼펜하우어^{Arthur Schopenhauer} (1788~1860)는 그의 저서 『의지와 표상으로서의 세계』에서 "맹목적이고 불합리한 의지가 인간의 가장 강한 힘"이라고 말했다. 이는 '의지 자체'가 목적 달성을 위해 '스스로 밝히는 등불'이기 때문이라는 것이다. 히틀러가 다른 어떤 나라보다도 소련을 열렬히 파괴하고자 했던 심리적인 면을 볼 수 있는 것이다.

병적으로 싫어하는 소련에 대한 감정 이외에도 히틀러는 소련의 기선을 제압하고 또 소련의 풍부한 자원을 얻어 군수물자로 활용할 수 있다는 실리적인 면도 챙겼다. 1941년 6월 22일 독일군은 10주 이내에 모스크바Moskva를 점령한다는 계획하에 전면 공격을 단행한다. 역사의 아이러니일까? 6월 22일은 129년 전 나폴레옹이 러시아를 침공한 바로 그날이었다.

초기 국경지역 전투에서 독일군은 소련군 100만 명을 사살하는 등 승승장구했다. 그러나 키예프Kiev 방면의 저항이 거세지자 히틀러는 참모들의 반대에도 불구하고 모스크바로 향하던 독일군의 주력 기갑부대를 키예프 공격으로 전환시켰다. 키예프 공격이 전술적인 쾌승을 거두었지만 전략적으로는 실패가 되어버린 것은 모스크바를 공격하는 시간이 6주 이상 늦어버렸기 때문이다.

좋기만 했던 날씨가 갑자기 변하면서 며칠 동안 비가 내리더니 기온이 뚝 떨어졌다. 전쟁이 벌어진 1941년 겨울은 예년보다 빨리 찾아온 데다 유달리 추웠지만, 석 달 이내에 전쟁을 마무리하려 했던 독일군은 겨울을 날 준비를 전혀 하지 않은 상태였다. 비로 인해 진창길이 되어버리자 당장 식량 보급이 이루어지지 않았고, 끈질기게 쳐들어오는 소련군으로 인해 독일군은 지쳐가고 있었다. 혹한이 닥치기 전에 모스크바를 점령하라는 히틀러의 명령에 독일군은 젖 먹던 힘까지 다 내어 모스크바를 향해 진격한다. 그러나 독일 중부집단군은 모스크바를 25킬로미터 눈앞에 두고 탈진하고 만다.

"소련은 동장군과 진흙장군이라는 영원한 동맹군이 있다." 침공군에 있어 가장 무서운 적은 바로 소련의 날씨와 지형이었다. 먼저 독특한 소련의 기상과 지형을 살펴보기로 한다. 볼가^{Volga} 강을 비롯한 4개의 큰 강이 모스크바의 천연적인 방어선 역할을 하고 있다. 그 외에도 대부분의 지형이 구릉과 황야지대, 늪지와 소택지, 그리고 대삼림 지역으로 이루어져 있다. 기계화기동을 중시하는 독일군에게 상당히 불리할 수밖에 없었다. 또한 대륙성 기후대에 속하므로 모스크바의 경우 겨울에는 영하 30도 이하, 여름에는 영상 30도 이상을 기록하는 극심한 기온변화를 보인다. 봄에는 눈과 얼음이 녹으면서 진흙탕 천지로 변하고 여름에만 잠시 땅이 마를 뿐, 가을에는 비가 내리면서 다시 진창으로 변한다. 겨울이면 살인적 추위가 기다리고 있고, 오후 3시면 해가질 정도로 낮 시간이 짧아 작전에 크게 제한을 받는다.

모스크바를 향해 진격해 가던 독일군이 첫 번째로 만난 것은 가을비였다. 특히 이때는 유난히 많은 가을비가 내려 10월 10일부터 11월 10일까지 한 달 간이나 도로와 들판이 진흙탕이 되어버렸다. 따라서 모든 전차 및 장갑차와 기계화부대가 도저히 움직일 수가 없게 된 것이다.

이어 두 번째로 닥친 재난은 혹독한 추위였다. 날씨가 추워지면서 땅이 말라 진창에서 간신히 빠져 나온 독일군이 모스크바 서쪽 25킬로미터까지 진출한 것은 12월 3일이었다. 그런데 이때 영하 30도를 밑도는 살인적인 한파가 몰아닥친 것이다.[15] 12월에 이어 1월에도 추위는 계속되었는데, 유럽러시아에서 200년 만에 가장 추운 달이었다. 겨울이닥치기 전에 소련의 저항을 분쇄하려던 히틀러의 전략으로 인해 독일군에게는 방한복이 지급되어 있지 않았다. 평년보다 훨씬 추웠던 10월달과 11월 달에 이어서 혹한이 몰아닥친 12월과 1월의 날씨는 독일군

---

15 기상관측 기록에 의하면 모스크바에서 3일 아침 7시에 관측한 기온은 영하 7.2도였고, 7일에는 무려 영하 28.9도까지 떨어졌다. 독일 야전군 진영에서 관측한 기온은 5일 영하 35도, 6일에는 영하 38도였다.

에게는 천재지변이었다. 독일군은 동상과 질병으로 수없이 죽어갔다.

통계적으로 모스크바의 경우 연중 280센티미터의 눈이 내려 무려 150일간이나 눈이 쌓여 있다. 그런데 이 해 겨울은 다른 해보다 더 많은 눈이 내리는 바람에 독일군의 고통은 훨씬 심했다. 기온이 영하권으로 떨어지면서 동상자와 사상자가 발생하고, 부동액을 넣지 못한 트럭과 전차가 멈추어 고철덩어리로 변하는 등 독일군의 전력이 급격히 약화되었다. 날씨는 더욱 나빠져 대낮에도 수미터 앞을 볼 수 없을 정도의 안개가 끼었고, 오후 3시만 되면 깜깜해져 작전을 수행하기가 점차 어려워졌다. 모스크바를 코앞에 둔 독일군은 추위와 진창과 피로로 인해 한 발짝도 앞으로 나갈 힘이 남아있지 않았다.

때를 기다려왔던 소련군은 드디어 12월 6일 주코프^{Zhukov} 장군의 지휘하에 100개 사단으로 총반격을 시작했다. 현 전선을 사수하라는 히틀러의 명령에도 불구하고 후퇴는 불가피했다. 그나마 다행이었던 점은 적절한 견제공격을 가하면서 서서히 후퇴하는데 성공함으로써 나폴레옹군처럼 궤멸하지는 않았다는 사실이다. 그러나 그때까지 무적을 자랑하던 독일군의 신화는 여기서 무참히 깨지면서 히틀러의 야망도 무너져 버리고 만다.

"적을 이기기 위해서라면 무엇이든 할 수 있다. 만약 지옥의 악마를 불러야 한다면 그렇게 하겠다." 히틀러는 승리를 위해서라면 어떤 잔인한 행동도 서슴지 않았다. 처음 소련 내 비러시아인들은 진격해 들어오는 독일군을 스탈린 독재의 해방군으로 여기고 환영했다. 그러나 히틀러는 그 기대를 저버리고 게릴라를 잡는다는 이유로 주민들에 대한 잔혹한 고문과 살인을 자행했다. 히틀러가 소련과의 전쟁에서 패한 원인으로 민사작전의 실패를 꼽는 전사가도 있을 정도다.

1941년 소련을 침공한 독일군은 북부·중부·남부집단군으로 나뉘어

저 있었다. 중부집단군이 모스크바를 공격하는 것이, 남부집단군은 우크
라이나Ukraina 지역의 키예프와 흑해 지역을 장악하는 것이 주 임무였다.
독일의 소련 침공은 초반에는 너무나 순조로웠다. 그러나 예상외로 남부
집단군이 공격하던 키예프 방면의 저항이 거세, 히틀러는 모스크바로 향
하던 독일군의 주력 기갑부대를 키예프 공격으로 전환시켰다.

　독일군의 총공격 앞에 9월 16일 키예프가 함락되었다. 독일군은 무려
66만 5,000명의 포로를 잡을 만큼 전술적인 쾌승을 거둔다. 그러나 "우
크라이나의 곡창지대, 캅카스Kavkaz 의 유전지대를 차지해 독일 번영의
토대로 삼아야 한다"라는 히틀러의 병적인 집착은 소련군에게 방어할
시간을 주는 결정적 실수를 범하게 된다. 전체적으로 소련을 공격하는
시간이 한 달 반 이상 늦어지면서 모스크바를 공격하던 중부집단군이 비
와 진창과 추위로 진격을 멈춘 것처럼, 우크라이나 지역을 점령한 남부
집단군 역시 흑해에 위치한 크림Krym 반도를 공격하면서 날씨로 인해 작
전에 어려움을 겪고 있었다. 크림 반도를 점령하면 독일이 아끼는 루마
니아의 유전지대를 소련군의 공중공격으로부터 보호할 수 있으며, 장차
캅카스를 거쳐 스탈린그라드Stalingrad 로 진출하기가 용이했다.

　10월 하순에 독일군은 크림 반도의 대부분 지역을 점령했다. 이제 남
은 곳은 소련 흑해함대의 본거지인 세바스토폴Sevastopol 항과 크림 반
도 동쪽에 위치한 케르치Kerch 뿐이었다. 독일군 사령관 에리히 폰 만
슈타인Erich von Manstein 장군은 자신이 직접 세바스토폴 항을 점령하겠
으니 제42군은 케르치를 점령하라고 지시한다. 그러나 이 두 지역은
전략상 매우 중요한 지역이었기에 소련의 저항은 필사적이었다. 소련
공군은 나쁜 날씨에도 불구하고 집요하게 폭격을 감행했고, 소련 파르
티잔partizan 의 기습으로 독일군은 엄청난 피해를 입었다.

　12월 초 모스크바 지역에서 소련군의 대반격이 시작되면서 소련군

은 남쪽인 흑해에서도 공세로 전환했다. 북쪽인 모스크바는 혹한과 눈이 내리는 날씨였지만, 남쪽에 위치한 크림 반도에는 연일 폭우가 쏟아져 내렸다. 크림 반도는 11월부터 우기로 접어들면서 거의 매일 비가 내렸다. 계속되는 폭우로 병참선이 완전히 차단되면서 케르치를 공격하던 독일군은 무기력해지고 말았다. 폭우로 인해 탄약과 식량 보급이 끊긴 제42군단장이 철수를 건의했지만 사령관은 "소련군을 바다 속에 쳐 넣을 것"을 지시한다. 그러나 소련군의 대규모 상륙작전으로 독일군이 둘로 분리되어 포위될 지경에 이르자 독일 사령관은 어쩔 수 없이 후퇴를 결정한다.

결국 독일의 소련 1차 침공은 날씨 때문에 실패로 돌아간다. 모스크바 방면의 중부집단군은 겨울의 맹추위로, 크림 반도를 공격하던 남부집단군은 폭우 때문에 말이다. 그리고 이 패배는 히틀러를 멸망의 구렁으로 끌고 들어가는 원인이 되고 만다.

"내가 미리 이런 날씨에 대한 정확한 정보를 알았더라면" 하고 후회한 히틀러는 이 소련 1차 침공 패배의 책임을 물어 많은 장성을 해임하거나 파면했다. 그리고 이후 육군 총사령관 자리를 자신이 겸임하기로 했다. 만일 날씨가 히틀러를 도왔다면 제2차 세계대전의 종말이나 세계의 역사는 다시 쓰였을 것이다.

독일이 소련을 공격해 들어가면서 초기 국경지역 전투에서 소련군 100만 명을 사살하는 전과를 올린 것이나, 키예프 공격 때 66만 5,000명을 포로로 잡은 것 등은 상식으로는 이해하기 힘든 전투라고 할 수 있다. 아무리 소련군이 무기가 빈약하고 사기가 떨어져 있었다고 해도 말이다. 이런 전투에 대해 19세기의 위대한 군사 집필가였던 아르당 뒤 피크Ardant du Picq 대령은 설명해 준다. 그는 고대 전투를 연구하며 기이한 현상에 주목했다. 칸나이Cannae에서 로마군을 궤멸한 한니발의 승리, 파르살루스^{Pharsalus}에서 폼페이우스를 상대로 한 카이사르의 승리 등 이름을 떨친 전투에서는 두 군대의 손실 규모에서 엄청난 차이가 났다. 승리한 쪽의 인명 피해는 수백 명에 그쳤지만 패배한 쪽은 수천, 수만 명을 기록했다. 뒤 파크 대령은 승리한 군대가 책략을 통해 적을 부분으로 쪼개는데 성공했기 때문이라고 말한다. 사병들은 대열이 무너지는 순간 결속감과 안정감을 잃고 고립되었다고 느껴 무기를 내던지고 도망갔다는 것이다. 이렇게 적에게 등을 보인 병사들을 해치우는 것은 어렵지 않았다. 수만 명이 이런 식으로 죽음을 당했다. 군대의 대승은 대개의 경우 군인들의 심리를 이용한 것이다. 주변에 나를 도와줄 아군이 없다고 느끼는 순간 병사들은 원시적인 공포에 내던져진다. 홀로 죽음을 맞게 될까 봐 두려워하며 그저 도망치기에 급급해한다는 것이다. 위대한 군사 지도자들은 이런 공포를 전략적으로 이용했다. 이를 가장 잘 활용한 사람이 알렉산드로스 대왕과 칭기즈 칸이었다. 칭기즈 칸의 경우 기병대의 기동성을 이용해 적의 통신을 단절하면서 적군의 일부를 고립시켜, 그들이 혼자이며 보호받지 못하고 있다고 느끼게 했다. 그럴 경우 적들은 대개 너무나 무기력하게 무너져 버렸다. 야전군 리더들이 알아두어야 할 내용이 아닐까 한다.

제2부

신의 축복 아니면 징벌?

〰️이집트 고왕국 흥망과 날씨

지구상의 모든 생물은 태양 빛을 받아 생명을 유지하며 살아간다. 그러기에 세계 여러 문명에서 태양을 숭배하는 신화가 많이 생겨났다. 이집트에서의 최고신은 태양신 '라^{Ra}'로, 우주와 천지의 생명체를 만든 창조신이다. 이집트인들은 태양신이 빛을 보내 곡식을 여물게 만든다고 믿었다. 그런데 농사에 필수적인 물과 관련하여 나일 강의 범람은 죽음과 부활의 신인 오시리스^{Osiris}의 몫이다. 나일 강에서는 주기적으로 가뭄과 범람이 나타나는데, 이집트인은 건기에 나일 강의 가뭄을 죽음으로, 우기에 강의 범람을 부활로 인식했다. 이 같은 사고방식 때문에 이집트인은 나일 강의 범람을 주관한다고 생각한 오시리스를 태양신 다음으로 숭배했다.

그리스 작가 플루타르코스^{Ploutarchos} (46?~120?)[1]의 저서 『이시스와

---

1 고대 그리스 시대의 철학자, 정치가 겸 작가. 플라톤주의 철학자 중에 한 사람으로 『영웅전(Bioi paralléloi)』의 저자로 널리 알려졌다.

오시리스에 관하여』에는 오
시리스에 관한 신화가 상세히
기록되어 있다. 태양신 '라'가
스스로 수정受精을 통해 공기
의 신과 비의 여신을 낳았고,
이 둘이 서로 사랑하여 둘 사
이에 땅의 신과 하늘의 여신
이 태어났다. 땅과 신과 하늘
의 여신은 태양신의 금지령에
도 불구하고 동침하여 자녀
를 낳았는데, 이들이 바로 오
시리스와 이시스Isis, 세트Seth
와 네프티스Nephthys다. 오시
리스는 이시스와 혼인하여 함

오시리스 가족. 중앙에 오시리스, 왼쪽에 호루스, 오른쪽
에 이시스가 자리 잡고 있다. 파리 루브르 박물관 소장.
ⓒⓘⓞ Guillaume Blanchard

께 이집트를 다스리면서 찬란한 문명을 세워 나갔다. 하지만 오시리스
는 이집트를 통치한 지 28년째 되던 해에 그의 지위를 노린 아우 세트
에 의해 죽음을 당하고 말았다.

궁전에서 성대한 잔치가 벌어진 어느 날, 세트는 오시리스의 몸에 맞
는 석관石棺을 만들어 몸에 가장 잘 맞는 사람에게 석관을 주겠다고 했
다. 석관이 탐이 난 오시리스가 석관에 들어가 눕는 순간 세트는 석관
을 닫아 묶어 나일 강에 던져 버렸다. 오시리스의 아내 이시스는 남편
을 찾아 헤맨 끝에 나일 강의 해변에서 가까스로 남편의 시체를 찾아
돌아왔으나, 마침 사냥을 나왔던 세트에게 발각되고 말았다. 세트는 오
시리스의 시체를 다시 14조각으로 잘라 이집트 전역에 뿌려버렸다. 이
시스는 천신만고 끝에 남편의 시체 조각을 모두 찾아 미라로 만든 다

음 어머니인 하늘의 여신의 도움을 받아 오시리스를 부활시켰다. 그러나 한번 죽은 오시리스는 이승에 머물 수 없어 떠나간 영혼이 머무는 저승 세계의 왕이 되었다.

사막 지대임에도 이집트에서 7,000년 전에 문명이 형성된 것은 나일 강 덕분이다. 홍수 때 나일 강이 범람하면 상류에서 비옥한 흙이 밀려 내려와 밀과 보리를 비롯한 다양한 농작물을 생산할 수 있었다. 농사의 성공 여부는 매년 6월에 시작하는 홍수에 달려 있었다. 6월 말까지 나일 강은 상류지역(지금의 수단)에 내린 비로 인해 수위가 상승하고, 수위가 상승하면 주변의 저지대는 홍수가 진다. 10월에 홍수가 끝나면 나일 강 유역의 경작지에는 상류지역에서 운반되어 온 비옥한 흙이 쌓인다. 이곳에 곡물의 씨를 뿌리면 이듬해 2월에 엄청난 수확을 하게 된다. 만일 홍수가 일어나지 않거나 나일 강의 수위가 낮아져 경작지 면적이 한정되면 이듬해에는 흉년이 닥치고 기근과 재해가 발생한다. 다른 나라에서와는 달리 이집트에서는 홍수가 재해가 아니라 축복이다.

이집트인들은 천지가 개벽할 정도가 아니라면 홍수가 크게 날수록 더 좋아했다. 로마의 가이우스 플리니우스 카이킬리우스 세쿤두스[Gaius Plinius Caecilius Secundus (61~112)][2]는 나일 강의 범람 수위에 따라 농작물이 얼마나 잘 자라는가에 대한 기록을 남겼다. 홍수가 나서 물이 범람한 높이가 18미터면 '배고픔', 19.5미터면 '고생', 21미터면 '행복', 22.5미터이면 '안심', 그러나 27미터 이상이면 '재앙'이라고 했다. '재앙'은 강이 너무 범람해서 진흙집까지 쓸어가 버릴 때를 말하는데 다행히 100

---

2 일명 소(小)플리니우스. 고대 로마의 관리·군인·학자이다. 학자로서는 백과사전적인 지식을 지닌 사람으로 사상가라기보다는 근면하고 지식욕이 왕성한 수집가이다. 현존하는 저작 『박물지』 37권은 자연·인문 등 각 방면에 걸친 지식의 보고로 가치가 무궁무진하다.

년에 한 번 이상 나타나지 않았다. 그러므로 나일 강의 홍수는 축복이요 행복이라는 이집트 사람들의 말은 과학적으로도 맞는 말이다.

매년 일어나는 나일 강의 범람은 이집트인의 달력에서 각각 네 달씩 계속되는 범람, 생장, 수확의 세 절기를 구분하면서 씨 뿌릴 때와 추수할 때를 알려주었다. 6월 말부터 10월 말까지 계속되는 나일 강의 범람은 땅을 옥토로 바꾸고, 10월 말이면 거기에 씨를 뿌리고 작물을 심어 2월 말까지 키웠고, 2월 말부터 6월 말 사이에 수확을 했다. 나라 전체의 번영과 존속은 나일 강의 범람에 크게 의존하고 있었다. 나일 강이 이집트 신화와 종교 사상에서 핵심을 이루게 된 것은 결코 우연이 아닌 것이다. 나일 강은 비옥한 경작지를 제공해 주는 것만이 아니라 교통의 간선幹線으로도 이용되었다. 테베Thebae에서 카이로Cairo까지 약 900킬로미터에 이르는 거리를 홍수기에는 배로 2주일이면 갈 수 있었다. 이집트 문명의 생성과 발전은 나일 강의 홍수 없이는 불가능한 것이었다.

이집트인은 나일 강에 홍수가 일어나 곡물을 풍성하게 수확할 수 있는 것이 오시리스 덕분이라고 생각한다. 오시리스의 몸을 녹색으로 그리는 것은 녹색이 재생再生을 상징하기 때문이며, 그가 식물의 신으로 불리는 것도 이러한 이유 때문이다. 오시리스가 부활하고 나일 강의 홍수가 매년 되풀이되듯이 사람의 탄생과 삶, 부활까지도 반복되는 것으로 보고 있다. 오시리스가 부활하는 것처럼 매년 나일 강의 범람이 되풀이되어 풍성한 수확을 가져다준다는 것이다. 이집트인들은 태양신과 죽음의 신을 위해 신전을 만들고 도시를 헌정하고 성대한 제사를 지냈다. 매년 풍년의 축복을 보내달라고 말이다. 그러나 그들이 섬기는 태양신과 죽음의 신도 날씨의 변화에는 무기력하기만 했다.

나일 강 하류는 인류의 4대 문명 발상지 중의 하나다. 많은 학자들이 기원전 4000~5000년 정도에 이집트 문명이 시작되었다고 추정한다.

당시는 지질사적으로 플라이스토세Pleistocene Epoch[3]의 마지막 빙하기인 뷔름Würm 빙하기가 물러가면서 기온이 서서히 상승할 즈음이었다. 기후가 건조기후에서 습윤기후로 변하면서, 아프리카의 북반부는 물기가 많은 대초원이 되었다. 현재의 사하라 사막과 건조한 사바나에는 푸른 숲이 우거지고 산은 아름다운 나무로 뒤덮였으며 물고기나 새도 많았다. 기후가 따뜻해지면서 사람들은 나일 강 주변에서 농사를 짓기 시작했다. 북위 25도의 아열대 지역인 나일 계곡에는 서늘한 계절풍이 불었다. 서늘한 기후가 반복해서 나타나 나일 강의 홍수를 조절해 주었고, 이는 이집트 고왕국 성립에 커다란 도움이 되었다. 주기적으로 범람하는 나일 강의 풍부한 물은 곡식의 생산을 증대시켰다. 많은 사람이 몰려들어 인구는 급증했다. 나일 강 유역에서의 농업 발달이 문명 탄생을 이끈 것이다.

기원전 3000년경에는 국가가 세워졌는데, 역사는 이 나라를 고왕국[4]이라고 부른다. 고왕국은 더운 계절과 서늘한 계절이 반복되는 온화한 기후에서 급속히 발전했고, 특히 미술 공예품 생산이 증가했다. 이집트는 부富를 축적하며 강력한 나라로 성장했다. 메네스라 불리는 강력한 통치자가 통일을 이룬지 600년도 지나기 전에 제4왕조의 왕들은 풍부한 재정으로 장대한 스핑크스와 피라미드 군을 만들었다. 이집트 고왕국의 화려한 영광이었다.

기원전 2000년경 무렵 날씨가 갑자기 변하기 시작했다. 온화했던 기

---

3 약 260만 년 전부터 약 1만 2,000년 전까지의 지질 시대를 말한다. 홍적세(洪積世) 또는 갱신세(更新世)라고도 한다. 신생대 제4기에 속하며, 플라이오세(Pliocene epoch)에 이어진 시기이다. 지구 위에 널리 빙하가 발달하고 매머드 같은 코끼리류가 살았다. 고고학에서 플라이스토세가 끝나는 시기를 구석기 시대의 끝으로 본다.

4 이집트 고왕국 시대는 이집트 제3왕조부터 제6왕조까지의 시기(기원전 2686년경~기원전 2181년경)에 해당한다.

후가 찌는 듯한 무더위로 바뀌었다. 강폭은 차츰 좁아지고 풀 대신에 관목이나 모래가 들어섰다. 삼림도 모래 바람이 불어 대는 황야로 변했다. 새도 짐승도 물고기도 없어졌다. 아프리카 북부지방이 지금의 사하라 사막과 황야지대의 모습으로 바뀐 것이다. 농업생산성이 악화되자 사회체제 역시 급속히 붕괴하기 시작했다. 사람들이 살 수 없는 환경으로 변하면서 고왕국의 이집트인은 각지로 흩어졌다. 일부는 북쪽으로 향해 지중해 연안에 도달하여 현지인과 함께 베르베르 문화를 창조했다. 일부는 남쪽으로 옮겨가면서 아프리카 대륙 중앙으로 들어가 원주민과 섞여들었다. 이집트 고왕국 사람들의 이동을 불러온 더운 기후는 기원전 2000년 이후에 아프리카의 역사가 두 방향으로 갈라진 이유를 우리에게 설명해 주고 있다. 이집트의 강력한 파라오도, 빛을 가져오는 태양신 '라'도, 나일 강의 범람을 가져오는 죽음의 신 '오시리스'도 기후변화에는 어쩔 도리가 없었다. 자연의 위력 앞에서 그저 무력할 뿐이었다. 나일 문명의 흥망을 결정지은 가장 중요한 요인은 신들이 아니라 기후 조건이었던 것이다.

석판이나 석주石柱, steles에 새긴 고대 이집트의 기록에서 기원전 2180~2130년경, 기원전 2000~1950년경, 그리고 다시 약 200년 후에 큰 기근이 있었음을 알 수 있다. 기록에 의하면 이러한 기근은 사막으로부터 남풍이 불고 나일 강의 수위가 낮아진 것, 즉 매년 홍수가 일어나지 않은 것과 관련이 있다. 더욱이 기원전 2200년경과 1800년경에 동쪽에서 외부인이 이집트를 침입하여 이집트의 고왕국과 중왕국[5]이 멸망했다.

---

5 이집트 중왕국 시대는 제11왕조의 멘투호테프 2세가 상·하이집트를 재통일한 기원전 2040년부터 제12왕조가 몰락하는 기원전 1782년까지를 이른다.

고대 이집트 문화는 더운 계절과 서늘한 계절이 반복되는 기후에서 급속히 발전했고, 특히 미술 공예품 생산이 증가했다. 나일 강 유역에는 인간이 정착하기에 좋은 토지가 넓게 퍼져있어서 많은 인구를 수용할 수 있었다. 지중해 쪽으로 돌출한 나일 강 삼각주 지역은 주기적인 범람으로 그 면적이 점점 더 늘어났다. 그러나 중왕국 성립 무렵인 기원전 2000년 이후부터 나일 강 일대의 기온이 급속히 상승하기 시작했다. 나일 강 상류에서 수분 증발이 심해지면서 강의 수량도 크게 감소했다. 서늘한 기후가 불러왔던 계절적 강우현상이 중단되면서 나일 강의 범람도 멈춰버렸다. 갑자기 관개공사를 하기

고대 이집트 종교에서 죽음의 신인 오시리스.
ⓒⓘⓒ Jeff Dahl at wikipedia.org

도 어려워지면서 농업생산성이 크게 떨어졌다. 사람들은 갑작스레 변한 기온 상승을 이기기 위해 동굴을 팠다. 그 속에 물을 넣어두고 식수로 사용하기 위해서였다. 나일 계곡에서 조금만 밖으로 나가면 아무도 살 수 없는 사막이 펼쳐있었다. 물을 얻기 위해서는 수십 미터 깊이로 우물을 파는 수밖에 없었다. 그러나 그것은 한계가 있었다.

나일 문명의 흥망을 결정짓는 가장 중요한 요인은 결국 기후 조건이

었다고 할 수 있다. 처음 빙하기가 물러난 이후의 따뜻한 기후가 나일 강 일대에 사람들을 불러 모았다. 계절적인 서늘한 기후의 반복은 나일 강의 주기적인 범람을 가져와서 농업생산성을 크게 증대시켰다. 강력한 왕권국가가 탄생하고 거대한 피라미드와 스핑크스가 건설될 수 있었던 것은 결국 이런 농업 발전이 뒷받침되었기 때문이다. 하지만 중왕국 시기에 이르면서 나일 강 일대의 기후가 변했다. 온화했던 기후가 찌는 듯한 더위로 바뀌면서 나일 강의 범람도 멈추었다. 더운 기후와 강수량의 감소는 농업의 파탄을 초래했고 농업의 붕괴는 왕조의 멸망으로 이어졌다. 기후 때문에 문명이 탄생하고 문명이 붕괴한 것이다.

해와 달이 멈춘 전쟁

고대 전쟁에 대한 기록을 보면 우리의 상식이나 과학 지식으로 이해할 수 없는 부분들이 나온다. 기록도 적을뿐더러 당시 지배계급이 자기들의 정통성이나 우월성을 증명하기 위해 사실을 바꾸어 기록했을 수도 있다. 성경에 나오는 전쟁의 경우 거의 3,000년 전의 역사이기에 현재에 와서 정말 그랬을까 증명한다는 것은 매우 어렵다. 그러나 놀랍게도 최근 성서고고학[6]이 발달하면서 성경에 기록된 내용들이 사실로 드러나고 있다.

10여 년 전에 이스라엘에 큰 가뭄이 들자 랍비[7]들이 기우제祈雨祭를 올리기로 결정했다. 그런데 독특한 것은 기우제의 방식이었다. 랍비들

---

6 성서고고학(Biblical Archaeology)은 성서에 나오는 내용들을 고고학을 통해 분석하는 학문을 말한다. 대한성서고고학회에서는 성서고고학을 '고고학의 발굴 결과를 통하여 얻어진, 성서를 이해하는 데 필요한 사실을 연구하는 학문'이라고 정의한다.

7 '랍비(rabbi)'는 유대교의 율법학자를 가리키는 말. 신약에서 예수 그리스도도 그를 따르는 이들에게 '스승'이라는 뜻으로 랍비라고 불렸다.

은 경건하게 사흘 동안 금식을 하고 선지자들의 묘소에 참배를 한 다음 비행기를 타고 하늘로 올라갔다. 비행기가 이스라엘 상공을 일곱 바퀴 도는 동안 랍비들은 비행기 안에서 비를 내려달라고 기도를 했다. 그들이 기도를 마치고 비행기가 공항에 내리는 순간, 하늘에서는 단비가 쏟아지기 시작했다. 미국의 CNN 방송은 이 독특한 기우제를 대서특필했다. "랍비들이 비행기를 타고 올라가 기도했더니 기적처럼 비가 내리고 있습니다." 이때 랍비들이 이스라엘 상공을 일곱 바퀴 돌면서 기도한 것은 이스라엘 민족의 가나안 정복전쟁 당시 여리고 전투에 기원을 두고 있다.

이집트에서 탈출한 이스라엘 민족은 광야에서 40년을 방황한 끝에 가나안 정복에 나선다. 이스라엘 민족을 이끌던 모세가 죽고 후계자로 뽑힌 여호수아가 기원전 1405년경 처음 전투를 벌인 곳이 여리고 성이었다. 동서 무역로를 끼고 요르단 계곡 안쪽에 위치한 여리고 성은 가나안에서 가장 큰 오아시스가 있는 전략적 요충지였다. 이집트를 탈출해서 40년 간 광야에서 방랑생활을 했던 이스라엘 민족이 젖과 꿀이 흐르는 가나안을 정복하기 위해서는 반드시 여리고 성을 함락해야만 했다. 그러나 이스라엘 민족은 가나안족의 우람한 체격과 철제무기에 상당한 두려움을 가지고 있었다. 또한 모세가 죽고 나서 새로운 지도자가 된 여호수아의 지도력도 의심스러웠다. 이에 하나님은 여호수아에게 특이한 전투 방법을 일러준다.

"너희 모든 군사는 그 성을 둘러 성 주위를 매일 한 번씩 돌되 엿새 동안을 그리하라. 제사장 일곱은 일곱 양각 나팔을 잡고 언약궤 앞에서 나아갈 것이요 일곱째 날에는 그 성을 일곱 번 돌며 그 제사장들은 나팔을 불 것이며, 제사장들이 양각 나팔을 길게 불어 그 나팔 소리가 너희에게 들릴 때에는 백성은 다 큰 소리로 외쳐 부를 것이라. 그리하면 그 성벽이 무너져 내리리니 백성은 각기 앞으로 올라갈지니라."(여호수아 6:3~5)

이에 이스라엘 백성들이 그대로 행하자 견고하던 이중벽이 거짓말처럼 무너져 내렸다. 랍비들이 이스라엘 상공을 일곱 바퀴 돈 것은 여리고 전투에서 이스라엘 백성들이 성을 일곱 번 돌았을 때 성이 무너진 것과 같은 '일곱 번의 기적'을 부르고자 한 것이었다.

그렇다면 과연 제사장들의 나팔소리와 함성만으로 성벽이 무너졌을까? 학자들은 여리고 성이 무너진 이유를 함성과 동시에 발생한 큰 지진으로 보고 있다. 가나안 지방은 지구상에 기록된 지진의 2할 가량이 발생할 정도로 지진이 잦은 지역이다. 100년에 한두 번 정도는 강진強震이 발생하기도 한다. 이는 이 지역이 아라비아판[8] 위에 놓여있는 데다 지질학적으로 불안정한 요르단 계곡과 또 비스듬하게 형성된 단층지대 위에 위치하기 때문이다. 이러한 사실은 고고학 발굴을 통해 밝혀졌다. 영국의 존 가스탱John Garstang이 여리고 성을 발굴하여 무너져 내린 성벽의 연대를 측정해보니 여호수아의 정복전쟁 때와 일치했을 뿐만 아니라, 성이 지진으로 무너졌다는 많은 증거가 나왔다. 지진으로 전쟁에 승리한 귀한 사례가 여리고 성 전투다.

이스라엘 민족은 가나안의 강력한 성이었던 여리고와 아이 성을 잇달아 함락하고 파죽지세로 공격해 들어갔다. 이들의 소식을 들은 가나안 지역 사람들은 자기들도 그런 운명에 처하게 될까봐 공포에 빠지고

---

8 아라비아판(Arabian Plate)은 100만년 이상 북동쪽으로 움직여 유라시아판과 충돌한 3개의 판(아프리카판, 인도판, 아라비아판)의 하나다. 이러한 충돌의 결과로 서쪽의 피레네 산맥에서부터 남유럽과 중동을 거쳐 히말라야 산맥 및 동남아시아에 이르는 산맥이 형성되었다.

〈여리고 성 함락The Taking of Jericho〉, 제임스 티소James Tissot 作.

말았다. 가나안 남부지역에 살고 있던 부족들은 모여서 회의를 열었다. 그냥 죽을 수는 없으니 모든 부족이 힘을 합쳐 이스라엘 민족과 싸우자고 결정했다. 그런데 이들 중 기브온Gibeon족은 생각이 달랐다. 이들이 알고 있는 이스라엘 민족은 너무 강해 가나안의 모든 부족이 힘을 합쳐도 도저히 이길 수 없다고 생각했다. 기브온족의 지도자는 살아남기 위해서는 이스라엘과 화친조약을 맺는 수밖에 없다고 생각했다. 기브온족은 머리를 썼다. 자기들이 가나안 부족 중 하나인 것을 이스라엘이 알면 절대로 화친을 맺지 않을 것이라 생각한 그들은 꾀를 내어 옷도 다 낡은 옷을 입고, 신발도 다 떨어진 것으로 신고, 헤진 전대에다가 포도주 부대마저 헤어지고 찢어져서 기운 가죽에 담았다. 엄청 멀리서 온 사람들처럼 볼 수밖에 없었다. 기브온족이 자기들은 가나안 부족과는 상관없다고 하자 이스라엘 민족은 속아 넘어가 화친을 맺게 된다. 사흘 후에 이들이 가나안 부족의 일원임을 알게 된 여호수아는 화를 내지만, 화친을 맺기로 약속했으니 어쩔 수 없었다. 대신 여호수아는 기브온족을 평생 성소에서 사용할 물과 나무를 준비하는 이스라엘의 종으로 삼은 다음에야 그들의 속임수를 용서했다.

　가나안 부족들로 이루어진 동맹군은 처음에는 이스라엘과 정면 대결을 벌일 계획이었다. 그러나 기브온족의 배반에 충격을 받은 가나안 동맹군은 기브온족에 먼저 본때를 보여주지 않으면 다른 부족도 배신해 동맹이 무너질 것이라고 생각했다. 이들은 전투 계획을 바꾸어 먼저 기브온족에 대해 총공격을 시작했다. 기브온족은 이스라엘에게 도움을 요청했다. 화친조약을 맺었으니 모른 척할 수 없었던 이스라엘 민족은 기브온족을 돕기 위해 급하게 출병했다. 여호수아는 이스라엘 군대를 이끌고 밤새도록 행군하여 새벽에 가나안 진지를 공격했다. 기습에 미처 대비하지 못했던 가나안 동맹군은 혼비백산하며 도망치기에 바빴다. 그런데 이때 도망치는 가나안 동맹군 머리 위로 우박雨雹이 하늘에서 엄청나게 쏟아졌다. 우박에 맞아 죽은 병사의 수가 칼에 맞아 죽은 병사보다 더 많았다고 성경에 기록되어 있다.

> "그들이 이스라엘 앞에서 도망하여 벧호른의 비탈에서 내려갈 때에 여호와께서 하늘에서 큰 덩이 우박을 아세가에 이르기까지 내리우시매 그들이 죽었으니 이스라엘 자손의 칼에 죽은 자보다 우박에 죽은 자가 더욱 많았더라." (여호수아 10:11)

기상학적으로 '우박'은 구름 속에 있는 얼음 입자들이 상하 운동을 하는 동안 여러 층의 얼음으로 뒤덮이면서 발달하다가 그 무게를 지탱하지 못할 정도로 커지면 지상으로 떨어지는 것을 말한다. 우박이 내리려면 대기가 불안정하고 강한 상승기류가 있어야 한다. 대기 불안정은 지표면 가열로 인한 대류 불안정이나 전선이 통과로 인한 기층 불안정이 심할 경우이다. 가나안 동맹군이 우박 세례를 받은 때는 3월경이므로 대류 불안정보다 전선이 통과하면서 내린 우박이었을 가능성이 높다. 이 지역은 기상학적으로 우박이 많지 않은데, 3월경에는 북쪽으로부터 찬 공기가 내려오면서 지중해로 통과하는 기압골의 끝 부분이 팔레스타인 지역에 걸칠 때 전선대前線帶에서 기층 불안정으로 우박이 내리는 경우가 있다. 자연의 질서를 무시하지 않는 여호와는 기상현상을 이용하여 이스라엘을 도운 것이다. 그런데 우박에 맞아 정말로 많은 사람이 죽을 수 있을까. 1986년 방글라데시에 떨어진 1킬로그램짜리 우박으로 92명이 죽었으며, 또 1988년 인도에서는 야구공만한 크기의 우박이 떨어져 250명이 사망했다는 외신 보도가 있었다. 사망원인을 조사해 보니 대개 머리에 우박을 맞은 경우였다고 한다. 가나안의 많은 병사가 우박에 맞아 죽은 이유를 추론해 보면, 새벽에 기습을 당해 황급히 도망치느라 투구를 쓰지 못해 커다란 우박을 정통으로 머리에 맞았을 것이며, 서로 밟고 밟히며 죽은 숫자도 많았으리라.

　그런데 이 전쟁에서 우박 말고도 승패에 영향을 준 것이 해와 달이 멈춘 사건이다. 여호수아는 정복전쟁의 중요한 계기가 될 가나안족과의 싸움이 하루 만에 끝날 것으로 보지 않았다. 이스라엘이 가나안 동맹군을 전멸시키려면 충분한 시간이 필요하다고 판단한 것이다. 성경에 보면 여호수아는 이때 하나님께 태양과 달의 운행을 멈추어 달라고 기도했다. 그러자 놀랍게도 기브온 위에서 태양이 멈추고 아얄론 골짜기에서 달이 멈추는 기적이 일어났다. 이 틈을 타 이스라엘은 가나안 동맹군을 완전히 섬멸했다. 여호수아는 우박과 해와 달이 멈추는 현상으로 승리를 거둘 수 있었다.

> "여호와께서 아모리 사람을 이스라엘 자손에게 넘겨주시던 날에 여호수아가 여호와께 아뢰어 이스라엘의 목전에서 이르되, '태양아 너는 기브온 위에 머무르라, 달아 너도 아얄론 골짜기에서 그리할지어다' 하매, 태양이 머물고 달이 멈추기를 백성이 그 대적에게 원수를 갚기까지 하였느니라. 야살의 책에 태양이 중천에 머물러서 거의 종일토록 속히 내려가지 아니하였다고 기록되지 아니하였느냐." (여호수아 10:12~13)

그런데 정말 해와 달이 멈추었을까? 우리가 알고 있는 과학 상식으로는 해와 달이 멈출 수는 없다. 그러다보니 일부 사람들은 해와 달이 멈춘 것이 시적인 표현에 불과하다고 본다. 이스라엘 사람들이 너무 격렬하게 싸워서 이틀에 걸친 전투처럼 보였다는 것이다. 다른 사람들은 구름이 태양을 가려서 오후 내내 싸움을 계속할 수 있을 정도로 시원한 날씨가 계속된 것으로 말하기도 한다. 소수의 의견이지만 일식 때문에 햇빛이 약해졌다는 주장도 있다. 그런데 "태양이 멈추었다"는 기록은 성경 외에도 많이 남아 있다. 고대 이스라엘의 시 모음집인 『야살의 책Book of Jashar』, 바빌로니아Babylonia · 페르시아Persia · 중국과 잉카Inca 및 아즈텍Aztec족의 문헌에도 기록되어 있다.

우리나라에도 이와 비슷한 이야기가 전해온다. 고려 제23대 우왕 6년 (1380년) 9월 삼도도순찰사三道都巡察使 이성계李成桂 장군이 이끄는 고려 토벌군과 왜장 아지발도阿只拔都가 황산에서 대전투를 벌였다. 긴박한 전투가 진행하는 동안 날이 어두워지자 적을 무찌르기 위하여 이성

〈기브온 위에서 태양이 멈추라고 기도하는 여호수아Joshua Commanding the Sun to Stand Still upon Gideon〉,
1816년, 존 마틴John Martin 作.

계 장군이 하늘을 우러러 달뜨기를 기원했다. 그러자 동쪽 하늘에서 달이 뜰 시간이 아님에도 밝은 달이 떠올랐다. 이성계는 환한 달빛의 도움으로 아지발도의 목을 쏘아 대승했다고 전한다. 황산대첩에서 달을 끌어 앞당겨 뜨게 했다는 유래가 전하여져 마을 이름을 끌 인(引) 자와 달 월(月) 자를 써서 '인월(引月)'이라고 부르기 시작했다고 전한다.

우주 과학자인 해럴드 힐Harold Hill은 1890년에 태음월과 식에 기초를 둔 공식으로 '태양이 멈춘 날'에 대한 연구결과를 발표했다. 그의 연구는 성경에 나오는 하루의 '잃어버린 시간'을 증명했다. 1970년대에 인공위성의 궤도를 작성하기 위해 전자계산기로 계산을 하던 IBM의 연구원들이 놀라운 사실을 발견했다. 10만 년 전까지 거슬러 올라가면서 태양과 달의 궤도를 살피던 중, 궤도 진행상에 꼭 하루가 없어진 것이다. 이들은 해럴드 힐의 연구에 착안하여 여호수아 시대의 궤도를 조사했다. 그러자 놀랍게도 정확히 23시간 20분 동안 궤도가 정지했다는 사실이 밝혀졌다. 이 사실이 발표된 이후 전 세계 과학계는 들끓었다. 그러나 현재까지 누구도 이들의 연구가 맞거나 틀리다고 확증하지는 못했다. 그만큼 과학적 증명이라는 것은 매우 어려운 일이다.

전쟁을 벌일 때 꼭 알아야 할 전략 중의 하나가 상대방의 책략을 파악하는 것이다. 『손자병법』에서는 "아무런 사전 약속도 없었는데 화친을 청해 옴은 어떠한 모략이 있는 것이다無約而請和者, 謀也"라고 말한다. 기브온족이 아주 좋은 예라고 할 수 있다. 또 하나 재미있는 말이 『삼십육계三十六計』에 나오는데, "겉으로는 미소 짓고 속에는 칼을 감춘다笑裏藏刀"는 말이 있다. 기브온족처럼 겉과 속이 다른 모습으로 목적을 달성하는 것을 가리키는 말이다. 이것을 대수롭지 않게 여긴 이스라엘은 기브온족의 속임수에 넘어갔으니 이스라엘은 전투에서는 승리했지만 전략전술로는 실패했다고도 할 수 있다.

알렉산드로스와 인도 원정 🐎

"운명은 용기 있는 자를 선택한다! 그의 이름은 전설이 되고, 그의 인생은 역사가 된다."

유럽, 아프리카, 아시아의 세 대륙을 정복하고 최초로 동·서양의 융합을 이루며 헬레니즘 문화를 형성했던 역사상 가장 위대한 정복자 알렉산드로스의 이야기를 그린 영화 〈알렉산더〉[9]의 광고 카피다. 이 말처럼 알렉산드로스의 이름은 전설이 되었고 그가 한 모든 일은 역사가 되었다. 젊디젊은 스무 살에 왕위에 올라 13년 만에 그리스, 페르시아, 이집트, 인도에 이르는 대제국을 건설한 영웅, 서른세 살에 돌연사로 생을 마감한 극적인 그의 삶이 말이다.

기원전 356년, 알렉산드로스는 마케도니아의 필리포스[Philippos] 왕과 올림피아스[Olympias] 왕비 사이에서 태어났다. 젊은 알렉산드로스는 매우 용감하고 강한 전사였고, 명예욕도 강했던, 아름다운 곱슬머리 젊은이였

---

9 '알렉산더'는 '알렉산드로스'의 영어 이름.

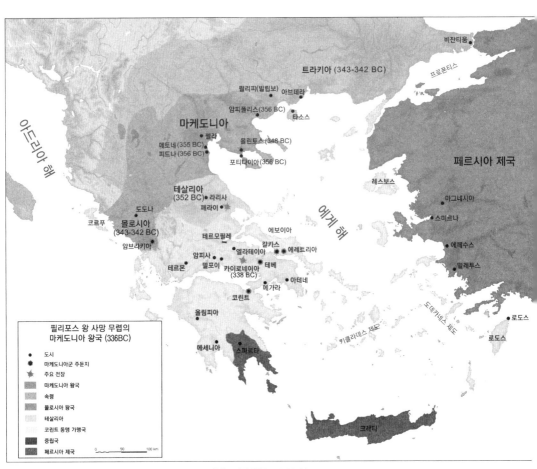

마케도니아 왕국, BC 336년.

다고 한다. 그는 어려서부터 제왕교육을 받았다. 그의 스승은 유명한 그
리스의 철학자 아리스토텔레스^{Aristoteles}(기원전 384~322)였다. 아리스토
텔레스는 당시뿐 아니라 2,000년 동안이나 인류의 스승으로 일컬을 만
큼 최고의 학자였다. 사람들은 문제에 부딪치면 아리스토텔레스의 저
서를 참고했다. 그의 책에 있는 내용은 사람들에게는 곧 진실이었고 재
판장의 역할을 했다. 그가 쓴 책은 자연사·별·동식물·정치·윤리학
·시학·문학·천체 운동까지 포함하고 있다. 기상학에서도 수많은 이
론을 정립했는데, 기상학에서만은 다른 학문과 달리 그의 이론에 틀린
부분이 많다. 그러나 과학이 그의 이론이 틀렸음을 증명하기까지 거의

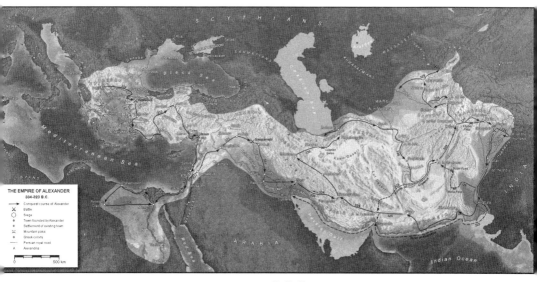

알렉산드로스 대왕이 정복한 영토 및 진군로. ©①②Captain Blood at wikipedia.org

2,000년 동안 그의 이론은 철저히 신봉되었다. 일부 기상학자들이 "아리스토텔레스 때문에 기상학의 발전이 늦어졌다"고 말할 정도다.

최고의 스승 밑에서 훈련을 받은 그는 역사상 가장 훌륭한 왕으로 성장하게 되었다. 기원전 366년 아버지 필리포스가 암살된 뒤, 알렉산드로스는 마케도니아가 그리스 세계의 주도권을 잡는 이상과 페르시아 원정 계획을 이어받았다. 그는 주변 세력들에게 아버지 필리포스만큼의 능력을 갖고 있음을 보여주어야 했다. 먼저 기원전 336~335년에 마케도니아를 반대하는 세력에 대한 강력한 경고로 테베Thebae를 쑥대밭으로 만들어버렸다. 기원전 334년에는 그라니코스Granicus 강에서 페르시아의 지배를 원한 토착 세력들을 무찌름으로써 에게 해Aegean Sea의 그리스 도시들을 지배할 수 있었다. 명실상부하게 그리스를 통일한 그는 페르시아를 정복하기 위해 3만 5,000명의 병력을 이끌고 전쟁을 시작한다. 그리스 군대를 이끌고 당시 최강이라고 불리던 페르시아 군

히다스페스 강 전투 도중 중앙을 공격하는 팔랑크스.
앙드레 카스테뉴^{André Castaigne} 作.

대와 격돌한 가우가멜라 전투[10]에서 대승을 거둔다. 이 후 알렉산드로스는 대제국 건설을 위한 동방 정벌에 나섰다. 그는 히다스페스^{Hydaspes} 강[11]에서 벌어진 인도와의 전쟁까지 단 한 차례도 전투에서 패하지 않고 승리했을 뿐 아니라 역사상 전무후무한 대제국을 건설했다.

알렉산드로스는 동·서 문화의 융합을 위해 점령지의 여성들과 휘하의 병사들을 집단 결혼시키고, 이집트에 알렉산드리아라는 도시를 세웠다. 그의 노력으로 동·서의 문화가 융합된 헬레니즘 문화가 탄생했고, 인도의 간다라 미술 등 수많은 문명에 막대한 영향을 끼쳤다. 알렉산드로스는 전쟁에서만 뛰어난 영웅이 아니라 문화에서도 최고의 황제라는 칭송을 들을 자격이 있는 사람이었다.

알렉산드로스는 그의 아버지 필리포스가 창시해낸 새로운 군대 체

---

10 기원전 331년 마케도니아 왕국의 알렉산드로스 대왕이 페르시아 제국 아케메네스 왕조의 다리우스 3세를 물리친 전투. 페르시아군의 경우 전차 200대, 경보병 6만 2,000명, 그리스 중장보병 2,000명, 기병 1만 2,000, 전투 코끼리 15마리 등으로 총 9만~10만 정도의 병력이었을 것으로 추산한다. 이에 맞서 마케도니아 측은 경보병 9,000명, 중장보병 3만 1,000명, 기병 7,000으로 수적으로 훨씬 열세였으나 장비와 훈련정도는 페르시아를 압도했을 것으로 본다.

11 인도 대륙 북동부 펀자브 지방을 흐르는 강. 오늘날에는 젤룸(Jhelum) 강으로 불린다.

제의 도움을 받아 세계정복이라는 업적을 달성할 수 있었다. 이 당시 마케도니아의 주력은 '팔랑크스phalanx'라는 밀집대형을 이루는 창병과 알렉산드로스 휘하의 기마병이었다. 창병이 가지고 있는 창은 5~7미터 정도로 아주 길었다. 창병들은 창을 양손으로 쥐고 줄로 왼쪽 어깨에 방패를 고정한 뒤 어깨가 맞닿을 정도로 뭉쳐서 한 방향을 향해 창을 늘어뜨리면서 전진했다. 맨 앞의 몇 줄은 수평으로 창을 들고, 뒷줄로 가면서 서서히 창의 각도를 높이는 방법이었다. 다른 주력부대는 알렉산드로스가 직접 지휘하는 기병대였다. 기병대 역시 3미터 정도의 긴 창을 사용했다. 그때까지만 해도 그리스나 페르시아의 주력은 보병이었다. 그러나 알렉산드로스는 말의 우수한 기동성을 활용한 새로운 전술을 만들어냈다.

세계정복의 야심을 가지고 있던 알렉산드로스는 드디어 페르시아 정벌을 떠났다. 페르시아 왕은 알렉산드로스에게 페르시아의 절반과 공주를 부인으로 줄 테니 물러나 달라고 제의했다. 그러나 그는 반쪽짜리가 아닌 완전한 세계를 지배하고 싶어 했다. 가우가멜라에서 페르시아의 대군단을 격퇴함으로써 알렉산드로스는 그리스에서부터 이집트, 시리아, 페니키아, 팔레스타인, 아시리아, 페르시아까지 아우르는 대제국을 건설하게 된다.

알렉산드로스는 이집트와 페르시아 정복전쟁을 승리한 후 결국은 힌두쿠시Hindu Kush 산맥을 넘어 인도로 진격한다. 기원전 326년 알렉산드로스는 히다스페스 강에 도달한다. 이때 파우라바Paurava(오늘날의 인도 북서부 펀자브Punjab 지방)의 왕 포루스Porus는 기병 4,000명에 보병 3만 명, 코끼리 100마리로 편성한 부대를 이끌고 강 건너편에서 알렉산드로스를 기다리고 있었다. 히다스페스 강은 강폭이 800미터나 되었고 폭우로 인해 강이 범람하고 있었다. 알렉산드로스는 일단 강물이 줄어들 때까지

알렉산드로스에게 항복하는 포루스 왕. 1865년.
알론조 채플^{Alonzo Chappel} 作.

공격하지 않는다는 유언비어를 퍼뜨리는 한편으로 밤에는 횃불을 피우고 함성을 질러 곧 공격할 것처럼 양동 작전을 펼쳤다. 이에 포루스군은 경계를 늦출 수가 없어 불면의 밤을 지새울 수밖에 없었고, 병사들의 피로는 쌓여가기만 했다. 이렇게 되자 시간이 지날수록 차츰 경계심이 풀리면서 전투태세 또한 이완되어 갔다.

"이때다, 가자" 폭우가 휘몰아치는 험악한 날, 알렉산드로스는 출격을 단행했다. 알렉산드로스는 기병 5,000명과 보병 6,000명을 이끌고 강의 상류 25킬로미터 지역으로 이동하지만, 포루스군은 악시정惡視程과 천둥소리로 알렉산드로스군의 움직임을 전혀 눈치 채지 못했다. 이곳은 강 중앙에 섬이 있어 홍수 때 강을 넘기가 가장 쉬운 곳이었다. 알렉산드로스는 강을 건너자마자 정예기병부대를 인도군의 배후로 돌아가게 하고 자신은 포루스 진영의 전면을 향해 진격했다. 알렉산드로스가 강을 건넜다는 사실을 알게 된 포루스군은 주력군을 우측으로 이동하지만, 앞뒤에서 동시에 공격을 받아 힘 한 번 쓰지 못하고 무너져 버렸다. 이날 알렉산드로스군은 1,000명의 손실로 인도군 2만 3,000명을 사살하는 대승을 거둔다.

알렉산드로스는 이 전투에서 기습의 원칙을 가장 적절하게 사용했다. 즉 공격이 가장 어려울 것으로 예상되었던 폭우가 내릴 때(시간), 대규모 원거리 우회 이동 및 도하(장소), 주력을 적의 배후로 이동시켜 공격(방법)한 것 등이다. 특히 인도의 몬순기[12]에 내리는 폭우를 이용한 그의 리더십은 놀라울 뿐이다. 그는 인도를 정복한 후 포루스 왕을 그대로 인도의 왕으로 세워 안정적인 통치를 꾀한다.

인도 지역은 독특한 기상현상을 보인다. 바로 계절풍 현상이다. 기상학자들에게 가장 많은 비가 내리는 지역을 물으면 많은 사람이 인도와 파키스탄, 방글라데시라고 말한다. 인도 대륙은 6월부터 9월까지 엄청난 비가 내리고, 10월부터 이듬해 5월까지는 건조한 날씨를 보인다. 이것은 일 년 중 아주 습하고 건조한 두 계절이 있다는 것을 뜻한다. 알렉산더 프레이터Alexander Frater는 『계절풍을 쫓아서Chasing the Monsoon』에서 "매년 아시아를 껴안고 벵골 만 위로 흘러 방글라데시를 지나 서쪽으로 도는 힘과 남서쪽에서 아라비아 해로 불어오는 바람의 힘, 이두 힘이 인도를 삼켜버린다"고 말한다. 여름철은 습하고 많은 비가 내리게되고, 반대로 육지가 차가워지면서 대륙 쪽에서 부는 차갑고 건조한 바람이 부는 겨울에는 비가 내리지 않는다. 계절풍이 부는 지역은 습하고 건조한 두 계절이 대표적으로 나타난다. 인도의 체라푼지Cherrapunji 지역의 경우 연 강수량이 1만 3,000밀리미터나 된다. 우리나라 1년 강수량의 10배나 되는 엄청난 양이다.

알렉산드로스가 히다스페스 전투에서 승리했을 때는 동방원정길에 나선 지 이미 8년이 흘렀고 원정거리는 2만 7,200킬로미터에 달했다. 알렉산드로스는 계속해서 동쪽으로 진격하기를 원했다. 그러나 그의 부하들은 더 이상의 원정을 원하지 않았다. 사흘 동안 계속된 알렉산드로스의 부탁과 회유와 협박에도 병사들은 꿈쩍도 하지 않았다. 사실 그

---

12 몬순은 아시아 지역에 독특하게 발생하는 기상현상으로 우리나라 장마와 비슷하다. 해양과 대륙의 비열 차이로 생기는데 인도 지역의 경우 6월부터 우기가 시작되어 9월까지 많은 비가 내린다.

의 부하들은 지칠 대로 지쳐있는 상태였다. 그러나 기록에 의하면 더욱 중요한 원인은 바로 몬순이었다. 몬순기 폭우를 이용하여 히다스페스 전투에서는 승리했으나 두 달간 쉬지도 않고 쏟아지는 엄청난 비와 홍수를 경험한 부하들이 결사적으로 반대했다는 것이다. 그리스의 온화한 지중해기후에 살았던 알렉산드로스의 병사들에게 인도의 몬순기에 내리는 비는 상상할 수 없는 재앙이었을 것이다. 홍수와 장마로 인해 생기는 전염병도 무서웠지만 심리적인 압박 또한 컸을 것이다. 최근 인도의 오래된 묘지를 조사한 결과 스스로 목숨을 끊은 사람이 많은 것으로 밝혀졌는데, 생물기상학자들은 몬순으로 인한 매우 습하고 많은 비가 내리는 날씨로 생긴 심리적인 압박감이 자살을 불렀을 것으로 추정하고 있다.

결국 알렉산드로스는 되돌아갈 수밖에 없었다. 그러나 그는 부하들에게 인더스 강을 따라 인도양까지 내려간 후 돌아간다고 선언했다. 인더스 강 하구에 있던 그리스의 지원 선박 편으로 일부 병력을 돌려보낸 후, 알렉산드로스는 인더스 강에서 마크란Makran[13]에 이르는 480킬로미터의 사막을 통과하여 귀환했다. 이 행군을 위해 인도양의 해안을 따라오던 그리스 함대가 보급품을 조달했다. 그러나 이 해에 심한 몬순이 불어 닥쳐, 알렉산드로스의 함대는 인더스 강 하구에 발이 묶여 버렸다. 그럼에도 알렉산드로스는 사막 횡단을 강행한다. 이 당시 기록에 의하면 허리까지 파묻히는 모래로 인한 체력 저하 및 피로, 일사병으로 인해 많은 병력이 행군 중에 쓰러졌다. 무려 전체 병력의 75퍼센트였다. 정복전쟁에서보다 더 많은 병력을 몬순과 사막기후로 손실한 것이다.

영국의 BBC는 세계 2위의 전술전략가로 알렉산드로스를 꼽았다.

---

13 이란 남동부와 파키스탄 남서부 발루치스탄 지방의 해안지역.

그의 대표적인 전술은 무엇이었을까? 그는 주력 군대가 적과 정면으로 교전하는 사이 별동대를 조직해서 적의 측면이나 후면을 타격하는 전술을 많이 사용했다. 이 전술을 '망치와 모루' 전술이라고 부른다. 아무리 강한 쇠라 할지라도 모루[14]에 대고 망치로 두들기면 버티는 쇠가 없다. 여기에서 모루 역할은 정면에서 싸우는 보병대가 맡으며, 망치 역할, 즉 적을 때리는 역할은 기병대가 맡는다. 망치와 모루 전술에서는 기병대 못지않게 보병도 매우 중요하다. 받침대가 무너져 버리면 그대로 패배하기 때문이다. 망치와 모루 전술을 전개하기 위해서는 부대를 2개, 혹은 3개로 분산시켜야 한다. 이럴 경우 전투를 벌이는 모루나 망치 부대 모두 힘이 약해진다. 그래서 이 전술을 사용하기 위해 병사들의 질이 높아야 하고 장교들의 역량이 뛰어나야 사용할 수 있는 상급 전술이라고 할 수 있다.

그는 적은 수의 병력으로 동방 정복 전쟁을 벌였는데, 보병은 사령관이 다스리는 각기 1,536명으로 이루어진 여섯(후에는 일곱) 개의 부대가 있었다. 그리고 각 부대는 512명씩으로 이루어진 3개 대대로, 각 대대는 16명씩 32개 조로 구성되었다. 그는 장갑보병의 무장을 새로이 했는데, 방패의 크기를 줄이고, 2.4미터의 창을 '사리사sarissa'라고 불린 4미터의 창으로 교체했다. 창의 길이가 변하면서 기병을 활용하는 일도 늘어나게 된다. 따라서 장갑보병은 기병이 신속하게 적의 측면이나 후면을 공격하는 시간을 벌어주는 역할을 하게 되었다. 또한 장갑보병을 경보병 및 다른 보조 부대와 완전히 통합하여 전투에 운용했다. 알렉산드로스의 전술에서 중요한 역할을 했던 히파스피스트Hypaspist 부대도 있다. 본래 '방패를 든 자'라는 뜻의 히파스피스트는 알렉산드로스의 군에서는 보병으

---

14 대장간에서 불린 쇠를 올려놓고 두드릴 때 받침으로 쓰는 쇳덩이.

히파스피스트

로 방진의 측면을 주로 방어했다. 기병의 뒤를 따라 신속하게 야간 행군을 하거나, 전투 상황에 따라 돌격하여 상황을 반전시키는 역할도 수행했다. 인도 히다스페스 강에서의 마지막 전투인 코끼리 부대와의 전투에서 맹활약한 백병전 부대가 히파스피스트 부대였다. 또한 알렉산드로스는 망치와 모루 전술을 극대화하기 위해서 기병의 비중을 높였다.

알렉산드로스는 역사상 가장 위대한 전략가이자 전사, 지휘관이었다. 훗날 나폴레옹, 워싱턴, 패튼도 모두 알렉산드로스에게 큰 존경을 표하고 그의 전략전술을 이용했다. 그런 그를 멈추게 한 것은 바로 계절풍이 몰고 온 몬순이었다. 만일 이때 몬순이 없었다면, 또 알렉산드로스가 인도를 원정했던 시기가 겨울이었다면 역사는 어떻게 바뀌었을까? 만일 이때 계속 동쪽으로 진군했다면 한국까지 올 수 있었을까?

마사다의 비극과 남풍 〰️

"용서하라 그러나 잊지는 말라, 마사다 요새의 비극을!"

이스라엘군 장교들은 임관식 때 마사다 요새에 올라, 2,000년 전 로마군에 항거하다 자결로써 민족혼을 지킨 960명의 용사들을 참배한다. 그리고 여호와 앞에 맹세한다. 다시는 이 땅을 빼앗기는 일이 없도록 하겠노라고! 이들이 임관식 선서를 하기 위해 오르는 마사다 요새는 어떤 역사를 간직하고 있는 것인가?

이스라엘 사해死海 인근의 유대 광야 오른편에 우뚝 선 특이한 형태의 언덕이 있다. 꼭대기는 평평하고 주위는 급경사인 메사mesa 지형으로 높이는 450미터, 정상 부분은 길이 약 600미터, 폭(가운데 부분)이 약 250미터 정도다. 바로 이곳이 유대 역사상 잊을 수 없는 비극의 현장 마사다Masada이다. 마사다는 지형상 천연적인 요새다. 이 점을 처음 간파한 사람은 유대의 왕이었던 헤롯Herod(기원전 73?~기원후 4)[15]이었다.

---

15 헤롯 1세. 로마 제국이 유대를 간접 지배하기 위해 임명한 유대의 왕이다.

헤롯 왕이 건설한 마사다 북쪽 궁전. 사해에서 바라본 모습. (cc)(i)Avinoam Michaeli

카이사르가 폼페이우스와의 싸움에서 승리하자, 헤롯의 아버지인 안티파테르Antipater는 카이사르의 편을 들어 유대 왕이 되었다. 헤롯은 아버지 사후 유대 왕위를 이어받지만, 카이사르가 암살당한 후 마르쿠스 안토니우스Marcus Antonius는 유대 지역을 안티고누스Antigonus에게 맡긴다. 목숨에 위협을 느낀 헤롯은 어머니와 누이, 약혼자를 800명의 호위병들과 함께 천혜의 요새 마사다에 남겨두고 로마로 도망친다. 안티고누스는 마사다를 포위하고 음식과 물 공급을 중단하지만 요새 안에는 식량 창고와 저수조가 있었다. 헤롯은 로마에서 왕위를 승인 받고 돌아와 군대를 이끌고 예루살렘으로 진격하여 안티고누스를 사형에 처했다.

간교하고 잔인하여 '여우'라는 별명을 갖고 있는 헤롯은 이때의 경험을 바탕으로 마사다를 요새 궁전으로 만든다. 그는 자신의 아내와 아들도 죽인 폭군으로 피해망상에 시달렸다. 유대인들의 반란이나 왕위를 노리는 반역자에 대한 걱정을 많이 했다고 한다. 이런 이유로 헤롯 왕은 기원전 37년부터 31년 사이에 유사시에 피신할 수 있는 요새 궁전을 완벽하게 마련했다. 바로 마사다 요새였다. 헤롯은 마사다 정상에 길이가 1,300미터에 이르는 성벽을 쌓고, 북쪽 끝 아슬아슬한 절벽 부분에 계단 모양의 3층 궁전을 지었다. 이 궁전은 신기神技에 가까운 건축기술을 구현한 걸작으로 평가받는다. 테라스와 수영장은 물론, 궁전 내부에는 온탕·냉탕·사우나 시설까지 갖춘 목

마사다 궁전의 목욕탕 ⓒⓘ Ppja at wikipedia.org

욕탕이 있었다. 이 목욕탕은 당시 로마 제국에서 사용하던 욕탕과 동일한 형식으로 지었다. 군사요새라는 기능에 걸맞게 입구를 찾기 어렵도록 만든 창고도 있었다. 1,000명이 몇 년간 충분히 먹을 수 있을 정도 분량의 식량을 보관할 수 있는 식량창고였다. 이 안에서 포도주, 기름, 밀가루와 같은 식품을 저장하는 독특한 모양의 용기가 다수 발견되었다. 저수장과 여러 개의 곡식창고도 만들었다. 만반의 준비를 했으나 헤롯 왕 때는 마사다 요새를 사용할 일은 일어나지 않았다.

　기원후 66년 제1차 유대-로마 전쟁이 일어났다. 당시 유대 지역을 지배한 로마 제국은 군인 황제들이 난립하면서 내분이 한창이었다. 이에 유대인들은 로마가 유대 지역에 큰 힘을 사용하지 못할 것이라고 예상했다. 그러나 내전에서 승리한 베스파시아누스Vespasianus가 69년 황제로 즉위하면서 로마는 유대 반란을 강력하게 진압하고 나섰다. 로마군에 쫓긴 일부 유대 병사들이 마사다에 주둔하고 있던 로마 수비대를 몰아내고 이

오늘날의 마사다 국립공원.

요새를 차지했다. 베스파시아누스는 아들인 티투스에게 예루살렘을 공격하게 했다. 예루살렘은 3중 성벽으로 요새화되어 있었다. 외벽 하나가 두께 4.5미터, 높이 9미터 이상 되었으며, 곳곳에 잇달아 쌓아 올린 거대한 사각형 탑으로 강화했고, 위에는 몸을 숨기고 활을 쏠 수 있는 총안을 설치했다. 그러나 로마군의 장군 티투스는 400미터 거리에서 50킬로그램의 돌을 쏘아 보낼 수 있는 강력한 투석기를 사용했다. 또 그는 18미터 높이의 포위공격용 탑을 3개 지어 겉에 철판을 씌운 후 격렬하게 공격했다. 결국 예루살렘은 로마군에 함락되면서 불타고 파괴되었다. 수많은 유대인이 죽거나 노예로 팔려갔으며 일부 병력만이 도망쳤다. 당시 유대교의 한 분파인 열심당Zealot의 지도자 엘리아자르Eleazar는 도망친 무리를 마사다masada 요새로 합류시켜 로마군에 항거했다. 그러나 마사다 요새에서 로마군에 대항하던 유대 열심당원들은 모두 다 죽었고 마사다의 항쟁은 역사에 묻혀 버렸다. 마사다 전투 이야기는 역사가인 플라비우스 요세푸스Flavius Josephus (38~100)[16]에 의해 기록되었으나 유대 사람들은 '배신자'인 그의 글을 믿지 않았다.

1838년 사해 바닷가를 여행하던 두 미국인 학자 E. 로빈슨과 E. 스미스가 우연히 이 장엄한 바위산 위의 폐허 흔적을 처음으로 발견했다. 이스라엘 정부는 1963년 유대인 고고학자 이가엘 야딘Yigael Yadin에게 요세푸스의 기록을 뒷받침할 유적 발굴을 맡겼다. 히브리대학교의 고고학 교수였던 야딘은 1963~1965년 마사다에서 대규모 고고학 발굴 작업을 지휘했다. 그는 이 발굴에서 헤롯 왕의 궁전뿐만 아니라, 유물도 많이 찾아냈다. 유대인들이 신던 가죽 샌들과 물건을 담았던 바구니, 14개의 두루마리 성경책 등이었다. 고고학적 가치가 매우 큰 소중한 자료들이었다. 야딘은 식량창고도 발굴했다. 항아리에는 곡식이 남아 있었다. 식량이 떨어져 죽은 것이 아니라는 것을 보여주는 것이다. 곡식을 담았던 항아리 중에는 히브리어로 '십일조'라고 표시된 것도 있었다. 그들은 위기의 상황에서도 십일조 바치기를 잊지 않았던 것이다. 야딘은 히브리 이름이 쓰어 있는 11개의 토기조각도 발견했다. 그 중 하나에는 지도자였던 '벤 야이르Ben Ya'ir'의 이름이 쓰어 있었다. 이름이 쓰인 11개의 토기조각은 무엇일까? 야딘은 마사다 최후의 날 밤, 제비를 뽑을 때 사용했던 것이라고 주장한다. 그렇다면 요세푸스의 기록이 정확했다는 자료로 볼 수 있다.

야딘의 발굴기록을 보면 이 지역의 날씨가 매우 혹독하다는 것을 알 수 있다.

---

16 기원후 1세기의 유대인 정치 선동가이자 역사가이다. 제1차 유대-로마 전쟁에서 유대군을 이끌다가 로마군의 포로가 된 후 정보를 제공하고 베스파시아누스 황제의 배려로 풀려나 로마 시민이 되었다.

"발굴 기간 내내 혹독한 날씨에 시달렸다. 아마도 세계 고고학 발굴 역사에 마사다에서처럼 어려운 발굴은 없었으리라. 남풍은 시속 100킬로미터로 불어 천막을 갈가리 찢었고, 느닷없이 쏟아지는 장대 같은 소나기는 눈 깜박할 사이에 골짜기를 채웠다. 말라붙은 개울이 강으로 바뀌고, 캠프와 캠프 사이로 흙탕물이 넘쳐흐르는 바람에 보급 물자를 헬리콥터가 날라다 준 적도 여러 번이었다."

기원후 70년 반란군이 400미터 높이인 난공불락의 바위산 마사다 요새를 거점으로 게릴라 활동을 펼치자 반란의 불길이 번질 것을 우려한 로마 황제는 제10군단장인 루시우스 플라비우스 실바Lucius Flavius Silva 장군을 시켜 요새를 토벌토록 지시한다. 72년 실바가 이끄는 로마 제10군단이 마사다로 진격했다. 로마군은 마사다 요새를 포위하고 여러 차례 공격했으나 성벽은 무너지지 않았다. 뿐만 아니라 이곳의 기후는 로마군의 편이 아니었다. 이곳은 여름에는 50도에 이르는 무더위에 비 한 방울 내리지 않는다. 겨울에는 가끔 장대비가 내리는 등 날씨가 매우 나쁘다. 혹독한 기후를 이겨내기 위해 마사다 요새를 만든 헤롯 왕이 거대한 물 탱크를 만든 이유다. 필자가 마사다 요새를 방문했을 때 무더위로 숨을 쉬기조차 힘들었던 기억이 있다. 그만큼 날씨 조건이 혹독한 곳이다. 기록에 따르면 로마군은 유대인의 기습, 느닷없이 쏟아지는 집중호우, 와디Wadi[17]의 급격한 홍수 등으로 많은 병력을 잃었다고 한다.

황야나 사막에서는 비가 오는 일이 매우 드물다. 그러나 한번 내리면 지구상의 어떤 곳과도 전혀 다른 형태로 결과가 나타난다. 이곳은 지표

---

17 '건곡'이라고도 하는 지형으로, 사막에 있으며, 평소에는 물이 흐르지 않다가 큰비가 내리면 홍수가 되어 물이 흐르는 곳이다.

면에 식물이 아주 조금 있거나 아예 없고 표토가 얇은 먼지층으로 이루어져 있다. 폭우가 내릴 경우 빗물이 땅속으로 스며들지 못하고 지표를 따라 흐르게 된다. 그 결과, 순식간에 대규모 홍수가 발생하여 지형을 깎아 와디를 형성한다. 물줄기는 급작스럽고 강력하게 흐르면서 지면을 침식시킨다. 금이 간 바위와 자갈을 깎아내고 지면에 느슨하게 쌓인 사막의 먼지와 토양의 얇은 층을 침식시켜 지나간 자리에는 엄청난 양의 토적물을 남기면서 새로운 수로를 형성하기도 한다. 튀니지의 메제르다Medgerda 강에서 1973년 발생한 거대한 폭풍이 순간적으로 많은 비를 뿌려 138제곱킬로미터나 되는 면적에 엄청난 모래와 점토층을 형성하기도 했다. 지도를 바꾸어야 할 정도로 사막의 모습이 많이 변했다. 따라서 와디에 진을 친 경우 엄청난 피해가 발생할 수밖에 없다.

계속되는 공격에도 마사다 요새는 꿈쩍도 하지 않았다. 이에 로마군은 서쪽의 고원과 같은 높이의 거대한 성채를 쌓아올려 공성을 준비했다. 요세푸스는 이 전투에서 유대 저항군의 반격을 기록하지 않았다. 이는 당시 마사다의 저항군이 로마군에 대항할 전력이 없었기 때문으로 보고 있다. 하지만 일부 역사학자들은 로마군이 성채를 쌓아 올릴 때 같은 열심당인 유대인 노예를 이용했기 때문이라고 보고 있다. 민족주의 성향이 강한 열심당원이 차마 동족을 죽일 수 없었다는 것이다. 로마군은 유대인 포로들을 이용해 요새의 서쪽 벼랑까지 흙과 돌을 다져 비탈을 쌓는데 성공한다. 이들은 공성탑攻城塔을 만들어 비탈 위로 올린 후 투석기로 마사다를 공격하기 시작했다. 25킬로그램이나 되는 돌을 맞자 마사다 성벽은 무너지기 시작했다. 반란군은 무너진 성벽에 나무기둥을 두 겹으로 박은 후 그 안에 흙을 넣고 필사적으로 저항했다. 유대인들의 처절한 방어에 로마군은 주춤한다. 이때 바람이 바뀌면서 고온건조한 남풍이 강하게 불어왔다. 로마의 실바 장군은 화공으로 전략을 바꾼다. 이스라엘 지역에 남풍이 분다는 것은 아라비아 사막 쪽에서 뜨거운 모래바람이 불어오는 것을 뜻한다. '샤라브Sharav'라 불리는 이 바람은 상대 습도가 0퍼센트 정도의 매우 건조한 대기다. 워낙 건조하고 무더운 공기기에 이 바람이 불면 풀들조차 말라버린다.

로마군이 공격 방식을 화공으로 바꾸었다. 불화살을 맞은 나무 벽은 순식간에 불에 휩싸이면서 무너져 내리기 시작했다. 이젠 성이 함락되는 것은 단지 시간의 문제였다. 지도자 벤 야이르는 피를 토하며 외친다. "우리들의 패배가 저들의 승리를 영광스럽게 해서는 안 된다. 로마군으로 하여금 우리의 죽음에 실망하고 경탄하도록 만들자." 유대인들은 제비를 뽑아 10명의 남자를 가려내었다. 유대인 율법은 자살을 엄격히 금지하고 있었기에 제비를 뽑아 선택된 10명이 나머지 유대인들을 모두 칼로 베었으며 남은 10명도 역시 제비에 뽑힌 1명에 의해 죽었고, 마지막 한 사람은 자결한 것이다.

로마군이 마사다 요새로 진격해 들어갔을 때 그들은 불타버린 건물과 960명의 장렬한 죽음, 무섭도록 고요한 적막을 마주치게 된다. 단하나 식량창고만은 그대로 남아 있었다. 이것은 최후까지 자신들이 노예가 되지 않으려고 자살한 것이지 식량이 없어서 자살한 것이 아니라는 것을 보여주기 위한 것이었다. 마사다에서 살아남은 것은 여자 둘과 아이 다섯뿐이며 로마군은 그 무서운 자살 광경에 겁을 먹고 그들을 죽이지 않았다고 한다.

그들은 마사다 요새에서 자살을 택하면서 무엇을 생각했을까? 사해를 바라보면서 이스라엘의 혼은 살아 있노라고 당당히 말하고 싶었는지도 모른다. 그리고 이런 살아있는 정신이 '눈물의 엑소더스'를 '희망의 시오니즘'으로 바꾸어 2,000년 만에 조국을 되찾게 한 원동력이 되었을 것이다.

오늘날 이스라엘 정부는 인류 문화유산이기도 한 마사다 요새를 관광지로 개발해 내외국인에게 선전한다. 마사다는 유대인들이 힘이 약해 죽음으로 항거할 수밖에 없었던 비극의 역사가 다시는 되풀이되어서는 안 된다는 굳은 결의를 다짐하는 곳이기도 하다. 그래서 지금도 이스라엘 군대 훈련의 최종 코스는 마사다에 오르는 것이다. 장교 임관 선서도 이곳에서 한다. 마사다 정상에서 그들을 목소리를 합하여 힘차게 외친다. "마사다의 비극은 다시는 없을 것이다!"

🐾 비의 신이 버린 인도 플라시 전투

"이제 더 이상 살 수가 없습니다. 폭풍을 주관하며 뇌우를 내리치고 비를 내리는 우리의 수호신 인드라Indra[18]여, 제발 비를 내려주십시오."

먼 옛날 인도에 엄청난 가뭄이 들었다. 강이 마르고 농작물도 죽어갔다. 곡식과 먹을 물이 바닥나자 허약한 아이들과 노인들부터 죽어가기 시작했다. 사람들이 인드라 신에게 눈물로 기도를 올리기 시작했다. 인드라 신은 가뭄을 가져온 괴물에게 비와 폭풍의 무기를 던졌다. 괴물이 내뿜는 열기는 엄청났다. 폭풍과 비는 힘도 못쓰고 사그라져 버렸다.

"그렇지! 나에게 아직 벼락 한 상자가 남아 있는 걸 왜 아직 몰랐을까."

인드라 신은 벼락을 괴물의 정수리에 쏟아 부었다. 하늘이 갈라질듯 번개가 번쩍거리고 천둥소리가 천지를 진동했다. 불과 화염이 섞인 벼락은 괴물을 마구 두들겼다. 기세등등하던 괴물은 별다른 저항도 하지

---

18 '인다라(因陀羅)'로 음역하기도 하는 인도 신화의 천신. 힌두교에서는 천국 또는 수미산에 거처하는 신들의 왕으로서 날씨와 전쟁을 관장한다고 믿는다. 불경에서는 제석천, 제석천왕, 제석천존 등으로 불리기도 한다. 베다교, 힌두교, 자이나교, 불교에 등장한다.

못한 채 죽고 말았다. 괴물이 죽자 바다로부터 비구름이 몰려와 비를 내리기 시작했다. 신화에서처럼 인도에서 비가 내리지 않는 것은 큰 재앙이다. 그런데 아이러니컬하게도 인도는 비가 내려 망한 역사를 가지고 있다.

먼저 인도의 역사를 살펴보자. 인도에서는 기원전 3000년경 인더스 강을 중심으로 고대 문명이 발생했다. 기원전 2000~1500년부터는 인도 아리아 유목민들이 북인도 지역을 장악하면서 베다Veda, 우파니샤드Upanishad 등의 경전이 만들어졌다. 이 문명은 기원전 6세기까지 지속되면서 카스트 제도[19]를 만들었다. 기원전 6세기 무역과 상업, 농업의 발전을 통한 바이샤 계층의 신분 상승욕구와 브라만의 제사 만능주의는 사회적 변화를 초래하여 이의 반발로 자이나교[20], 불교가 태어났다.

기원전 3세기경 마우리아Maurya 왕조의 아소카Asoka 대왕은 평화적인 방법으로 전 인도 대륙을 통치했고, 이 시기에 불교가 세계적으로 전파되었다. 기원후 4세기 굽타Gupta 왕조에 이르면 인도의 예술·문화·문학·과학이 급격한 발전을 보였다. 의학과 수학에서부터 천문학에 이르기까지 많은 학문의 연구가 활발히 진행되었다. 특히 이 시기에는 힌두교의 부흥을 위하여 국가에서 절대적인 후원을 하여 '힌두교의 황금시대'라고 부른다.

---

19 카스트 제도는 세계의 수많은 전근대 사회에서 나타났던 문화·사회적 현상으로, 일정 신분계층집단의 지위를 자손 대대로 세습하도록 하는 제도이다. 신분의 분류는 주로 집단의 경제력, 정치적 권력, 사회 문화에 기인되어 이루어진다. 카스트 제도 아래에서, 특별한 정변이 일어나거나, 개인적 능력이 매우 우수한 사례 등의 예외가 일어나지 않는 한 계층이동은 불가능에 가까웠다. 주로 인도의 신분계층을 가리키는 용어로 사용되고 있다.

20 자이나(Jaina)교는 불교와 같은 시대에 인도에서 창시된 종교로, 기원전 9세기 이전부터 존재했던 것으로 추정된다. 자이나교란 번뇌를 극복한 승자의 가르침이라는 뜻이다. 카스트를 초월하여 널리 해탈을 주장했으며 불교와는 다른 고행을 강조했다.

기원후 8세기부터 10세기에는 외래민족이 인도에 유입되어 수많은 혼합 카스트가 형성되었다. 7세기에 남인도를 중심으로 시작된 힌두교의 박티Bhakti 운동은 현실에서 다소 벗어난 무아경의 행위를 통해 신에게 헌신하는 운동으로 신비주의 성격을 띠고 있다. 여기에 14세기에는 페르시아에서 수피Sufi (이슬람 신비주의자)들이 들어왔다. 현실적이기보다 신비적인 요소가 강한 종교의 발흥은 인도를 지배하는 힌두교와 이슬람교가 신비주의로 기우는 결과를 가져왔다.

기원후 11세기 이후부터 북인도를 중심으로 이슬람 제국이 인도를 통치하기 시작했고, 무굴 제국이 영국의 침입 전까지 인도를 통치했다. 그러나 당시 식민지 경영에 눈을 뜨기 시작한 서구 열강들이 인도에 들어오면서 인도의 역사는 아픔을 겪게 된다.

세계를 식민지화하려던 유럽 열강들은 16세기에 이르러 인도에 눈을 돌렸다. 처음 인도에 상륙한 무장 세력은 포르투갈이었다. 16세기 초에 포르투갈은 아폰수 드 알부케르크Afonso de Albuquerque (1453~1515)가 해군력을 기초로 인도에 폭넓은 영향력을 행사했다. 17세기에는 네덜란드인이 포르투갈의 영향력을 대신했다. 유럽의 모험가들이 인도에 들어와 인도 지배자 밑에서 일하기 시작했다. 특히 대포 제조자나 포병들이 인도의 필요에 따라 많이 입국했다. 잇따라 영국과 프랑스도 인도에 상륙했다. 당시까지 영향력을 행사하던 네덜란드의 세력은 약화되었다. 당시 인도를 지배하던 무굴 제국의 군대는 수는 많았으나 장군들의 리더십이 형편없었고 기강이 무너져 군대다운 모습을 보이지 못했다. 각 지역의 이해관계에 따른 부족 간의 분열이 심했다. 따라서 무굴 제국의 군사력으로는 최신의 현대적인 발사무기를 갖추고 강력하게 훈련받아 사기가 드높은 군대에 대항하기란 어려운 지경이었다. 영국과 프랑스는 인도의 정치적 분열을 최대한 이용하여 인도 쟁탈전을

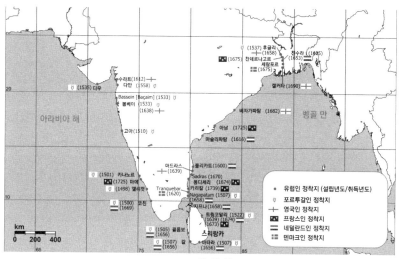

1501–1739년 인도 내 유럽인 정착지. ©①①Luis wiki at wikipedia.org

벌이기 시작했다. 초창기에 영국은 동인도회사를 통해 무역을 통한 이익의 극대화에 더 많은 관심을 두었다. 계속해서 무역 공관을 넓혀가던 영국은 욕심이 생겼다. 1686년 무력으로 후글리Hooghly를 점령하고 무굴Mughul 제국에 전쟁을 선포했다. 무굴 제국을 우습게 보았던 영국은 아우랑제브Aurangzeb 황제가 이끄는 강력한 무굴 제국 군대에게 대패하여 벵골Bengal에서 쫓겨났다. 무굴 제국에 사과를 한 영국은 1690년 다시 무역 허가를 얻어 캘커타에 무역공관을 설치했다.

봄베이Bombay, 마드라스Madras, 캘커타Calcutta에 인도 진출의 터전을 마련한 영국은 18세기부터 페르시아와 아프가니스탄의 잇단 침공으로 무굴 제국이 쇠락한 틈을 타 적극적으로 영토 확장 정책을 추구했다. 1708년 영국은 동인도회사를 개편하여 인도에 대한 정치적 지배까지 넘보는 계획을 세웠다. 영국의 계획에 가장 큰 걸림돌은 프랑스였다. 프랑스는 1664년 동인도회사를 설립하여 인도 진출을 시작했다. 그들은 캘커타 근처에 있는 찬데르나고르Chandernagor와 마드라스 가까이에 있던 퐁디셰리Pondicherry에 각각 무역공관을 설치했다.

1742년 오스트리아 왕위 계승을 놓고 영국과 프랑스가 유럽 본토에서 전쟁을 벌이자 인도에 있던 양국의 동인도회사 간에도 충돌이 발생했다. 당시 인도의 프랑스 총독으로 부임한 조제프 프랑수아 뒤플렉스Joseph François Dupleix(1697~1763)는 뛰어난 장군이었다. 그는 '세포이Sepoy'로 알려진 인도 병사들을 정규군에 수용하여 전투능력을 증대했다. 뒤플렉스는 인도 토후들과 힘을 합쳐 영국에 커다란 타격을 가했다. 유럽에서 오스트리아 왕위계승전쟁(1740~1748년)이 벌어지자 프랑스는 인도에서 영국을 공격할 빌미를 찾았다. 뒤플렉스는 프랑스군과 세포이부대를 동원하여 영국이 점령하고 있던 마드라스를 함락했다. 1차 전쟁 결과 프랑스가 인도에서 강력한 세력으로 떠올랐다.

열세에 놓여있던 영국에게 승리의 여신은 로버트 클라이브Robert Clive(1725~1774)를 통해 손짓했다. 전투에 있어서 전술적 핵심은 "기습, 역량의 집중, 통솔, 단순성, 신속한 행동, 기선機先"이라고 몽고메리 장군은 말한다. 인도전의 영웅 클라이브는 이런 전술을 가장 적절하게 응용했던 장군 중의 하나였다. 또 그는 전투에서 기상요소를 적극적으로 활용한 지휘관이기도 했다. 클라이브 장군은 인도인 병사로 영국군대에 복무케 하는 일명 '세포이' 부대를 영국군에도 창설했다. 그는 1751년 단 200명의 영국군과 600명의 세포이로 아르코트 기지를 수비해서 뛰어난 지휘 능력을 선보이면서 명성을 얻었다.

인도의 정세는 숨 가쁘게 변해갔다. 인도보다는 미국을 선호했던 프랑스가 총독 뒤플렉스를 본국으로 소환했다. 뒤플렉스가 없는 프랑스는 종이호랑이에 지나지 않았다. 무굴 제국의 정치적·군사적 세력은 극도로 쇠퇴했다. 한때 약 100만 명에 달하는 명력을 소집할 수 있었던 무굴 제국은 아우랑제브 황제가 사망한 이후 급속히 힘을 잃었다. 이때 영국에 강한 반감을 가지고 있던 수라지 웃 다울라Suraj-ud-Dowlah가 벵골의 왕으로 즉위했다. 그는 5만 명의 병력으로 캘커타를 함락한 다음, 블랙홀이라는 악명 높은 감옥에 포로들을 수감했다. 다울라는 영국에게 캘커타를 사용하는 대가로 더 많은 돈을 요구했다. 영국은 다울라의 제의를 단호히 거부했다.

클라이브 장군은 즉각 찬데르 나고르의 프랑스 요새를 공격해

수라지 웃 다울라

함락시켰다. 외교적 술수를 사용해 벵골 왕의 측근들을 불화케 만들었다. 벵골의 2인자인 미르 자파르Mir Jafar와 서로 돕기로 밀약을 맺었다. 벵골의 다울라 왕은 7만 명에 이르는 대병력과 52문의 대포를 가지고 영국군을 몰살시키기 위해 전장으로 나왔다. 이에 맞서는 클라이브는 800명의 유럽인과 2,000명의 세포이와 8문의 대포밖에 없었다. 상식적으로는 싸움이 될 수 없는 전력의 차이였다.

양측은 1757년 6월 23일 무르시다바드Murshidabad에서 30킬로미터 떨어진 플라시 평원에서 인도의 운명을 뒤바꾼 전투를 벌이게 되었다. 영국의 클라이브 장군은 먼저 전투가 벌어질 플라시 지역의 기상조건을 면밀히 검토했다. 그는 이맘때 이곳에는 소나기가 자주 쏟아진다는 사실에 주목했다. 당시의 무기 기술로 대포와 총은 비가 올 경우 무용지물에 가까웠다. 그는 비가 오더라도 지장을 받지 않을 방법을 강구했다. 그리고는 위치가 높은 망고 숲을 차지하고 병력을 은폐했다.

플라시 전투 후 미르 자파르와 만난 클라이브.
1760년경, 프랜시스 헤이먼Francis Hayman 作. 영국 국립초상화미술관National Portrait Gallery 소장.

캘커타의 승리와 병력의 우세에 도취한 벵골군은 여유롭게 플라시로 진군해왔다. 클라이브는 진군하는 벵골군에 기습을 가했다. 대포와 총을 이용하여 집중 공격한 것이다. 뜻밖의 기선을 제압당한 벵골군은 혼비백산했다. 때마침 하늘에서는 뇌우와 함께 엄청난 소나기가 쏟아졌다. 철저한 준비를 한 영국군은 소나기에도 아랑곳없이 지속적인 공격을 가할 수 있었다. 그러나 비에 젖은 인도의 대포와 총은 그저 고철 덩어리에 지나지 않았다. 인도군이 대혼란에 빠지고 갈팡질팡 하면서 무수히 죽어갔다. 인도의 주력군이 전멸했고, 벵골 왕 다울라는 달아나고 말았다. 단 한 차례의 너무나도 싱거운 전투로 벵골 제국은 무너져 버린 것이다. 이어 벌어진 프랑스와의 전투에서 영국은 포콕Pocook 제독과 에어 쿠트 경Sir Eyre Coote이 두 차례 승리를 거둠으로써 인도의 영국지배는 견고해졌다.

플라시 전투는 영국이 인도에서 토지가 비옥하고 산업이 발달한 벵골 지역을 차지했다는 사실 외에도 라이벌이었던 프랑스 세력이 이로 인해 완전히 소멸했다는 점에서 아주 중요한 의미를 갖는다. 영국의 벵골 정복은 곧바로 인도 전체를 차지할 수 있는 길을 확보한 것과 마찬가지였다. 인도 비의 신인 인드라가 영국의 손을 들어주면서 인도는 영국의 식민지로 전락하고 만 것이다.

플라시 전투는 경제사에 큰 영향을 끼쳤다. 당시 영국 면직업계는 초라했다. 원면도 부족했고 가공무역으로 수익을 올렸으나 수입량이 워낙 적었다. 원면이 풍부한 인도는 완성된 면제품을 수출하느라 원료를 팔지 않았다. 플라시 전투로 인도를 지배하기 시작한 영국은 인도의 원면을 무한정 영국으로 싼값에 들여왔다. 인도산 원면 덕분에 연간 80만 파운드였던 영국의 면직물 수출액은 플라시 전투 100년 뒤 3,490만파운드로 늘어났다. 세계적인 수요를 따라가기 위해 영국의 면직업자들이 기계화를 도모하면서 결국 산업혁명으로 이어진 것이다. 인도산만으로도 수요를 충족시키지 못하자 영국은 이집트를 침략해 원면 공급지로 삼았다. 미국에 흑인노예제가 성행한 것도 영국의 면화 수요에 기인한다. 영국이 성장하는 동안 인도의 면직산업 기반은 완전히 붕괴되어 최대 수출국에서 최대 수입국으로 전락했다. 플라시 전투의 승패가 갈라졌다면 영국의 산업혁명은 다른 방향으로 흘렀을 것이다.

이 전쟁의 결과로 벵골 지방을 지배하에 둔 영국 동인도회사는 1765년까지 10년 동안 벵골의 국고에서 무려 526만 파운드나 되는 돈을 빼앗는다. 1765년에는 벵골 지방의 징세권을 빼앗아 가혹한 수탈을 단행했다. 인도 잉여농산물의 90퍼센트가 무력을 통해 영국에게 빼앗겼다. 1869년에서 70년에 걸쳐 벵골 주민의 3분의 1이 기근으로 죽었다. 그 이후 30년 동안 반복된 대기근으로 2,000만 명 이상의 인도인이 굶어 죽어갈 때 영국은 그저 팔짱만 끼고 있었다.

  영국에 절대적 승리를 가져온 명장 클라이브는 누구일까? 클라이브
는 문제아였다. 가난한 집에서 태어나 상업학교에 진학했으나 성격이
과격해 퇴학을 거듭하며 결국 졸업하지 못했다. 그는 새로운 기회를 만
들 수 있는 인도 동인도회사의 말단 사무원으로 취직했다. 그의 선택
은 옳았다. 인도는 그에게 놀라운 기회를 준 것이다. 그는 그 기회를 놓
치지 않았다. 수차례 전투에서 공을 세워 동인도회사 직속 군대의 대
위 계급장도 따냈다. 결정적인 기회는 1757년, 28세 때 플라시에서 찾
아왔다. 인도군 지휘자를 매수하고 날씨를 적극적으로 활용한 덕으로
대승을 거둔 것이다. '하늘이 낸 군인'이라는 평가를 얻으며 뱅골 행정
관으로 임명되었다. 그는 인도의 자치권에 영국의 조세권이라는 이중
행정체계로 인도의 돈을 빼내갔다. 뱅골 행정관을 두 차례 지내는 동안
그의 재산은 천문학적으로 불어났다. 돈과 명성의 힘으로 하원의원에
당선되고 남작 지위까지 받았다. 영국에서 그는 영웅이었다. 우리가 여
기에서 생각해 보아야 할 일이 있다. 작은 섬나라인 영국을 '해가 지지
않는 나라'로 만든 힘은 무엇이었을까? 누구에게나 공평한 기회를 주
어 말썽꾼 클라이브가 성공하게 해 주었고 결국 영국은 그를 통해 엄
청난 부와 세계적인 강국으로 떠올랐으니 말이다.

도시의 역사를 바꾼 대화재와 날씨 🌸

"내가 신들의 왕 제우스에 대항해보았자 질 것은 뻔하다. 그러나 이대로 참을 수는 없다. 나 자신을 희생해서라도 제우스가 가장 싫어하는 무언가를 인간에게 갖다 줄 것이다"

그리스 신화에서 프로메테우스^{Prometheus}는 제우스^{Zeus}의 번개와 벼락에서 불을 훔쳐내 인간에게 가져다주었다.

당시는 '황금의 시대'로 날씨는 언제나 온화하여 불이 필요치 않았다. 황금의 시대에 이어 '은의 시대'가 왔다. 은의 시대는 황금의 시대만은 못했지만 그런 대로 살만했다. 제우스가 황금시대의 '늘 봄'의 날씨를 봄, 여름, 가을, 겨울로 나누자 인간들은 처음으로 찌는 듯한 더위와 살을 에는 추위를 겪게 되었다. 이때야 비로소 불을 가져다 준 프로메테우스에게 인간들은 고마움을 느끼게 된다. 프로메테우스는 인간에게 불만 전해준 것이 아니라 집을 짓는 법, 날씨를 미리 아는 법, 셈하고 글씨 쓰는 법, 짐승을 길들이는 법, 배를 만들어 바다를 향해하는 기술도 가르쳐주었다. 제우스로부터 미움을 받아 털북숭이 짐승과 다름없는 삶을 이어오던 인간은 프로메테우스 덕분에 비로소 사람다운 삶을 살게 되었다.

한편, 프로메테우스가 인간에게 불씨를 가져다 준 사실을 알게 된 제우스는 크게 노해 프로메테우스를 암벽에 사슬로 묶어 버렸다. 그래도 분이 풀리지 않은 제우스는 밤마다 독수리를 보내 간을 쪼아 먹게 했다. 독수리는 쉼 없이 프로메테우스의 간을 쪼아 먹었고 간은 또 끊임없이 쪼인 자국을 재생시켰다. 신은 죽지 않기 때문에 프로메테우스의 형벌은 영원히 계속된다.

프로메테우스에게 가혹한 형벌을 가한 제우스는 인간들에게도 벌을 주어야겠다고 생각했다. 인간이 가장 좋아하면서도 이로 인해 가장 큰 고통을 받을 것이 무엇일지를 생각한 끝에 제우스는 여자를 생각해냈다. 신들에게는 여신이 있었지만 인간에게는 여자가 없었다. 제우스는 곧 대장장이 신 헤파이스토스Hephaestos를 불러 여자의 형상을 만들고 스스로 움직이는 힘을 부여하라고 명령했다. 그래서 인류 최초의 여성인 판도라Pandora가 만들어졌다.[21]

제우스는 판도라에게 상자 하나를 주면서 절대 열지 말라고 명령했다. 그 상자에는 인류의 모든 재앙이 들어 있었는데 유일한 선은 '희망' 뿐이었다. 판도라는 경고를 무시하고 상자를 열어보았고, 그러자 안에서 온갖 불행과 재앙이 퍼져 나와 인간세상으로 퍼져나갔다. 이 신화에 따르면 인간은 불을 가진 대가로 온갖 불행과 재앙을 가지게 된 것이

---

21 헤파이스토스는 진흙을 개어 예쁜 처녀의 모습을 만들고는 힘과 아름다운 목소리를 몸에 넣었다. 옷은 아테나 여신이 은으로 만든 옷으로, 머리에는 아름다운 수를 놓은 면사포를 씌웠다. 여기에다가 제우스의 지시를 받은 아프로디테가 유혹적인 교태에 속 타는 그리움 그리고 기운을 쇠잔하게 만드는 시름을 주었다. 마지막으로 전령신 헤르메스는 염치 없는 마음씨와 교활한 성미를 덧붙여 주었다. 이렇게 만든 여인을 제우스는 '모든 선물이 담긴 여인'이라는 뜻으로 '판도라'라고 이름 짓는다.

다. 불을 사용으로 무기를 만들어 전쟁이 시작되었고 불로 인해 큰 화재가 발생했으며, 불로 인해 탄생한 문명의 이기가 온갖 불행과 재앙을 가져왔으니 말이다. 그때부터 인간은 온갖 불행과 어려움 속에 절망하지만 그래도 희망을 간직하고 살게 되었다고 한다.

인류 역사상 가장 피해가 큰 화재로 로마의 화재, 일본 메이레키明曆 대화재, 영국 런던 대화재를 꼽는다. 온 도시가 화재에 거의 다 타 버린 후 이들은 어떻게 어려움을 극복해 새로운 역사를 만들어갔을까? 여기에서는 세 도시 외에 조선시대 한양 대화재를 추가하여 살펴보기로 한다.

"퀴바디스 도미네Quo vadis, domine (주여 어디로 가시나이까?)"

박해를 피해 로마에서 도망치는 베드로 앞에 나타난 예수님을 보고 베드로가 외치는 소리다. 이 이야기를 바탕으로 폴란드의 노벨상 수상작가 헨리크 시엔키에비치Henryk Sienkiewicz (1846~1916)가 쓴 소설이 『퀴바디스』이며 몇 차례 영화로도 만들어졌다. 이 영화는 서기 64년 로마에서 일어난 대화재를 배경으로 하고 있다.

로마 대화재는 서기 64년 7월 18일 밤에 전차 경기장 근처 상점가에서 발생했다. 몇 달째 가뭄으로 뜨거운 태양빛에 달궈있던 도시는 바짝 말라 있었다. 바람도 강하게 불었다. 불길은 바람을 타고 바싹 메말라 있던 도시를 빠른 속도로 태우기 시작했다. 좁고 구부러진 골목길에 다닥다닥 붙어 있던 목조로 만든 집들은 종이 장처럼 순식간에 불이 붙었다. 대화재는 아흐레 동안 로마를 불태운 후 수그러들었다. 로마가 완전히 잿더미가 되고 만 것이다.

대화재 당시 역사가 타키투스Tacitus는 "흉한兇漢들이 불을 못 끄게 막았고, 마치 누군가의 지시를 받은 듯 횃불을 던져댔다. 이때 네로 황제는 불타는 로마를 보면서, 악기를 연주하고 노래를 불렀다는 소문이 돌았다"고 기록하고 있다. 이런 소문처럼 민심이 흉흉해지자 네로 황

화형당하는 기독교도. 〈네로의 햇불The Torches of Nero〉.
1876년 헨리크 시에미라츠키Henryk Siemiradzki 作. 크라쿠프Kraków 국립미술관 소장.

제는 로마 시민들의 불만을 무마하기 위해 화재 사건의 주범으로 기독
교인을 지목했다. 그는 로마에 거주하고 있는 모든 기독교인을 찾아내
어 처형하라고 명령을 내렸다. 68년 그가 죽을 때까지 무수한 기독교
인이 십자가형과 화형에 처해 죽음을 맞았다. 로마 거리가 기독교인의
시체로 덮일 정도였다.

　잔악한 살해와 폐허로 이어졌던 로마는 새로운 도시로 탈바꿈했다.
대화재 이후 집을 짓기 위해 나무 들보를 사용하는 것을 금지했고, 도
로를 넓게 내었으며, 건축물은 불에 타지 않는 재료로 다시 지었다. 이
때부터 화산재를 섞은 콘크리트가 건축자재로 사용되기 시작했다. 새
로운 건축술 덕분으로 아치형과 돔 형태의 로마건축양식이 탄생했다.
대화재가 로마 시와 건축술의 역사를 바꾼 것이다.

　1657년 1월 18일, 일본 에도江戶에서 발생한 대화재는 무려 10만
7,040명의 사망자를 냈다. 도쿠가와德川 막부가 휘청거렸다는 이 화재
는 '메이레키明曆 대화재'로 알려져 있다. 이 화재는 에도 혼묘지本妙寺

메이레키 대화재 장면을 그린 두루마리 그림. 에도도쿄박물관江戸東京博物館소장.

의 승려가 사랑을 이루지 못한 어린 소녀의 죽음을 애도하기 위해 태운 공양물에서 시작되었다. 옷을 태우던 불이 본당에 옮겨 붙더니 순식간에 에도 중심부로 번지는 바람에 수도의 75퍼센트가 불타버린 것이다. 당시 에도는 80여 일간 비가 오지 않아 매우 건조한 상태였는데 마침 북서풍까지 강하게 불어 닥치면서 온 수도가 불길에 휩싸였다. 얼마나 피해가 컸던지 도시 재정비를 꿈꾸는 에도 막부가 일부러 불을 놓았다는 음모설까지 떠돌 정도였다.

당시 도쿠가와 막부의 대장군이었던 호시나 마사유키保科正之는 "(화재에) 대비하지 않고 처벌하는 것은 불가"라는 명언을 남겼다. 에도 중심부가 대화재로 불 탄 것은 불을 낸 한 사람의 책임이 아니고 화재가 나고 퍼지기 쉬운 도시를 만든 것이 나쁘다는 의미였다. 당시로서는 상당히 파격적인 발상이었다. 그는 승려를 형벌로 처벌하는 것보다는 피해자의 구제와 방화 도시의 재건을 선행했다.

이보다 50여 년 전인 1601년 11월 초에 에도에서 큰 불이 났었다. 당시 막부에서는 초가집이 화재를 키웠다고 보고 송판 지붕을 민가에 적극 장려했다. 그러나 메이레키 화재 때 화재예방에 송판도 큰 도움이 되지

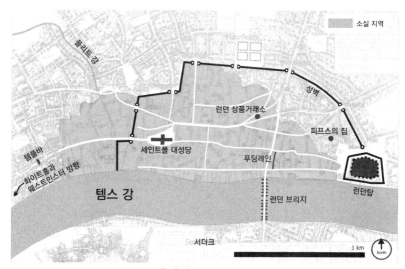

소실 지역

홀리트 강

Moonfields

성벽

런던 상품거래소

피프스의 집

템플 바

세인트폴 대성당

화이트홀과
웨스트민스터 방향

푸딩레인

런던탑

템스 강

런던 브리지

서더크

1 km

North

1666년 런던 도심. ⓒⓘⓞ Bunchofgrapes at wikipedia.org

못한다는 것을 알고 도심 곳곳에 수로를 만들었다. 불이 번지는 것도 막고 소방수도 확보할 수 있기 때문이었다. 아울러 화재가 번지지 못하도록 하는 방화용 제방도 건설했다. 여러 종류의 방화防火 공터도 설치했다. 길도 넓게 만들어 불이 번지는 것을 막았다. 아울러 대규모 부흥 사업에 착수하여 1672년에 이르러서는 에도의 인구가 100만이 넘었다. 당시 런던 86만(1801년), 파리 54만(1800년), 암스테르담이 30만 명(1650년)이었던 것과 비교해보면 에도가 얼마나 큰 도시였는지 짐작할 수 있다. 아울러 1677년 이후에는 대규모 삼림녹화정책을 실시했다.

"런던이 정의의 피를 요구하리니 / 6이 세 번 반복되는 해에 불벼락이 내리리라 / 고대의 여인이 높은 곳에서 떨어지고 / 그와 같은 많은 전당들이 소실되리라."

우연의 일치였을까? 세기의 예언자 노스트라다무스의 말처럼 6이 세 번 들어간 해인 1666년 런던 대화재가 발생했다. 1666년 여름은 이상기후를 보이면서 몹시 무더웠다. 가뭄과 고온으로 나무로 지어진 런던의 주택들은 마를 대로 말라 버렸다. 일기작가로 알려진 새뮤얼 피프스Samuel Pepys는 "너무나 긴 가뭄 끝이어서 돌조차 탈 것 같았다"라고 대화재 전의 기상 상태를 기록하고 있다.

니콜라스 바번

1666년 9월 2일 월요일 런던다리 부근 푸딩레인Pudding Lane에 있는 왕실 빵가게에서 화재가 발생했다. 화재는 폭발적으로 번졌다. 런던을 메마른 장작더미로 만든 긴 가뭄과 건조한 북동풍으로 인해 주택들은 금방 불에 타들어갔다. 무려 엿새에 걸친 대화재로 공공건물 대부분과 유서 깊은 세인트폴 대성당Saint Paul's Cathedral, 87개의 교회, 1만 3,000여 채의 가옥 등 런던 시 대부분이 파괴되었다. 런던의 80퍼센트가 타버린 기록적인 대화재였다. 런던은 대화재의 아픔을 딛고 이후 모든 건물은 돌이나 벽돌로 지어야 한다는 조례를 만들었다. 1667년에는 최초의 소방대를 설립하여 화재에 대비했다. 새롭게 도로를 넓히고 각종 기반시설을 개선했다. 길에 소화전 등 소방시설을 대규모로 만들었다. 런던이 고대도시에서 근대도시로 탈바꿈 하는 데 대화재가 큰 역할을 한 것이다.

영국에서 화재보험이 나온 것은 런던 대화재 이후였다. 당시 의사이자 건축업자인 니콜라스 바번Nicholas Barbon은 잿더미가 된 런던 시내를 바라보며 피해를 입은 사람들을 어떻게 도울 수 있을까를 연구하다가 화재보험을 만들었다. 화재를 두려워하는 시민들에게 조금씩 돈을 받고, 돈을 낸 시민 중 화재로 피해를 입은 사람들에게 불탄 건물과 똑같은 재료로 똑같은 건물을 새로 지어주거나 수리해주는 것이었다.

"한양이 불타고 있습니다. 소헌왕후께서 대신과 백관을 지휘하여 진압에 나섰습니다만 역부족입니다." 1426년 2월, 한양에 대화재가 발생했다. 당시 세종대왕은 강원도 횡성 지역에서 강무[22] 중이었다. 가뭄이 오래 지속되었고 강한 북서풍이 불어 한양은 폐허로 변해 버렸다. 종루를 가까스로 구하고 종묘와 창덕궁을 보전한 것도 다행이라고 할 정도였다. 『세종실록』에서는 이렇게 기록하고 있다.

> "이날 점심때에 서북풍이 크게 불어, 한성부의 남쪽에 사는 인순부의 종 장룡의 집에서 먼저 불이 일어나 경시서[23] 및 북쪽의 행랑 106간과 중부의 인가 1,630호와 남부의 350호와 동부의 190호가 연소되었다 是日午時, 西北風大起, 漢城府南住仁順府奴長龍戶始火, 延燒京市署及北邊行廊 一百十六間′中部人家一千六百三十戶′南部三百伍十戶′東部一百九十戶°."(세종실록 31권, 8년(1426년, 병오) 2월 15일(기묘) 세 번째 기사)

한양 대화재로 세종대왕은 수도가 폐허가 되는 아픔과 지도력에 큰 상처를 입었다. 그러나 그는 위기를 기회로 활용했다. 세종대왕은 폐허가 된 한양을 다시 만들면서 도로 정비와 가옥구조를 개선했다. 먼저 길의 정비로, 대로는 7수레바퀴 폭으로, 중로는 2개, 소로는 1개 폭으로 만들었다. 또한 대형화재의 원인이 된 초가지붕 개량을 추진했다.

---

22 조선시대에 국왕의 친림(親臨) 아래 거행된 군사훈련을 겸한 수렵대회
23 시장 거리 가게를 감시하고 감독하는 일을 맡았던 관청

한양 안의 주택은 모두 기와를 구워 지붕을 개량하도록 했다. 소방방재청 격인 금화도감禁火都監을 설립해 화재예방 시스템을 만들었다. 한양은 폐허의 아픔을 딛고 주작대로에 기와집이 즐비한 위풍당당한 조선의 수도로 거듭났다. 백성들은 세종대왕의 비상시의 대처능력을 보며 리더에게 깊은 신뢰를 가지게 되었다 사가들은 세종대왕의 개혁정치가 한양 대화재 이후에 힘을 받았다고 말한다.

화재에 영향을 주는 날씨요소는 강수량, 상대습도, 기온, 바람 등이다. 건조기에는 강수가 적고 상대습도가 낮아 건조해지므로 불이 날 확률이 높아진다. 기온이 높고 바람이 강하면 불은 쉽게 번진다. 로마와 한양, 일본의 에도와 런던 대화재 당시의 날씨는 화재가 일어나고 번지기에 가장 적당한 날씨조건을 갖추고 있었다. 대가뭄기가 계속되었던 데다가 계절적인 건조기까지 겹쳤다. 여기에 강한 바람이 동반되면서 대화재로 번진 것이다. 날씨가 대화재를 불러왔고 대화재가 도시의 역사를 바꾼 것이다.

중국의 고전 주역에는 궁즉통窮則通, 즉 "궁하면 변하고, 변하면 통하고, 통하면 오래 간다"는 말이 있다. 가뭄이 계속되면 땅은 거친 사막으로 변한다. 그러면 사막은 아무런 희망도 없는 불모의 땅인가? 아니다. 모든 것은 변한다. 불모의 땅도 기름진 환경으로 바꿀 수 있다. 궁즉통의 이치를 잘 이용하면 해로움을 이로움으로 바꾸는 전화위복의 계기가 된다. 로마와 한양과 런던은 최악의 화재를 통해 새롭게 태어난 도시다. 궁즉통의 이치를 적극적으로 가장 잘 활용한 사례다. 재난을 통해 더 아름답고 견고한 근대 도시로 태어난 것이다.

그러나 재난을 당한다고 모든 도시가 이전보다 뛰어나고 새롭게 변화되는 것은 아니다. 1900년 대홍수가 일어난 미국 갤버스턴Galveston은 홍수를 겪은 후에야 뒤늦게 방파제를 만들었다. 그러나 갤버스턴은 다시는 옛 번영을 되찾지 못했다. 1906년 대지진 이후 샌프란시스코San Francisco는 '서부의 상업과 산업 중심지' 위치를 로스앤젤레스Los Angeles 에 빼앗겼다. 2005년 허리케인 카트리나가 휩쓸고 간 미국 뉴올리언스는 아직도 후유증이 남아 있을 정도로 위기를 기회로 만들지 못하고 있다. 위기를 기회로 바꾸는 지도자들의 리더십이 필요한 이유다.

우주기상 이야기 🌑

한 무제漢武帝(기원전 141~87)는 나이가 많이 들자 죽고 싶지 않았다. 그는 여러 가지 비술을 알고 있었다고 전해지는 동방삭東方朔(기원전 154~93)에게 물었다. "짐이 무엇보다 원하는 것은 죽지 않는 비술秘術이다. 어떻게 하면 그 비술을 알 수 있겠느냐?" 동방삭은 신기한 약을 먹어야만 한다고 말했다. "그러면 어떤 약을 먹어야 되느냐?"는 황제의 질문에 동방삭의 대답은 이러했다. "동북 지방에는 지일초地日草가 있고, 서남 땅에는 춘생초春生草라는 불로 약초가 자라고 있습니다. 하늘을 나는 태양 속의 세 발 달린 까마귀가 종종 날아 내려와 이 풀을 먹습니다. 태양의 마부인 희화羲和가 그러면 안 된다며 태양의 고삐를 잔뜩 죄고 손으로 까마귀의 눈을 가리지만, 듣지 않고 내려옵니다. 그것은 이 풀을 먹으면 나이를 먹지 않는다는 것을 알고 있기 때문입니다. 세발 달린 까마귀가 아닌 다른 짐승도 이 풀을 먹게 되면 죽지 않는다고 합니다."

태양 속에 산다는 세 발 달린 까마귀가 불사초를 먹는 이야기는 당나라의 단성식段成式이 저술한 『유양잡조酉陽雜俎』 19권에 나온다. 삼족오三足烏, 즉 세 발 달린 까마귀는 태양 속에 살고 있다는 전설 속의 동물이다. 태양에 나타나는 흑점을 가리키는 말이다. 태양의 흑점은 불로 약초에만 관계가 있는 것이 아니고 최첨단의 무기체계에 많은 영향을 준다.

"그들이 경고한 마지막 날이 온다!" 종말론을 그린 영화 〈2012〉를 보면 고대 마야력의 예언대로 2012년에 전 세계 곳곳에서 지진, 화산폭발, 거대한 해일 등이 발생한다. 대륙이 갈라져 바닷속으로 사라지고 지구 자기가 바뀐다. 누구도 막을 수 없는 최후의 순간이 다가온다. 태양 흑점현상의 발생으로 생긴 거대한 폭발로 중성미자가 지구에 쏟아져 들어오면서 지구 내부 핵 온도를 변화시킨다. 이런 현상으로 지진이나 화산폭발, 거대 쓰나미 등이 일어나 지구가 멸망한다는 것이 주요 줄거리다. 이와 같이 최근 재난영화의 흐름이 지구 온난화와 태양 활동의 영향을 다루는 쪽으로 흐르고 있다. 실제로 태양 활동은 우리의 삶뿐만 아니라 군무기 운용에도 막대한 영향을 준다. 미래전에서는 승패를 좌우할 우주무기로 사용될 확률이 높다.

최근 태양 흑점의 활동이 빈번해지면서 플레어flare 현상이 발생할 가능성이 높아지고 있다. 태양 흑점 수가 평균 11년을 주기로 증가 혹은 감소하는 것을 '태양활동주기'라 한다. 1755년~1765년 주기를 태양활동 제1주기라 한다. 이때부터 환산하면 2011년 현재는 태양활동 제24주기의 상승기에 해당하며 태양활동극대기는 2013년 중반으로 예측하고 있다.

태양 활동으로 인한 기상변화를 연구하는 분야를 우주기상[24]이라 부

---

24 우주기상이란 인간 활동에 영향을 미칠 수 있는 우주공간, 즉 주로 태양과 지구의 상층대기 사이의 물리적 조건 또는 현상으로 설명할 수 있다.

른다. 우주에서는 지구처럼 비가 온다거나 구름이 낀다든가 뇌우가 치지는 않는다. 우주의 날씨를 지배하는 것은 태양이다. 지름이 지구의 100배, 질량은 33만 배에 달하는 거대한 태양의 표면에서 일어나는 엄청난 에너지를 가진 폭발이 우주의 날씨를 좌우하게 되는 것이다. 지구의 대기 상층은 우주와 접해 있으면서 많은 영향을 직·간접적으로 받고 있다. 태양이나 우주공간으로부터 우주선이라 불리는 엄청난 양의 고에너지 입자나 엑스선·감마선 등 인체에 유해한 빛들이 지표를 향해 쏟아져 들어오고 있다. 지구는 지구를 둘러싸고 있는 지구자기장地球磁氣場이나 지구 대기의 상층부에 존재하는 공기 원자나 분자들이 이를 효과적으로 차단해준다. 덕분에 지상의 모든 생명체가 안전하게 살수 있다.

그러나 흑점 활동으로 인한 강력한 플레어 현상이 발생하면 지구는 몸살을 앓는다. 태양 폭발로 인한 플레어나 코로나corona 물질 분출 등은 엑스선X-ray과 같은 빛이나 강한 에너지를 가진 입자를 지구로 보낸다. 그렇게 되면 지구를 돌고 있는 인공위성이 고장 나거나 무선 통신이 두절되기도 한다. GPS(위성 위치 확인 시스템Global Positioning System)에 오차를 일으키기도 한다. 이런 현상을 '지자기 폭풍', 또는 '방사선 폭풍' 등으로 부른다. 비행기 궤도 이탈이나 원인 불명의 대규모 정전 사태도 발생한다. 게다가 인체에도 영향을 미치는데, 고공비행을 하는 비행사나 승객은 태양에서 오는 고에너지 입자에 의해 방사능에 노출될 위험이 급격히 증가한다. 태양 폭발은 지구 표면에도 영향을 준다. 지구 자기권의 변형은 땅 속에 흐르는 자연전류(지전류地電流)를 유도한다. 지전류가 흐르면 지상의 전력시스템에 장애를 가져올 수 있다. 이 때문에 대규모 정전이 일어나거나 송유관이 부식되어 경제적으로 손해를 입기도 한다.

우리가 관심을 가져야 하는 것은 2013년이 태양 흑점 극대기로 그 어느 때보다도 태양 폭발의 가능성이 높기 때문이다. 미 항공우주국 (NASA)의 태양권물리학부 리처드 피셔Richard Fisher 박사에 따르면 태양 표면의 폭발활동은 11년 주기로 왕성해졌다가 조용해지기를 반복한다. 그런데 태양의 전자기 에너지는 22년마다 최고에 이른다. 2013년엔 이 두 주기가 겹치면서 전례 없이 강력한 우주 폭풍이 발생할 가능성이 높다는 것이다. 그는 "병원 장비, 은행 서버, 항공기 및 공항관제시스 템, 방송기기, 철도통제시스템 등은 물론 PC, 휴대전화 등 모든 전자제 품이 타격을 받는다"라며 "피해액이 수십억 달러에 달해 복구에 엄청 난 시간과 노력이 요구될 것"이라고 주장했다. 미 국립과학원(NAS)에 서도 2013년 대규모 태양 폭풍이 일어나면 지난 2005년 발생한 미국 역사상 최악의 허리케인인 카트리나의 20배 이상의 경제적 손실을 가 져올 수 있다고 예측했다.

　군사 부문에서는 태양 활동과 관련되어 우주공간에서 나타나는 현 상을 민간 부분과 동일하게 '우주기상Space Weather'이라고 부른다. 우주 기상은 평상시에는 문제가 되지 않는다. 그러나 급격한 폭발이나 활발 한 활동으로 태양에서 방출되는 전자기복사나 고에너지 입자, 태양풍 등이 증가하면 군 작전에 엄청난 영향을 준다. 예를 들어 전자기복사 의 경우 극자외선, 엑스선 등은 태양에서 방출되는 전체 전자기복사의 1퍼센트에도 못 미친다. 그러나 미 해양대기국(NOAA)에 따르면 강한 태양 폭발은 1메가톤짜리 수소폭탄 수십억 개가 일시에 터지는 위력을 가지고 있다. 그렇기에 레이더, 통신, 우주시스템이 큰 영향을 받을 수 밖에 없다. 태양 폭풍은 대단히 강력하고 광범위한 영향을 끼치는 자연 산 전자기 펄스 폭탄이라 할 수 있는 것이다.

　고에너지 입자들인 태양풍의 연속적인 유출 역시 우주기상 변화의 주요 원인이다. 행성 간 자기장(IMF)이나 코로나물질분출(CME)은 태양풍 고에너지 입자의 속도와 밀도를 증가시켜 지구의 자기권을 교란한다. 강력한 태양 활동으로 발생하는 우주기상 요소들은 무기체계에 막대한 영향을 미친다. 가장 먼저 GPS 체계 및 군 저궤도 위성에 영향을 준다. 강력한 엑스선 복사 및 고에너지 입자 방출은 GPS 위성체에 직접적 손상을 주며, GPS 신호의 굴절이나 지연을 초래한다. 또 군 감시 및 정찰 위성 등 저궤도를 돌고 있는 위성의 궤도 이탈 및 수명을 단축시킨다. 둘째, GPS 신호의 굴절 및 잡음비 증가로 GPS 위성신호 두절이 발생한다. 1996년 10월 남미에서는 2개의 위성을 제외하고 모든 위성의 신호가 두절된 적이 있다. 셋째로는 GPS를 이용하는 정밀타격 무기체계의 정확도를 감소시킨다. 현대전의 핵심요소인 순항미사일이나 정밀유도폭탄의 경우 GPS 신호를 수신하지 못할 시 정확도가 감소한다. 넷째, 우주감시 및 탄도탄 추적레이더의 탐지오차가 증가한다. 강력한 태양 활동은 추적 레이더 파의 굴절 및 지연을 초래하며 주파수 간섭(RFI)이 일어난다. 다섯째, 위성 및 무선통신의 경우 장애가 발생한다. 1989년 3월, 수일간 미군 HF통신이 지연되거나 통화불능 사례가 발생했었다. 이처럼 우주기상 요소들은 승패에 영향을 줄 수 있는 중요한 팩터인 것이다. 대륙간탄도탄·순항미사일·정밀유도폭탄·군사위성·통신 등이 우주 기상의 절대적인 영향을 받게 되고, 최신무기들이 이온권 공간에서의 활용이 증가되면서 우주기상은 절대적인 무기체계로 변화해 나가고 있다.

미군은 미 공군기상국(AFWA)과 공군연구소(AFRL)에서 우주기상 예보 및 경보를 전담·연구하고 있다. 매년 수십억 원의 연구비를 투입하면서 우주기상 요소들이 전투에 미치는 영향에 대한 연구와 함께 실질적인 우주기상 지원을 하고 있는 것이다. 이들이 주로 수행하는 우주기상 업무는 위성 통신작전 수행을 위한 자료 제공이다. 전리층 분석, UHF신틸레이션 지도 및 지점별 최적 주파수 예보 자료 등도 제공한다. 아울러 GPS를 활용한 무기체계의 정밀도 극대화를 추구하기 위해 지형별 신틸레이션 강도 및 위성 연결 상태 자료를 제공하고 있다. 우주감시 및 탄도탄 추적 레이더의 정밀도를 향상시키기 위해 레이더 기지별 레이더파의 지연오차도 제공한다.

앨빈 토플러Alvin Toffler 는 『전쟁과 반전쟁War and Anti-War 』에서 "미래 전쟁에서 우주는 결정적인 요소가 될 것이며 따라서 미래의 중요한 자산은 우주이고, 육 · 해 · 공군 3차원 전쟁 개념을 육 · 해 · 공 · 우주 4차원의 전쟁 개념으로 변화시킬 것"이라고 예측했다. 미래 전쟁에서 우주기상이 크게 대두될 것이라는 말이다. 걸프전, 보스니아 내전, 아프가니스탄 전쟁, 이라크 전쟁을 통해 우주에서 제공된 정보와 조기경보, 지휘통제 수단이 결정적인 역할을 수행함으로써 우주가 군사작전의 중요한 영역임을 증명했다. 앞으로는 현재처럼 피해를 최소화하거나 최상의 작전을 수행하기 위해 우주기상을 활용하는 수준에서 우주기상을 무기로 개발하는 단계로 옮겨가고 있다. 미군은 우주기상을 이용한 군사력 증강을 추진하고 있다. 최신 장비나 우주선 등에 가장 많은 영향을 주는 태양풍 등 우주기상 환경을 이용한 기술로 적의 공격을 무력화시키고 아군의 공격력은 최상으로 만드는 방법이다. 미국 국방성이 주도하는 '고주파가 작동하는 오로라 연구 프로그램(HAARP)' 은 이온권을 군사적으로 활용하기 위한 기상연구 프로젝트다. 미 공군과 해군에서도 우주기상을 전쟁에 활용하는 방안에 대한 연구를 시작했으며 이미 일부 성과를 보인 것으로 알려져 있다. 이미 우주전쟁은 시작된 것이다.

미군의 역량에는 미치지 못하지만 한국 공군기상단에서는 태양의 활동과 우주기상 변화에 대한 사전 전파체계를 구축해 운영하고 있다. 공군은 미 국립해양대기국(NOAA)의 우주환경센터의 주요 자료를 데이터베이스화하고 있는 한국천문연구원에서 자료를 협조 받고 있다. 우주기상 변화에 따른 작전 저해요소 예 · 경보 전파체계 구축을 위한 우주기상 홈페이지를 2005년부터 운영 · 활용해 오고 있다. 우리도 우주기상 예보의 중요성과 필요성을 인식하고 국가 우주개발 계획 및 공군 우주분야 중장기 발전계획과 연계, 효과적인 우주기상 예보를 하는 것이 필요하다. 아울러 그 다음 단계인 우주무기 개발 쪽에도 투자가 이루어졌으면 한다.

제3부

나라와 민족의 운명을 바꾸다

☗ 발해의 멸망은 화산폭발 때문!

먼 옛날 백두산 일대는 사람 살기에 참으로 좋은 곳이었다. 백두산에 살고 있던 악한 흑룡黑龍은 사람들의 평화롭게 사는 모습이 보기 싫었다. 흑룡은 입에서 나오는 시뻘건 불 칼을 휘둘러 번개와 우박을 일으키고 검은 연기와 뜨거운 용암을 흘려보내 백두산 일대를 초토화시켰다. 사람들은 백씨 성을 가진 힘센 젊은이를 장군으로 삼아 흑룡과 싸웠다. 흑룡은 검은 구름 위에서 번개와 큰 비와 우박과 불 칼을 휘둘러 백장군을 공격했다. 그러나 옥장천의 물을 마시고 힘을 얻은 백장군은 흑룡에게 승리했다. 백두산 신화에서 흑룡黑龍은 전형적인 화산폭발을 상징한다. 검은 구름은 화산먼지 구름을, 불 칼은 화산폭발과 용암을, 번개와 우박은 강한 화산이 폭발할 때 발생하는 기상현상으로 볼 수 있다. 보통 사람이라면 감히 맞서 싸울 엄두를 내지 못할 자연재해인 화산과 맞서 이긴 백장군 신화에는 강인하고도 자랑스러운 우리 민족정신이 들어있다.

백두산은 지질학적으로 용암과 화산쇄설물 층이 번갈아 분출하여 쌓인 대표적인 층상화산[1]이다. 백두산 주변에는 400~600미터 두께의 현무암 용암층이 넓게 덮여 평평한 용암대지를 이룬다. 대표적인 화산지형이다. "백두산은 사화산 아닌가요?" 최근 자주 듣는 질문이다. 그러나 백두산은 죽어있는 사화산이 아닌 잠시 쉬고 있는 휴화산이다. 그러므로 언제 또다시 대규모의 화산폭발이 일어날지 아무도 모른다. 백두산 인근 지역에 다양하게 전해오는 화산신화가 많다는 것은 화산활동이 자주 있었다는 증거다.

사료에도 백두산의 화산활동에 대한 기록이 수차례 등장한다. 서기 946년과 947년 두 차례에 걸쳐 화산폭발이 있었다고 『고려사高麗史』 세가世家 정종 원년(946년) 기록 등에 나타난다. 2차 폭발을 『일본략기日本略記』는 "(947년) 정월 십사일 하늘에서 천둥 같은 소리가 났다正月十四日庚子此日空中有聲如雷"고 기록하고 있다. 당시 화산폭발지수는 7.4로 지난 수천 년 중 가장 컸던 것으로 추정되고 있다. 천지 내 분화구 3개 중 2개는 이 당시 생긴 것이다. 100세제곱킬로미터 정도의 화산 분출물이 지상으로 쏟아져 내렸고, 우리나라 전체에 화산재가 덮였다. 시료연구에 따르면 화산재는 동해바다에 10센티미터, 일본 혼슈本州 와 홋카이도北海道까지 날아가 5센티미터 정도 쌓였다. 『조선왕조실록』에는 1413년, 1597년, 1668년, 1702년 천지 중심으로 화산재와 가스를 내뿜었다는 기록이 있다. 1712년, 1724년 1898년, 1900년, 1903년에 비교적 소규모의 화산지진 및 화산재의 분출이 있었다는 기록도 중국 문헌에 전해지고 있다. 이런 백두산이 우리나라 역사를 바꾸었다는 주

---

1 화산쇄설물과 용암이 번갈아 분출하며 형성되는 급경사의 원추형(圓錐形) 화산이다. 현무암에서 유문암까지 다양한 암석 종류로 구성되어 있으나 주로 안산암이 우세하다. 분출은 전형적으로 화산재 폭발로 시작하여 두꺼우며 점성이 큰 용암 유출로 끝난다. 화산구(火山丘)는 정상부로 가면서 점차적으로 경사가 증가한다. 정상에는 일반적으로 화구(火口)가 형성되어 있다.

장이 최근 제기되고 있다.

668년 신라와 당나라의 공격으로 고구려가 멸망했다. 당나라는 고구려 유민 약 2만 8,000호를 중국 땅으로 강제 이주시켰다. 대조영은 고구려 유민들을 규합하여 당나라와 전쟁을 벌였다. 전쟁에서 승리한 대조영이 세운 나라가 발해渤海다. 발해는 제10대 선왕宣王 때에 이르러 과거 고구려의 영토를 회복하고, 여기에 더해 북쪽 연해주 지역을 점령했다. '해동성국海東盛國'이라고 불릴 정도로 막강한 나라가 되었다. 국력을 바탕으로 일본과 당나라에 수시로 사신을 파견하는 등 외교는 물론 경제적 발전을 꾀했다. 일본 문헌에도 727년에 발해 사절이 일본에 와서 교역을 요구했고, 일본이 이를 환영했다는 기록이 남아있다. 그런데 이런 발해가 제15대 왕인 대인선大諲譔에 이르러 갑자기 멸망했다. 926년 야율아보기耶律阿保機가 이끄는 거란족의 침공에 굴복한 것이다. 15대 228년간 이어오던 발해 역사가 사라지는 순간이었다.

군사력에서 강국으로 알려져 있던 발해였다. 거란과 수십 년 동안 전쟁을 벌이면서도 단 한 치의 땅도 허용하지 않았었다. 그런데 서기 926년 정월, 발해는 거란군의 침공에 맥없이 항복하고 말았다. 어떻게 이런 일이 일어난 것일까? 많은 사람이 의문을 품었다. 거란의 군사적 공격력에 차이가 있었나? 기습 공격의 가능성은 없는가? 내부의 분열로 약해졌기 때문이었을까? 정답은 모른다. 다만 거란 역사책에는 "발해에 내분이 생겨 민심이 흔들렸기 때문에 싸우지 않고 이겼다"는 기록만 남아있다. 그런데 최근에 발해 멸망이 백두산 화산폭발과 관련이 있다는 역사학자들의 주장이 나왔다. 강력했던 발해가 갑자기 무너진 것은 외부적인 큰 사건, 즉 백두산 폭발이 있었기 때문이라는 것이다. 일본 동경도립대학東京都立大學 마치다 히로시町田博 교수가 북한에서 채취한 삼나무 탄화목炭化木으로 연대 측정을 했더니, 백두산 폭발은

911~946년 사이에 있었다는 것이다. 발해가 멸망한 926년이 포함되는 시기이다.

소원주는 『백두산 대폭발의 비밀』이라는 책에서 강성했던 발해가 단 한 번의 전투로 불과 며칠 만에 멸망한 사실로 미루어보았을 때 백두산 폭발과 발해 멸망은 반드시 관련이 있다고 주장한다. 진재운은 『백두산에 묻힌 발해를 찾아서』라는 책에서 역시 발해 멸망과 백두산 화산폭발은 연관성이 있다고 말한다. 유정아는 『한반도 30억년의 비밀』에서 발해가 망하기 직전에 지배계층이 대거 고려로 망명했다는 역사 기록을 근거로 발해 멸망의 원인을 찾는다. 이때는 거란군이 침입하기 전이었고 발해가 멸망하지도 않은 때였다. 그런데도 왕족과 고위 관리들이 먼저 나라를 떠나기 시작한 것이다. 무슨 일이 있었던 것일까? 화산재 때문에 타죽은 탄화목의 나이테를 분석해보면 폭발한 시기가 가을에서 겨울 사이임을 알 수 있다고 한다. 발해 귀족들의 망명이 시작된 것도 가을이니 참으로 묘한 일치가 아닐 수 없다. 정말 발해는 화산폭발 때문에 망한 것일까? 발해의 역사기록이 워낙 적다 보니 발해 멸망은 지금도 역사의 수수께끼로 남아있다.

지금 백두산은 100년 만에 다시 잠에서 깨어날 준비를 하고 있다. 1903년 이후 조용히 한반도를 굽어보던 백두산이 기지개를 켜고 활발한 화산 전조활동을 시작하고 있는 것이다. 몇 년 전부터 규모가 작은 지진이 급증했고, 화산가스로 인해 식물이 말라죽는 현상이 발생하고 있다. 우리나라보다도 중국과 일본의 화산전문가들이 더 큰 관심을 가지고 연구를 하고 있다. 일단 백두산 화산폭발이 일어나면 이 두 나라가 상당한 피해를 입을 것으로 예상되기 때문이다. 두 나라의 전문연구원들은 여러 가지 데이터 분석을 통해 백두산이 가까운 미래에 반드시 폭발할 것이라고 경고하고 있다. 북한도 백두산 폭발의 위험성을 알고 있다. 2007년 12월 20일 개성에서 개최된 남북 보건환경 회담에서 북한은 느닷없이 백두산 화산폭발에 대비해 지진계를 설치해 줄 것을 요구했다. 북한은 일본에도 도움을 청했는데, 핵실험이 감지되는 것을 감수하고도 지진계 설치를 요구한 것은 북한이 백두산 폭발에 대해 가능성이 높다고 생각한 것이 아니냐는 분석도 있었다. 또 북한이 2011년 11월 24일 조선중앙통신을 통해 "북한에서 지진과 화산 피해방지 및 구조법이 채택되었다"라고 발표한 것을 두고, 백두산 화산폭발 가능성을 염두에 두고 법을 제정한 것이라는 관측도 나오고 있다.

그렇다면 정말 백두산 화산폭발은 일어날 것인가? 2010년 10월 대한지질학회 추계학술발표회에서 부산대 윤성효 교수는 백두산의 분화 징후가 뚜렷하다고 주장했다. 그가 학회와 세미나에서 주장한 백두산 폭발 가능성의 증거는 다음과 같다.

첫째, 2002년 이후 백두산에서 발생한 지진 횟수가 점차 증가하고 있다. 점차 증가하던 지진 발생은 2007년 이후 잠시 소강상태를 보이다가 2010년 2월 백두산 주변에서 리히터규모 6.9의 강진이 발생한 이후 월 300회 이상으로 다시 빈번해졌다. 둘째, 백두산 천지를 중심으로 주변 지형이 매년 약 3밀리미터씩 서서히 솟아오르는 현상이다. 전문가들은 지하의 마그마가 성장하면서 정상부가 부풀어 오르는 것이라고 말한다. 셋째, 땅 밑에서 올라오는 화산가스의 농도가 높아져 나무가 말라죽고 있다. 넷째, 천지 주변 일부 암벽에서 나타난 균열과 함께 천지 주변 온천수의 수온이 최대 83도까지 높아지고 헬륨, 수소 등 가스성분이 증가하고 있다.

이런 현상들은 모두 화산이 폭발하기 전에 나타나는 전조현상이다. 윤성효 교수는 기상청이 주최한 '백두산 화산 위기와 대응' 세미나에서 2014년이나 2015년경 백두산이 엄청난 규모의 폭발을 일으킬 것이라고 예상했다. 백두산 폭발을 너무 과장되게 말하는 것이 아니냐는 지질학계의 의견에 윤성효 교수는 국회 환경포럼에서 "2010년 11월 7~8일 유럽의 기상위성(METOP)이 백두산 인근 지역에서 이산화황이 분출된 모습을 촬영했다"라고 밝혔다. 윤 교수는 "백두산 지하에서 팽창과 수축을 반복하던 마그마방[2]의 압력 변화로 인해 마그마에 녹아 있던 이산화황 성분이 분출되었을 가능성이 있다"는 것이다. 이산화황은 화산 분화 시 염화수소, 아황산가스와 함께 분출되는 화산 가스 성분 중 하나로 화산폭발의 전조현상으로 분출된다.

일본 규슈대의 화산물리학자인 에하라江原 교수는 100년 이내에 백두산 화산분출이 재개될 것이라고 예측했다. 여러 가지 전조 현상으로 미루어 백두산 지하의 마그마방에 물과 휘발성분이 증가해 내부 압력이 점차 증가하고 있는 것으로 추정된다는 것이다. 도쿄대 지진지화학 실험실은 장백온천 가스를 분석한 뒤 일본의 화산지역과 유사한 헬륨 가스를 확인하면서 백두산 폭발 가능성을 시사했다. 중국의 과학전문 매체《과학시보科学时报》는 올 4월 8일 〈지진과 화산 관계〉라는 글에서 중국과학원中国科学院 류자치刘嘉麒 원사의 말을 인용, 현재 세계에서 화산폭발 가능성이 가장 큰 지역으로 백두산과 타이완台湾의 양밍산阳明山을 꼽았다고 보도했다.

만약 백두산에서 화산이 폭발한다면 그 강도는 어느 정도가 될까? 소방방재청 산하방재연구소에 따르면 백두산의 화산폭발지수Volcanic Explosivity Index (VEI)는 6~7.4 수준으로 작년에 발생했던 아이슬란드 화산(지수 5)보다 10~100배 수준의 위력을 지닐 것으로 예측하고 있다. 화산폭발지수는 화산폭발의 지속시간, 화산분출물의 양 등을 종합하

---

2 마그마방(magma chamber)은 다량의 마그마가 모여 있는 지하의 마그마 저장소이다.

VEI	분출물의 양 (km3)	상황표현	분화기구	발생빈도	만 년 내 건수
0	< 0.0001	비폭발적	하와이식	거의 매일	무수히
1	> 0.0001	소규모	하와이/스트롬보리식	거의 매일	무수히
2	> 0.001	중규모	스트롬보리/불카노식	거의 매주	3477건
3	> 0.01	다소 대규모	불카노/플리니식	거의 매년	868건
4	> 0.1	대규모	플리니식	1회/10년	278건
5	> 1	매우 대규모	플리니식	1회/50년	84건
6	> 10	파국적	플리니식/울트라플리니식	1회/100년	39건
7	> 100	매우 파국적	플리니식/울트라플리니식	1회/1000년	5건
8	> 1000	초 파국적	울트라플리니식	1회/10000년	0건

여 화산폭발 강도를 나타내는 수치다. 0에서 8까지로 구분되며, 숫자가 1씩 증가할 때마다 폭발강도는 10배씩 증가한다.

역사적 기록이나 추정에 의하면 VEI가 가장 강했던 적은 7만 4,000년 전 분출한 인도네시아 토바 화산의 지수 8로 본다. 화산 분출 이후 지구에 화산겨울이 찾아와 지구 전체 인구의 최대 60퍼센트가 사망한 것으로 추정되고 있다. 빙하기 이후 가장 강력했다고 하는 1815년의 탐보라 화산이 VEI 7 정도였다. 따라서 백두산 화산이 폭발하면 탐보라 화산 정도의 폭발이 있을 것이라는 이야기이며 매우 파국적인 상황이 닥칠 수 있다는 것이다.

화산폭발로 나라가 망할 수도 있을까? 지금부터 약 3,300년 전 지중해에서 찬란한 문명을 꽃피웠던 미케네Mycenae 문명이 화산폭발로 사라졌다. 서기 79년의 베수비오Vesuvio 화산의 폭발로 폼페이를 비롯한 여러 도시가 삽시간에 지하에 매몰되었다. 1815년의 탐보라 화산폭발은 11만 7,000명의 인명 피해와 10여 년 이상의 국가 기능 마비를 가져왔다. 1985년 11월 13일 일어난 콜롬비아의 네바도 델 루이스Nevado del Ruiz 화산은 소도시 아르메로Armero를 삼키고 약 5만 명이 넘는 사상자를 가져왔다. 화산폭발은 한 나라의 운명을 바꿀 수 있는 위력을 가지

고 있는 것이다. 화산폭발의 역
사를 보면 나라가 망하지 않았더
라도 엄청난 피해를 입었음을 알
수 있다. 백두산 화산폭발이 있
었다면 발해는 엄청난 피해를 입
었을 것이다. 나라 전체가 용암
에 깔려 멸망하지는 않았을 것이
다. 그러나 화산폭발의 영향으로
막대한 인명 손실과 재산상의 피
해, 거기에 민심의 극심한 혼란
이 생길 가능성은 매우 높다. 나
라가 급격하게 쇠약해 질 수 있
다는 이야기이다. 이런 사정 때

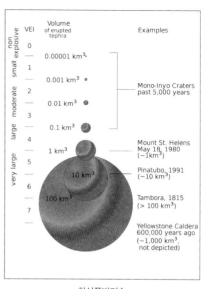

화산폭발지수

문에 발해는 거란과 싸워보지도 못하고 허망하게 멸망했던 것은 아닐
까? 충분히 가능성 있는 대목이다.

　그렇다면 백두산이 폭발하면 어떤 일이 발생할까? 소방방재청은 백
두산 화산이 폭발하면 먼저 천지호에 담긴 20억 톤에 달하는 물이 넘
치면서 두만강豆滿江, 압록강鴨綠江, 송화강松花江 인근 지역에 홍수가
발생한다고 본다. 또 100억 세제곱미터에 이르는 용암과 테프라tephra[3]
가 분출되고 유황, 아황산가스 등 유독가스 분출로 주변 생물이 전멸하
며 화산재는 25킬로미터 상공까지 뒤덮을 것으로 본다. 인근 지역으로
는 지름이 2밀리미터보다 큰 '화산탄火山彈'이 떨어지게 된다. 하늘에

3　화산이 분화할 때 화구에서 방출되어 공중을 날아서 지표에 퇴적한 쇄설물을 통틀어 이
　르는 말.

서 불덩이가 떨어지는 셈이다. 직접 피해를 받게 되면 그 지역은 일대 혼란에 빠지게 된다. 멀리 대피하는 것 외에는 방도가 없다. 일부 기관에서 북한에 대량의 난민이 발생할 것으로 보는 이유다. 남한이야 직접적인 피해는 없을 것으로 보인다. 그러나 예상보다 폭발의 규모가 크거나 북풍이 부는 경우에는 피해가 커질 수도 있다. 정부나 군 기관에서 미리 여러 가지 상황에 맞추어 대비해야 하는 이유다.

윌리엄 월리스와 스코틀랜드 독립✳

"프리덤freedom~!" 고문으로 쉴 새 없이 가해지는 고통 속에서 주인 공은 혼신의 힘을 다하여 '자유freedom'를 외친다. 영화 〈브레이브하트 Brave Heart〉에 나오는 장면으로 왜 자유가 모든 것을 희생해 싸울만한 가치가 있는 것인가를 다시금 생각하게 만든다. 이 영화는 역사적으로 실재 있었던 스코틀랜드 독립전쟁의 영웅, 윌리엄 월리스의 이야기다.

> "나는 잉글랜드의 에드워드 왕에게는 반역자가 아니다. 그는 나의 왕
> 이 아니다. 나는 그와 아무런 동맹관계도 없다. 그는 결코 나에게서는
> 신사의 예를 받을 수도 없고, 나의 생명이 이런 박해받는 육신 속에 있
> 는 한 그는 결코 충성의 예를 받을 수 없을 것이다."

끝까지 당당하게 스코틀랜드인임을 자랑스러워했던 윌리엄 월리스 William Wallace가 재판을 받을 때 했던 말로 애버딘Aberdeen의 유니언 테 라스에 있는 그의 기념비에 새겨져 있다. 그는 런던 거리에서 교수형을 받고 사지가 찢겼으며 그의 머리는 모든 사람이 볼 수 있도록 런던 다

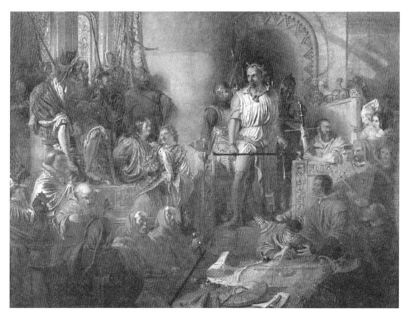

웨스트민스터에서 열린 윌리엄 월리스의 재판. 대니얼 매클리스^{Daniel Maclise} 作.

리에 걸렸다고 한다.

영화에서 등장한 잔인한 잉글랜드 왕은 에드워드 1세^{Edward I}(1239
~1307)다. 영화에서는 잔인하고 간교한 왕으로 그렸지만 잉글랜드의 관
점에서 보면 역사상 훌륭한 업적을 남긴 왕이다. 그는 웨일스^{Wales}를 정
복한 후 북부 산악지역을 장악하고 있는 스코틀랜드를 복속시키기 위해
1296년 스코틀랜드 침공을 개시했다. 이 전투에서 스코틀랜드를 정복하
고 잉글랜드 군사들이 스코틀랜드를 다스리게 한다. 스코틀랜드를 정복
함으로써 현재 영국 영토의 전부를 장악한 에드워드 1세는 점령지에 엄
격한 잉글랜드 법과 질서를 적용했다. 그는 조금의 저항도 허락하지 않
았다. 반항하는 스코틀랜드인 마을과 성을 포위 공격해 쑥대밭으로 만들
었다. 만일 그에게 반격을 한 스코틀랜드인이 있으면, 그들을 추격해서
체포한 뒤 공개적으로 고문하고 모두 잔인하게 처형했다.

그러나 스코틀랜드인은 거친 날씨와 험악한 산지를 배경으로 살아온 호전적이고 자유로운 기풍을 지닌 민족이었다. 윌리엄 월리스가 영국 주둔군 부대를 순식간에 궤멸함으로써 반란의 봉화를 올리자, 그동안 영국의 압제에 시달려 온 스코틀랜드 민중은 너나할 것 없이 월리스의 반란군에 합류하게 된다. 잉글랜드의 에드워드 1세는 스코틀랜드의 반란을 진압하기 위해 1297년 대부대를 스코틀랜드로 진군시킨다. 양쪽 군대가 마주친 곳은 스털링^{Stirling}. 영화에서 윌리엄 월리스가 잉글랜드군에게 대승을 거두는 전투가 여기에서 벌어졌다.

　전쟁사를 보면 보병과 기병의 전쟁에서는 기병이 항상 승리했다. 그래서 많은 지휘관이 "보병 100명보다 기병 1명이 더 낫다"라는 말까지 했다. 잉글랜드도 전통적인 기병을 이용한 전술을 웨일스나 스코틀랜드와의 전쟁에서 사용했다. 잉글랜드는 대규모 전투에서 먼저 화살을 이용하여 일제 사격을 한 후 기병의 돌격으로 보병들의 방어진을 무력화시킨 후 보병을 돌격시켜 승리를 획득하는 방법을 사용했다. 이 당시 스코틀랜드는 기병을 거의 가지지 못했다. 기병을 육성하기 위한 재원이 부족했기 때문이다. 물론 스코틀랜드의 토착 귀족들은 소수이긴 하지만 기병을 가지고 있었고 이런 전력은 스털링 전투에서 보탬이 되었다. 윌리엄 월리스가 잉글랜드의 공격전술을 무력화시키기 위해 사용한 전술이 바로 장창전법이었다. 알렉산드로스의 장창병을 연상시키는 기다란 나무창으로 바리게이트를 만든 다음 공격해 들어오는 잉글랜드의 기병을 무력화하는 전술이다.

　스털링에서 대승을 거둔 월리스의 스코틀랜드군은 잉글랜드를 공격했다. 에드워드 1세는 군비를 준비하고 스코틀랜드 토착 귀족들에게 당근을 주어 월리스를 배신하게 한다. 그런 다음 1298년 폴커크 전투^{The Battle of Falkirk}에서 월리스의 스코틀랜드군을 격파하는데 성공한다. 폴커크에서 패한 뒤 프랑스로 탈출한 월리스는 세를 규합하여 저항을 계속하다가 1305년 다시 패배하여 체포된 뒤 사형 당하게 된다. (영화에서는 극적인 재미를 더하기 위해 영웅적인 게릴라전을 벌이는 것으로 그렸다.)

월리스를 처형하는 잔혹한 조치는 오히려 스코틀랜드인의 자유를 향한 의지를 크게 만들었다. 스코틀랜드인들은 월리스의 영웅적인 싸움과 죽음에 고무되었고, 잉글랜드로부터의 압제에서 벗어나기 위해 꾸준히 투쟁을 계속했다. 스코틀랜드 영주 단 한 사람만이 에드워드 1세의 칼날을 피해 달아났다. 그는 캐릭 백작Earl of Carrick인 로버트 브루스Robert the Bruce (1274~1329)였다. 탈출한 그는 스코틀랜드 북쪽의 외딴 성채로 들어가 저항했다. 에드워드 1세는 그의 가족과 친구들을 체포해서 남자들은 죽이고 여자들은 옥에 가두었다. 1306년 스스로 스코틀랜드 왕이라 칭한 브루스는 에드워드 1세에게 복수하고 잉글랜드를 몰아낸 후 독립하겠다고 선언했다.

1307년 에드워드 1세가 죽고 그의 아들인 에드워드 2세가 잉글랜드의 왕으로 즉위했다. 그는 아버지와는 달리 전쟁에 대한 열정도 용기도 없었다. 당시 잉글랜드는 스코틀랜드에 비해 군대의 장비, 식사, 보수, 경험 등이 모두 풍부했다. 게다가 최근의 전쟁을 통해 그의 군대는 유럽에서 가장 무서운 병력으로 소문날 정도로 잘 훈련되었다. 에드워드 2세는 원시적인 무기와 방패밖에 없는 스코틀랜드인을 무시했다. 언제든 마음만 먹으면 스코틀랜드나 브루스를 맘대로 주무를 수 있다고 확신했다. 그러나 그것은 착각이었다. 병력과 무기가 보잘것없는 스코틀랜드 병사들이 잉글랜드가 점령했던 성을 빼앗아 잿더미로 만든 것이다. 에드워드 2세가 군대를 보내자 브루스는 정면 전투를 피한 채 숲속으로 몸을 숨겼다. 에드워드 2세는 대규모 병력을 스코틀랜드로 파견했다. 잉글랜드를 지키는 병력이 줄어든 것을 이용한 브루스는 병사

배넉번 전투를 시작하기 전 부대를 사열하는 로버트 브루스. 에드먼드 블레어 레이턴^{Edmund Blair Leighton} 作.

들을 이끌고 잉글랜드를 기습했다. 스코틀랜드 병사들은 작물을 빼앗고 가축을 죽이는 등 잉글랜드 북부지방을 황폐화했다.

어쩔 수 없이 스코틀랜드 원정에서 후퇴한 에드워드 2세는 몇 년 뒤 다시 스코틀랜드 정복을 시도했다. 브루스의 스코틀랜드 병사들은 모든 먹을 것을 다 없애고 불태워 버리는 청야淸野 작전⁴을 수행했다. 당시는 점령지의 식량을 빼앗아 군대의 보급품을 만들던 시절이다. 잉글랜드 원정군은 먹을 것이 없어 기근에 시달렸다. 또한 스코틀랜드 군대는 정면 전투를 피한 채 게릴라 전법으로 괴롭혔다. 잉글랜드 병사들은 굶주림뿐만 아니라 스코틀랜드의 백파이프와 뿔피리 소리에 끊임없이 시달렸다. 이젠 후퇴하는 방법밖에 없었다. 잉글랜드군의 사기가 땅에 떨어지

4　주변에 적이 사용할 만한 모든 군수물자와 식량 등을 없애 적군을 지치게 만드는 전술이다.

면서 아무도 스코틀랜드에서 싸우려 하지 않았다. 성채가 하나둘씩 스코틀랜드의 수중으로 넘어갔다. 에드워드 2세는 마지막 승부를 겨루기로 하고 병력을 동원하여 스코틀랜드와 한판 전투를 벌인다. 윌리엄 월리스가 죽은 지 9년이 흐른 뒤인 1314년, 월리스가 대승을 거둔 스털링으로부터 3.2킬로미터 정도 남쪽에 위치한 배녁번Bannockburn에서 잉글랜드와 스코틀랜드의 결전이 벌어졌다. 이 전투에서 로버트 브루스가 이끄는 스코틀랜드군은 잉글랜드군을 격파하며 스코틀랜드의 독립을 쟁취한다. 브루스는 로버트 1세로 불리며 스코틀랜드의 왕이 된다.

스코틀랜드 독립전쟁은 기후 때문에 일어났다? 기상을 연구하는 필자의 대답은 "그렇다"이다. 온화한 기후가 지배했던 1200년대 초반까지는 스코틀랜드에 거주한 켈트족의 삶은 풍족하지는 않아도 굶주리거나 힘든 생활은 아니었다. 그러나 소빙기가 닥치면서 기후는 점점 추워지기 시작했다. 1215년 동유럽의 혹한으로 대흉작이 발생했고, 산악지역의 빙하는 저지대로 밀고 들어오면서 농지들을 잠식했다. 영국의 북부지역에 위치한 스코틀랜드는 산악지역이었으므로 소빙기의 영향을 더 많이 받았다. 1200년대 말부터 1300년대의 초반의 추위와 많은 비로 인해 유럽의 대기근이 발생하면서 많은 사람이 굶어 죽었다. 이런 기후의 불순은 농민들이 집을 버리고 떠돌게 만들었다.

기록에 의하면 런던을 가로지르는 템스 강이 겨울 내내 얼어붙었고, 극심한 한파와 함께 발생하는 특성을 가진 폭풍과 돌풍이 영국 해협과 북해를 강타했다. 이런 강한 바람은 웨일스 남부의 항구 켄피그Kenfig를 폐허로 만들 정도였다. 유럽의 많은 농토가 날씨로 인하여 소실되었다. 하나님의 진노가 임했다고 할 정도로 재난은 꼬리를 이었다. 식량 부족으로 인한 기근은 체력을 약화시키면서 질병이나 전염병으로 많은 사람이 죽어 나갔다. 참상을 기록한 글을 보면 지금 난민이 죽음 앞에 서

있는 아프리카를 연상할 정도였다.

이 당시 생활이 얼마나 어려웠던가는 스코틀랜드 독립전쟁 당시 에드워드 2세의 궁정에서조차 빵이 떨어지는 때가 많았다는 사실을 통해 알 수 있다. 강도와 절도는 다반사였다. 먹을 수 있는 것 또는 먹을 것과 바꿀 수 있는 것은 건초가 되었건, 목재건, 교회의 지붕이건 모조리 그 대상이었다. 해적도 결사적으로 어선과 곡물 운반선을 털었다. 기근과 빈곤이 극에 달하자 도굴 또한 생활의 일부가 되었다. 도굴꾼들은 함께 부장된 동전, 의복, 기타 보석 공예품 등 전당 잡힐 만한 물건을 닥치는 대로 훔쳐갔다. 이런 기근은 스코틀랜드가 더욱 심했음에도 스코틀랜드를 정복한 에드워드 1세는 막중한 세금을 부과하여 기아에 허덕이는 스코틀랜드인을 자극했다. 만일 기후가 온화하여 식량이 풍부하여 삶에 여유가 있었다면 윌리엄 월리스가 분연히 떨쳐 일어났을 때 스코틀랜드인들이 전폭적인 합류를 하지 않았을지도 모른다.

기후 이상으로 인해 자연 재해가 엄청났던 이 시기에 스코틀랜드와 잉글랜드 국민이 이 전쟁으로 인해 치른 대가는 혹독했다. 당시 식량이 부족하다 보니 이상한 것을 먹고 난 다음 설사와 함께 혼수상태에 빠지는 환자들이 즐비했다고 한다. "매일 사과 한 알이면 의사를 만날 필요가 없다"는 영국 속담이 있다. 당시 사과주는 질병과 죽음으로부터 보호수단으로 사용되었다. 예전 영국에서 흉년이 들어 사과 가격이 오르면 가난한 사람들이 사과주 대신 물로 바꿔 마셨다. 이럴 경우 사망률이 증가했는데 당시 스코틀랜드 사정이 이와 같았다.

1314년 배넉번 전투에서 브루스가 이끄는 스코틀랜드 군사가 에드워드 2세의 잉글랜드군을 격파하여 스코틀랜드의 독립을 결정짓는 분기점을 만들었다. 그러나 패배를 인정할 수 없었던 에드워드 2세는 엄청난 병력을 동원하여 에든버러Edinburgh 성으로 쳐들어갔다. 하지만 이

번에도 스코틀랜드 병사들은 용감하게 맞서 싸웠다. 전투 도중에 잉글랜드 진영에 이질이 퍼지면서 많은 병사가 죽어갔다. 어쩔 수 없이 퇴각했을 때 잉글랜드 북부는 스코틀랜드 군대가 철저하게 파괴해놓은 뒤였다. 에드워드 2세의 스코틀랜드 출정이 끔찍한 재난으로 끝나자 영주들이 반란을 일으켰다. 결국 에드워드 2세는 1327년에 도망치다 붙잡혀 살해당했다. 1328년 에드워드 2세의 아들 에드워드 3세는 스코틀랜드와 평화협정을 맺었고, 스코틀랜드의 독립을 인정했다. 스코틀랜드는 드디어 윌리엄 월리스가 불붙인 독립을 쟁취하게 된 것이다. 그러나 스코틀랜드는 독립 후에도 잉글랜드와 계속 크고 작은 전쟁을 이어가게 된다. 1603년에 이르러 두 나라는 하나의 나라로 다시 합쳐지면서 오랜 갈등과 대립은 끝나게 된다. 양국 간의 통합은 지속되는 소빙기의 추위로 인해 스코틀랜드가 더 이상 버틸 수 없었기에 일어난 현상이라고 주장하는 학자들도 있다. 그렇다면 스코틀랜드의 독립전쟁도 기후로 인하여 발생했고 280년 후 잉글랜드와 한 나라로 통합된 것도 기후가 주원인이라는 것이다. 기후가 역사를 바꾼 좋은 예가 스코틀랜드 독립전쟁이라 할 수 있다.

자유를 위해 싸웠던 윌리엄 월리스는 스코틀랜드인에게는 영웅이다. 그들은 월리스를 자랑스러워하며, 그가 잉글랜드와 싸워 대승을 거둔 장소인 스털링은 '항쟁의 땅'으로 후손들에게 가르치고 있다. 그리고 스코틀랜드 출신이 잉글랜드의 왕으로 있었던 스튜어트 왕조 때에는 영국 왕실이 스털링에 특히 애착을 보였다고 한다. 자유의 고귀함과 스코틀랜드인들의 자존심을 지킨 곳이기 때문이리라.

병자호란의 치욕을 기억하라✳

세상에서 가장 어려운 일은 '제대로' 된 사람을 '제대로' 뽑는 것이다. 제대로 된 사람을 뽑았다면 일의 절반은 성공한 것이라 할 수 있다. 문제는 제대로 된 사람을 제대로 뽑기란 참으로 어렵다는 것이다. 겉모습만 보고 사람의 자질과 능력을 알아내기가 쉽지 않다. 그래서 많은 기업이나 정부에서 제대로 된 인재를 뽑기 위해 나름대로 다양한 방법을 사용한다. 사람을 잘못 뽑으면 기업의 존폐문제도 올 수 있고, 혹 그가 정부의 고위인사인 경우 나라의 근간마저 흔들릴 수 있기 때문이다.

　몇 년 전, 우리나라 서점가에 때 아닌 소설 『남한산성』 열풍이 불었다. 한국 소설이 독자들에게 외면을 당하는 현실에서 베스트셀러로 올라선 것은 작가의 탄탄한 능력 외에 당시 외세에 의한 굴욕이라는 FTA 협상 등 시대적인 상황도 도움이 된 것이 아닌가 한다. 이 소설은 병자호란이 일어난 1636년 겨울, 47일간 포위된 성 안에서 벌어진 참담하고 고통스러운 나날의 기록이다. 결사항쟁을 고집한 척화파 김상헌과 주화파 최명길, 그 둘 사이에서 번민을 거듭하며 결단을 미루는 임금

청 태종 홍타이지

인조의 모습은 남한산성의 아수라를 비극적으로 형상화한다.

내몽골을 통일한 후금後金의 태종은 나라 이름을 '청淸'으로 바꾸면서 자신을 황제로 칭한다. 그는 1636년 사신 용골대龍骨大를 조선에 보내 군신관계를 맺고 명나라와 관계를 끊을 것을 요구했다. 국제정세에 무지하고 명에 대한 사대사상에 사로잡힌 조선의 인조는 용골대를 상대조차 하지 않았다. 용골대는 서울을 떠나면서 객사의 벽 위에 '청靑'자 한 글자를 써놓고 갔다. 어떤 사람들은 청(靑)자는 십(十)+이월(二月)이 되며 이것은 12월 압록강에 얼음이 얼 때 조선을 쳐들어올 것이라는 예고한 것이며, 전쟁 시기를 자기들에게 가장 유리한 날씨조건에 맞춘 것이라고 말한다. 내몽골을 통일한 후금의 병력은 아시아에서 가장 추위에 적응이 잘 된 군사들이었기에 이런 해석이 나온 것이 아니었을까?

조선의 왕이 사신을 만나주지도 않았다는 보고를 받고 격노한 청 태종 홍타이지皇太極는 1637년 1월 직접 20만 대군을 이끌고 얼어붙은 압록강을 건넜다. 본래 이들은 만주 북부와 몽골 지방에 살던 기마 민족으로 겨울에는 영하 40도까지 떨어지는 혹한과 살을 에는 강한 바람에 단련된 민족이었다. 그들은 용골대가 예고한 것처럼 가장 추운 1월에 침공을 단행했다.

조선에서는 청나라의 실력을 우습게 여겼을 뿐만 아니라, 혹 그들이 쳐들어오더라도 명나라가 구원해 줄 것이며, 또 조선의 가장 유능한 맹장인 임경업林慶業 장군이 백마산성을 지키므로 아무런 문제가 없을 것이라고 믿고 있었다. 그러나 전략과 전술도 청나라가 한 발 앞서 있었다. 청나라는 애초부터 조선의 주요 산성들을 공략할 생각이 없었다. 청 태종은 조선 정벌에 앞서 인조에게 "귀국이 산성을 수없이 쌓았지만 만약 내가 큰 길을 따라 곧장 서울로 향한다면 그 산성으로 나를 막아낼 수 있겠느냐"라는 최후통첩을 보내기도 했다. 그럼에도 조선은 한양으로 향하는 길목에 있는 주요 방어진을 없애고, 병력을 백마산성과 자모산성 등으로 옮겼다. 이 산성들은 한양으로 이어지는 대로와 길게는 하루 이틀이 걸리는 먼 거리에 있었다. 결과적으로 청나라에게 길을 터준 셈이었다. 조선의 방어를 비웃듯 청나라의 선봉대는 임경업 장군이 지키는 백마산성을 피해 서울로 직행했다.

인조 14년(1636년) 음력 12월 6일 의주 용골산에서 봉화가 올랐다. 청나라의 침공 소식을 전한 것이다. 그러나 한양 정방산에 있던 도원수 김자점은 이 사실을 조정에 보고하지 않았다. 김자점이 사태의 심각성을 깨닫고 조정에 장계를 올린 것은 압록강을 건넌 청군의 기마병이 이미 평양 부근 순안順安을 지났을 때였다. 그들은 마치 날아가는 화살처럼 9일에는 압록강을 14일에는 개성을 통과해 버렸다. 기마병을 필두로 한 병력 12만 명의 대군이었다. 2011년 8월 개봉했던 영화 〈최종병기 활〉은 청나라 기병의 속도전 위력을 현실감 있게 그려내고 있다. 활처럼 날아온 청군의 기마병은 한양에서 강화도로 가는 길목부터 차단했다. 인조가 강화도로 도망치지 못하도록 한 것이었다. 청나라는 10년 전 정묘호란 때 조정이 강화도로 피난 갔던 것을 기억하고 있었던 것이다. 놀란 조정에서는 왕자와 비빈, 남녀 귀족들을 급히 강화도로 피난시키고 난 후 인조도 뒤따라 강화도로 가려 했으나, 이미 강화도로 가는 길은 막혀 있었다. 겨우 남한산성으로 피할 수 있었던 인조는 그곳에서 8도에 근왕병을 모집하는 격문을 보내고 명나라에 지원을 요청한다. 그러나 남한산성에 갇혀있는 왕을 구하고자 도처에서 일어난 구원군은 청군에 의해 격파되어 버리고 말았다.

병자호란丙子胡亂 때 제대로 된 리더가 얼마나 중요한가를 뼈에 사무치게 보여주는 사례가 있다. 바로 쌍령雙嶺 전투다. 우리 민족사에서 어쩌면 가장 치욕스러운 전투라 하겠다. 남한산성에 갇힌 인조를 구하기 위해 4만 명에 달하는 조선의 구원병이 북상했다. 지휘관은 경상좌병사 허완許完과 경상우병사 민영閔栐이었다. 이들은 오늘날 경기도 광주시 초월읍 대쌍령리 일대에서 청나라군과 마주쳤다. 당시 청나라군은 불과 기병 300여 기였다. 4만 명의 조총수와 300여 기의 기병은 싸움도 되지 않을 것으로 보였다. 당시 상황을 기록한『연려실기술燃藜室記述』에선 "청군 선봉 33명이 목 방패를 들고 남산 상봉에서부터 물고기를 꿴 것처럼 줄줄이 공격해 왔다"라고 묘사하고 있다. 높은 곳에 있었던 청군이 낮은 곳에 있던 조선군을 내리 덮쳤던 것이다. 조선군은 몹시 당황하고 놀랐다. 청나라 선봉 33명에 의해 조선군은 그야말로 오합지졸처럼 무너지고 말았다. 지휘관도 병사도 마찬가지였다. 화약이 떨어져 막대기 같은 조총을 들고 우왕좌왕하는 조선 병사들 머리 위로 나머지 청나라 기병이 뛰어올랐다. 대혼란에 빠진 조선군은 서로 도망치기 바빴다. 이 와중에 4만 병사 중 절반이 넘는 병사가 먼저 도망치려는 아군에 깔리고 밟혀 죽었다.『병자록丙子錄』에 보면 "도망가다 계곡에 사람이 쓰러져서 쌓이면서 깔려 죽었는데 시체가 구릉처럼 쌓였다"라고 묘사하고 있다. 사상 초유의 압사壓死 사건이다. 이 전투에서 경상좌병사 허완과 경상우병사 민영도 전사했다. 청나라 기병 300

대 조선군 4만, 즉 청나라 기병 1명이 조선군 133명을 상대로 완벽한 승리를 거둔 것이다. 당시 조선군을 지휘한 허완과 민영은 특별한 능력이 없어 변방을 돌다가 인조반정에 편승해 진급한 사람들이었다. 『연려실기술』에 이런 구절이 나온다. "허완은 나이가 들고 겁이 많아서 사람을 대하면 눈물을 흘리니 사람들이 그가 반드시 패할 것을 알았다." 무능한 인물이 리더가 되면 비극이 온다는 것을 잘 보여주는 사례가 바로 쌍령전투다. 다른 장수들의 경우도 대동소이했다. 나만갑羅萬甲의 『병자록丙子錄』 12월 14일 자 기록을 보면, 도감장관都監將官 이흥업李興業이 기마병을 이끌고 성 밖의 적을 치러 나갔다. 싸우러 나가는 장수가 하사받은 술과 작별의 술을 지나치게 많이 마신 나머지 모두가 취해 결국 적에게 몰살을 당했다. 강화도 수비책임자였던 강도검찰사江都檢察使 김경징金慶徵은 아예 싸울 준비도 하지 않고 매일 술만 마시고 지냈다. 참으로 어처구니없는 일이 아닐 수 없다.

이제 성안에 있는 1만 3,000명은 18배에 달하는 청나라 병력에 포위되어 버렸다. 청나라는 남한산성을 고립시키기 위해 참호를 파고 목책을 설치했다. 이젠 구원의 희망도 없었다. 『조선왕조실록』은 그해 정월에 큰 눈과 맹추위로 모든 강이 다 얼어붙었다고 기록하고 있다. 제대로 된 장비와 무기, 그리고 갑옷이 없었던 조선의 근왕병들은 청나라 군사에 아예 상대가 되지 않을 수밖에 없었다.

남한산성은 산세가 험해 난공불락의 요새였다. 청나라는 별의별 수단을 다 동원한다. '트로이의 목마'를 연상케 하는 기구도 만들었다고 한다. 성을 넘기 위한 용도로 나무를 깎아 사람 모양을 한 길고 커다란 목인木人을 만들어 성 근처에 갖다 놨는데, 그 속은 텅 비어 사람이 드나들 수 있었다. 청나라는 네덜란드의 대포를 모방해 만든 홍이포紅夷砲를 앞세워 집요하게 공격했지만 남한산성은 함락되지 않았다.

조선군에게 심각한 문제는 청나라 공격보다 식량난이었다. 창고에 있는 쌀과 잡곡이 겨우 1만 6,000여 석 밖에 되지 않았다. 1만 명의 군사가 한 달을 겨우 버틸 적은 양이었다. 추위도 큰 문제였다. 동상에 걸린 병사가 속출했고, 심지어 활시위를 당기지 못할 만큼 손도 제대로 쓰지 못하는 병사도 부지기수였다. 추위를 이기기 위해 행랑과 옥사를 허물어 불을 피웠다. 포위된 지 45일이 지나자 식량은 떨어졌고, 유달리 눈이 많고 추웠던 그해 겨울 혹한이 기승을 부렸다. 병사들은 추위와 굶주림으로 매일 수백 명씩 죽어나갔다. 성안에서는 죽을 때까지 싸워야 한다는 척화파와 항복하고 미래를 바라보자는 화친파가 대립했다.

척화파인 김상헌이 말한다. "적이 비록 성을 에워쌌다 하나 아직도 고을마다 백성들이 살아있고, 또 의지할 만한 성벽이 있으며, 전하의 군병들이 죽기로 성첩을 지키고 있으니 어찌 회복할 길이 없겠습니까? 죽음으로 싸워야 합니다."

주화파인 최명길이 답한다. "전하, 살기 위해서는 가지 못할 길이 없고, 적의 아가리 속에도 삶의 길은 있을 것이옵니다. … 이제 적들이 성벽을 넘어 들어오면 세상은 기약할 수 없을 것 이옵니다. 죽음으로 삶을 지탱하지는 못할 것이옵니다."

이들 사이에서 더 싸워야 할지 항복해야 할지 결단하지 못하던 인조에게 비보가 들려왔다. 청나라 장수 도르곤多爾袞이 지휘하는 전함들이 강화도 갑곶진 앞 바다를 시커멓게 뒤덮고 홍이포를 쏘아댔다. 갑곶을 지키던 조선 장수 강진흔姜晉昕은 7척의 배를 가지고 사투를 벌였다. 수적인 열세에도 불구하고 조선 수군은 청군의 배를 여러 척 침몰시켰다. 그러나 역부족이었다. 뒤늦게 도착한 구원병 장신마저 겁에 질려 도망쳐 버렸다. 수비대장 김경징은 노모를 버려둔 채 도망쳤다. 1637년 1월 22일이었다. 강화도가 함락되자 문신인 이시직李時稷은 아들에게 글을 남긴 후 자살한다.

> "장강長江의 험함을 잃어 북쪽 군사가 나는 듯이 건너오는데, 술 취한
> 장수는 겁을 먹고 나라를 배반하면서까지 살 구멍만 찾는구나. 수비가
> 무너져 모든 백성이 어육魚肉이 되었으니, 저 남한산성도 곧 함락될 것
> 이다. 구차하게 살 바에야 기꺼운 마음으로 자결한다…."

강화도가 함락되었다는 소식을 들은 인조는 항복을 결정한다. 1637
년 정월 30일 인조는 성문을 열고 왕세자와 함께 삼전도에 나아가 수
항단受降壇에서 청 태종을 향하여 치욕스런 삼궤구고두三跪九叩頭[5]의
항복을 하게 된다. 한국 역사상 가장 많은 부녀자가 욕을 당하고 또 고
아들이 가장 많이 나온 것이 병자호란이다. 또 민간인이 가장 큰 피해
를 당하고 수십만 명이 포로로 잡혀간 치욕적인 전쟁이기도 하다. 청나
라가 외국과의 전쟁에서 가장 적은 희생으로 가장 큰 승리를 거둔 것
이 병자호란이기도 하다.

청나라가 이렇게 쾌승을 하게 된 배경은 명나라가 겨울에는 조선을
돕기 위해 출병하기 어렵다는 것, 모든 강이 얼어붙어 공격하기가 쉽다
는 점, 청나라 병사들이 다른 나라의 군사와 달리 추위에 적응을 잘하
며 놀라운 전투력을 발휘한다는 점을 이용한 것이었다. 철저하게 날씨
를 전쟁에 이용한 청나라의 전략이 돋보이는 전쟁이 병자호란이라고
할 수 있다. 만일 그해 겨울이 별로 춥지 않아 강이 얼지 않았거나 눈이
덜 내려 근왕병들이 더 많이 전투에 참여했거나, 명나라의 구원병이 참

---

5 세 번 절을 하는데 절을 한 번씩 할 때마다 이마가 땅에 닿도록 세 번 머리를 조아려야 하
  는 의식

조선 왕 인조가 청나라 황제 홍타이지에게 항복하는 장면 (삼전도비 부조)

전했다면 역사는 어떻게 바뀌었을까?

　지혜가 없는 자는 그 미련함으로 망한다고 잠언은 말한다. 싸울 힘도, 능력도, 정보력도 없는 상태에서 싸우겠다고 큰 소리 치는 것은 미련한 짓이다. 소설『남한산성』을 읽어가면서 작가 김훈이 우리에게 말하고 싶은 메시지는 바로 "치욕을 기억하라"가 아닐까 하는 생각이 들었다. 다시는 무능한 지도자들로 인하여 무고한 백성들이 수치와 치욕과 죽음을 당하지 않는 나라가 되어야겠다는 것이다. "제대로 된 지도자들이 겸손한 마음으로 백성을 섬기게 해 달라"는 조지 워싱턴George Washington의 기도가 새삼 생각나는 오늘이다.

프랑스 대혁명과 나폴레옹 등장은 날씨 탓? ❀

"나에게 빵을 달라. 죽기는 싫다."

굶어 죽어가는 자식들을 그저 바라볼 수밖에 없었던 프랑스의 농민과 민중은 절규한다. 그러나 그들의 피맺힌 울음에 아무도 귀 기울이지 않는다. 인간의 이성을 존중하는 계몽사상이 찬란하게 꽃피웠던 18세기 말, 굶주린 프랑스의 농민에게 이성이나 사상보다는 한 조각의 빵이 더 절실했다. 역사를 보면 굶주린 백성은 그저 죽어가면서 자멸하거나 아니면 분노를 폭발시켜 혁명을 일으키는 주역이 된다. 이때 프랑스 민중은 후자를 선택한다.

프랑스 대혁명이 일어나기 전인 18세기 중엽, 프랑스는 유럽의 문화 중심지였다. 그러나 경제 구조는 취약하기 이를 데 없었다. 18세기 프랑스 국가 재정의 상당 부분을 농업이 뒷받침하고 있었다. 현재까지도 유럽 국가 중에서 농업이 가장 발달한 나라가 프랑스다. 농작물을 경작할 농지가 넓고 농사를 짓기에도 기후가 적당하기 때문이다. 그러나 프랑스의 지배계급은 농업의 생산성 증대에 거의 신경을 쓰지 않았다. 중세 소빙기에 접어들면서 기후 악화로 인해 농사를 망치는 빈도가 늘어났다. 유럽 대부분 지역에서 농산물 생산량이 늘어난 18세기에도 프랑스는 기후가 조금만 나빠도 식량 부족에 허덕였다. 급격한 기후 변동이 나타난 18세기 후반에 이르러 수백만 농민들은 흉년이 겹치면서 굶어죽기 직전의 상태에서 근근이 목숨을 연명하는 형편이었다.

　프랑스의 집권층은 국민의 삶에 무관심했다. 프랑스가 자랑하는 태양왕 루이 14세가 치른 전쟁과 사치로 이 당시 국가 재정은 거의 바닥이 난 형편이었다. 루이 16세Louis XVI (재위 1774~1792)는 미국독립전쟁이 일어나자 미국 편을 들었다. 라파예트La Fayette 장군이 이끄는 프랑스군은 미국이 독립하는데 엄청난 기여를 했다. 하지만 막대한 돈을 전비로 쏟아부은 프랑스는 나라 전체가 휘청거리게 된다. 사태의 심각성을 깨달은 루이 16세는 조세개혁을 통해서 어려움을 해결하려고 했다. 그러나 힘 있고 돈 있는 성직자와 귀족들의 반대로 뜻을 이루지 못했다.

　이런 국가적인 어려움에 처한 프랑스를 날씨는 도와주지 않았다. 이 당시 유럽은 추위와 함께 습한 날씨가 지배하고 있었다. 1764~1777년에는 전 유럽에서 추위가 맹위를 떨쳤다. 이 당시 1775년 프랑스의 기상 관측 자료를 분석한 결과, 예측할 수 없는 한파나 폭설, 홍수 등이 점점 더 많아 나타나고 있었다. 기록에 의하면 스위스 지방은 1764년부터 약 14년 동안 저지低地에서 여름에 일반적으로 춥고 비가 많이 왔으며, 알프스 산맥 쪽으로는 눈이 많이 내렸다고 한다. 날씨의 변동이 최고에 달했던 1770년에는 겨울이 길었고, 특히 눈이 많이 내렸다. 여름 역시 알프스 산맥 상부 초지 위의 눈을 녹이기에는 너무 짧고 서늘했다. 이런 이유로 알프스의 빙하가 발달하면서 저지대로 밀고 내려왔고, 이로 인하여 식량 생산은 감소했다. 날씨의 영향을 많이 받는 밀, 감자의 수확량 감소와 함께 초지의 부족으로 우유 생산마저 줄어들면서 기근이 발생했다. 북유럽

지역도 예외가 아니어서 이 기간 동안에 여름에 너무 습윤하거나 혹은 추워서 흉년이 들었고, 거의 모든 지역에서 기근이 닥쳤다.

이런 나쁜 날씨는 프랑스에서도 지속적으로 발생하고 있었다. 1777년까지 유럽을 강타했던 추위가 다소 누그러졌다고 해도 여전히 선선한 날씨는 지속되고 있었다. 이런 날씨를 더욱 악화시킨 것은 1784년과 1785년의 아이슬란드 라키Laki 화산 폭발 사건이다. 화산폭발로 인한 화산재가 대기 중에 떠다니면서 햇빛을 차단하여 추운 여름을 가져왔다. 1785년 3월은 지금까지도 가장 추운 달로 기록되고 있다. 잠시 선선했던 유럽의 날씨는 다시 1777년의 추위로 되돌려 버렸다. 추위로 인한 농작물의 흉작은 유럽 농민들을 더욱 배고프게 만들었다.

엎친 데 덮친다고 하더니 이듬해인 1786년에는 이상적으로 발달한 고기압으로 인해 가뭄이 들었다. 기록에 의하면 이 해에 내린 비는 연평균 강수량의 67퍼센트에 불과했다. 이런 기후에 특히 취약한 프랑스 농업의 특성상 전국적으로 식량 생산은 줄어들었다. 농가에서는 건초의 공급이 줄어들자 어쩔 수 없이 가축을 도살해야 했다. 이는 퇴비 생산의 감소를 가져왔고, 땅이 있어도 연작을 할 수 없게 만들어 농업생산성을 급격히 떨어뜨렸다. 변덕스런 기상은 단순한 영농 기법에 안주하던 프랑스 농민들에게는 재앙이었던 것이다. 이 당시 프랑스 상류계층은 밀로 만든 빵을 먹고 살았지만, 농민들은 가장 값이 싼 호밀과 귀리로 빵을 만들어 먹고 살았는데도 불구하고 수입의 약 55퍼센트를 빵 사는데 지출해야 할 정도로 점차 살기가 어려워졌다.

1788년 봄이 되자 다시 강력하게 발달한 고기압의 영향으로 가뭄이 발생했다. 그리고 이런 이상적인 기압배치는 유럽지역에 잦은 번개, 돌풍, 우박현상을 가져왔다. 지속되는 추위, 가뭄으로 근근이 지탱하고 있던 프랑스 농민에게 이 해에 발생한 대규모 우박은 회복하기 어려운 치명타였다.

"아침 9시경 파리의 하늘이 몹시 어두워졌으며 하늘은 금방이라도 무서운 폭풍을 불러올 것 같았다. … 어떤 우박은 지름이 40센티미터나 되는 엄청난 것이었다"라고 파리에 주재했던 영국대사가 기록하고 있다. 이 우박은 1788년 7월 13일 아침 프랑스 중부에서 발생했는데, 기록에 의하면 이 우박대는 북진하여 벨기에를 거쳐 오후에는 네덜란드를 강타했다고 한다. 한 우박대의 폭이 1.6킬로미터, 길이 672킬로미터였으며, 또 하나는 폭이 8킬로미터, 길이 800킬로미터에 달했다고 기록된 것으로 미루어 아주 강력한 구름대의 영향이었던 것 같다. 기상학적으로 이런 우박구름이 발달하여 이동하면서 피해를 주기 위해서는 대기가 엄청난 불안정 상태여야 하며, 이런 불안정상태에서 발생한 대류성 구름은 스콜선 형태로 영향을 주었던 것으로 추측한다. 우박이 내리는 시간에 사냥을 나갔던 루이 16세가 우박을 피해 인근 농가로 대피할 정도였다. 포도나무가 쓰러졌고, 한참 성장하던 곡물이 큰 피해를 입으면서 엄청난 흉작을 기록하게 되었다. 프랑스 1,809곳의 시나구가 우박의 직접적인 피해를 입었다고 한다.

가뭄과 우박으로 이 해의 곡물 수확량은 그 전 15년 평균치에 20퍼센트나 모자랐다. 그 전 15년간도 기상이변으로 곡물 생산량이 모자랐는데 거기에 5분의 1 이상이나 더 줄어들었으니 엄청난 흉년이었다고 할 수 있다. 식량 부족으로 고통 받던 프랑스 농민들은 겨울이 되자 추위로 인한 고통을 더하게 된다. 1788년의 겨울은 엄청나게 추웠다. 예년에 파리에서 영하의 온도를 기록한 날이 45일 정도인데, 이 해에는 86일이나 되었다. 겨울 기간 동안 혹독한 추위와 함께 폭설이 내리면서 길이 막히고 큰 강들이 얼어붙어 정상적인 곡물 이동이나 상거래가 불가능해졌다. 봄철이 되면서 빙하와 눈이 녹자 홍수가 발생해 농토들이 큰 홍수 피해를 입었다.

　도저히 살아갈 수가 없게 된 농민들은 1788년 12월과 1789년 3월에 착취하는 영주의 저택을 습격하여 불 지르고 농지 경작문서를 불사르며, 곡물창고와 저장고를 부수는 등 국가에 저항하기 시작했다. "곡식은 인간을 먹여 살린다. 또한 인간을 죽이기도 한다." 20여 년 전 루이 세바스티앵 메르시에Louis-Sébastien Mercier가 한 예언이 실현되고 있었다. 3월에 브르타뉴에서 빵 폭동이 발생했다. 이어서 플랑드르로 그리고 다른 지역으로 폭동이 번져나갔다. 폭동으로 인하여 정상적인 식량거래가 불가능해지면서 소요는 4월에는 파리까지 번졌다. 농민만 고통받은 것은 아니다. 연료비의 폭등과 비싼 빵 값을 부담하지 못한 가난한 파리의 서민들은 길거리에 나앉아 굶고 얼어 죽어갈 수밖에 없었다. 그런데 기가 막힌 것은 12만 명의 파리 시민이 굶어 죽어 가는데도 불구하고 귀족들은 빵 배급을 반대했다는 사실이다.

　1789년 봄 무렵에 파리 시민과 농민들은 하루에 1킬로그램도 안 되는 빵이나 죽으로 연명하고 있었다. 또한 프랑스 노동자들은 수입의 88퍼센트를 빵을 사는데 지출했다. 거의 모든 수입의 전부를 빵을 사는데 사용했지만 이 양도 간신히 연명할 정도의 빵밖에 되지 않았다. 농부들은 방앗간 주인이나 빵가게 주인, 심지어는 자기 이웃도 더 이상 믿지 않았다. 도시에 사는 사람들도 농민들의 공격을 두려워하기 시작했다. 시골길에서 어슬렁거리는 사람은 모두 산적으로 간주되었다. 거지들은 떼를 지어 몰려다니며 밤이면 농가의 문을 두드리곤 했다. 만일 음식을 주지 않으면 그들은 폭력을 행사했다. 아무도 그들을 물리치지 못했다. 반발과 복수가 두려웠기 때문이다. "추위를 이기기 위해 과수나무들을 베어 불태웠고, 남아 있던 가축들은 도살하고 곡물은 불살랐다." 그 당시 기록된 프랑스 농민들의 삶이다.

늦여름이나 되어야 새로 심은 작물이 나올 수 있었다. 따라서 봄철의 보릿고개를 어떻게 넘기느냐가 농민과 노동자들의 최대 관심이었다. 빵 폭동은 농민들에 의해 여름 내내 산발적으로 계속 일어났고 노동자들도 이 폭동에 참가했다. 혼란 상태에 관한 소문이 들불처럼 전국으로 번져가면서 프랑스는 공황 상태로 빠져 들어갔다.

이 당시 프랑스의 빈곤계층은 전 인구의 90퍼센트에 달했다. 그러나 전 국민의 80퍼센트에 해당하는 농민이 소유한 농지는 국토의 3분의 1도 되지 않았다. 대다수 농민들이 1에이커도 소유하지 않은 영세 농민이었음에도 이들은 엄청난 세금을 내고 있었다. 그러나 전 인구의 1퍼센트밖에 되지 않았던 귀족과 성직자들이 가지고 있던 땅은 전 국토의 40퍼센트가 넘었다. 그런데도 그들은 단 한 푼의 세금도 내지 않았다.

루이 16세는 재정 고갈과 함께 국가적인 어려움을 해결하기 위해 삼부회三部會, États généraux[6]를 소집한다. 이 회의는 1302년에 만들어졌으나 1614년 이후 약 170년간은 열리지 않았다. 그러나 이 회의마저 성직자와 귀족들이 제3신분인 평민대표를 배제했다. 이에 평민들은 1789년 6월 20일 자유·평등·박애를 이념으로 한 국민제헌의회 발족을 선언하게 된다.

민중의 권리를 대변해 줄 국민제헌의회를 국왕이 무력으로 해산시키려고 하자, 파리 시민들은 7월 12일에 시위행진을 벌였다. 이를 강제 해산하는 과정에서 시민들이 참혹하게 학살당하면서, 이튿날인 13일에는 시민들이 군수품 창고를 습격하여 총과 대포를 탈취하고 무장했다. 파리 시민들은 무장하는 과정에서 총포업자들과 갑옷 제조업자들

---

6 프랑스 세 신분(귀족, 가톨릭 고위 성직자, 평민)의 대표자가 모여 중요 의제에 관하여 토론하는 장으로서 중세로부터 근세에 이르기까지 존재했던 신분제 의회.

의 점포를 탈취했고, 40여 곳의 세관을 파괴했으며, 생라자르^{Saint-Lazare}
수도원에 저장되어 있던 상업용 곡물 등도 약탈했다. 이어 14일 화요
일에는 화약이 필요한 시민군이 바스티유 감옥을 습격하면서 프랑스
대혁명의 깃발이 올랐다.

파리 한복판에 자리 잡은 바스티유 요새는 원래 영국의 침공에 대비
하기 위해 지은 것이다. 그런데 『삼총사^{Les Trois Mousquetaires}』에서 악덕
재상으로 그려지는 리슐리외^{Richelieu}가 이 요새를 감옥으로 만들면서
전제정치의 상징물인 바스티유 감옥이 생겨나게 된다.

당시 파리 주재 미국 대사인 토머스 제퍼슨^{Thomas Jefferson}은 날씨를 상
세히 기록으로 남기고 있다. 바스티유 전투가 벌어진 7월 14일 아침 파
리는 낮게 흐린 가운데 비가 오고 있었고, 온도는 10.5도였다. 오후에 들
어서면서 비는 그쳤지만 낮게 흐렸고 기온은 겨우 16.7도까지 올라갔다.
즉 한여름이라고는 할 수 없는 서늘하고 습기 차고 음울한 날씨였다. 생
물기상학에서는 이런 날씨일 때 사람들이 공격적으로 변한다고 한다. 분
노한 파리 시민들은 "신이여, 프랑스와 파리 시민을 도우소서!"라고 외
치면서 바스티유 감옥으로 진격한다. "요새를 지키는 것이 우리의 의무
이니 지키기 위한 것 외엔 함부로 시민을 죽이지 마라"는 대장의 지시로
소극적인 방어에만 급급하던 수비군은 적극적인 시민군과의 전투에서
애초부터 싸움이 되지 않았다. 결국 바스티유 요새는 단 하루 만에 함락
되고 만다. 바스티유 전투를 승리로 이끈 바로 이날이 프랑스의 가장 큰
국경일인 '프랑스 혁명 기념일^{Bastille Day}'이다. 이날이 오면 온 프랑스 국
민은 몇 날 밤을 춤과 노래로 지새우며 나라의 주인인 자신들이 악덕한
지배자의 손에서 주권을 뺏은 날을 축하한다.

사실 프랑스 혁명이 전적으로 기후 때문에 발생했다고 주장하는 것
은 아니다. 그러나 곡물과 빵의 부족 그리고 기근의 고통이 혁명을 가

〈바스티유 감옥 급습Prise de la Bastille〉. 1789년. 장 피에르 우엘Jean-Pierre Houël 作.

져오게 만들었으며 이의 원인으로 날씨가 절대적인 역할을 했다고 보는 것이다. 이러한 기후 변화의 영향으로 결국 왕정이 폐지되고 공화정치가 수립됨으로써 프랑스 혁명은 성공했다. 재미있는 것은 프랑스 혁명 이후 공표된 혁명 달력이 계절이나 절기와 관련지어 만들어 졌다는 것이다. 이것은 당시의 생활이 기후나 날씨의 변화와 얼마나 밀접한 관계가 있었던가를 웅변하고 있다. 이 달력은 1793년부터 1805년까지 12년 동안 사용되었다.

프랑스 대혁명을 가져온 것이 날씨라면 대혁명 이후 프랑스가 세계 역사의 전면에 나설 수 있었던 것은 나폴레옹 때문이었다. 세계 역사에서 뛰어난 명장을 꼽으라면 반드시 들어가는 사람이 나폴레옹이다. 영웅은 난세에 태어난다고 한다. 나폴레옹도 프랑스가 가장 위태한때 역사 앞에 등장했다. 나폴레옹은 1769년 8월 15일에 코르시카Corsica 섬에서 태어났다. 법률가였던 아버지의 덕으로 15세에 사관학교에 입학한 후 17세에 육군소위로 임관한다. 7년이 지나 프랑스가 혁명의 와중에 있었을 때 그는 이탈리아로 배속 받아 가던 중 툴롱Toulon에 들렀다가 포병 지휘를 맡게 되는 행운을 차지한다. 그는 이곳에서 시가지를 점령한 왕정주의자들과 영국군을 맹포격하여 승리를 거둔다. 이 전투 후에 그는 무려 4계급을 특진하여 장군이 된다. 드디

〈인간과 시민의 권리선언〉. 1789년. 장 자크 프랑수아 르 바르비에Jean-Jacques-François Le Barbier 作.

어 프랑스 역사의 무대 전면에 등장하게 된 것이다. 그런데 아무런 배경도 없고, 돈도 없고, 외모도 형편없었던 그가 프랑스, 아니 전 유럽을 장악하는 장군이 된 배경에는 날씨가 절대적인 역할을 했다.

나폴레옹이 역사에 등장하던 1700년대 후반은 소빙기의 절정에 있었다. 중세 소빙기에 접어들면서 악화되는 기후로 인해 농사를 망치는 빈도가 늘어났다. 유럽은 추위와 함께 습한 날씨가 지배하고 있었다. 여름에 너무 습윤하거나 혹은 추워서 흉년이 들었고, 거의 모든 지역에서 기근이 닥쳤다. 이런 춥고 습한 날씨에 기름 부은 것이 바로 1784년과 1785년에 발생한 아이슬란드의 라키 화산 폭발이다. 화산 폭발은 곧 태양빛 차단으로 이어지면서 유럽을 강추위로 몰고 갔다. 1786년의 가뭄, 기록적인 우박, 예상할 수 없는 폭우, 강추위 등은 취약하던 농업에 치명타를 입혔다. 한 마디로 엄청난 추위와 이상기후가 지배하던 때라고 할 수 있다. 이런 기후조건은 많은 국민을 길거리에 나앉게 했고,

굶주리고 질병에 걸려 죽어가게 만들었다. 앞에서 언급했지만 더 이상 참을 수 없었던 프랑스 국민은 바스티유 감옥을 습격하여 프랑스 혁명을 이루어내었다. 평상시라면 어림없었겠지만 혁명의 와중이었기에 나폴레옹은 급격한 신분상승의 기회를 가지게 되고 유럽, 아니 세계 역사의 주역으로 등장한 것이다.

그런데 나폴레옹의 등장에 재미있는 이야기가 있다. 나폴레옹의 출세에 큰 역할을 한 사람이 조제핀 드 보아르네^{Joséphine de Beauharnais} (1763~1814)다. 특별한 가문의 배경이 없었던 나폴레옹이 자기의 출세에 도움이 될 사람을 찾다가 만난 여인이 바로 조제핀이다. 그런데 흥미롭게도 조제핀조차도 날씨와 특별한 인연을 가지고 있다. 프랑스령 서인도 제도의 마르티니크^{Martinique} 섬에서 태어난 조제핀은 행복한 삶을 살고 있었다. 그러나 이 섬을 강타한 허리케인으로 말미암아 부유한 농장주였던 그의 아버지가 파산해 버렸고, 조제핀은 가난에 직면하게 되었다. 태풍 기록에 의하면 이때 영향을 주었던 허리케인은 2005년 미국을 강타했던 태풍 카트리나보다 더 강했다. 출세욕이 남자보다 뛰어났다고 전해지는 조제핀은 과감히 섬을 떠나 파리로 진출했고, 뛰어난 미모와 말재주로 사교계의 꽃이 되었다. 그녀는 보아르네 자작子爵과 결혼하여 두 자녀를 두었으나 남편은 프랑스 혁명 후에 교수형을 당했다. 젊고 우아하며 요염했던 조제핀은 곧 프랑스 총사령관인 바라^{Barras}와 가까운 사이가 된다. 이때 툴롱 전투에서 명성을 떨치고 파리로 귀환한 나폴레옹을 만난다. 나폴레옹은 출세의 지렛대로 조제핀을 이용한다. 조제핀과 가깝게 지냈던 프랑스군 총사령관인 바라는 1795년에 나폴레옹을 부사령관으로 진급시켰다. 그가 5인 집정내각의 한 사람이 되자 1796년 나폴레옹에게 프랑스군의 총사령관 자리도 물려준다. 나폴레옹은 바라 장군의 주선으로 조제핀과 결혼을 하고 이탈리

1804년 12월 2일, 파리 노트르담 대성당Notre-Dame de Paris에서 거행한 황제 나폴레옹 1세와 조제핀 황후의 대관식. 자크 루이 다비드Jacques-Louis David와 조르주 루제Georges Rouget 作. 루브르 박물관 소장.

아 주둔군을 지휘하여 오스트리아와 전투를 벌이게 된다.

나폴레옹이 프랑스가 자랑하는 역사상 위대한 장군이 되는 데는 날씨의 도움, 천부적인 재능, 리더십이 있었지만 빠뜨릴 수 없는 것이 프랑스 혁명 와중에 만든 징병제이다. 프랑스 대혁명을 통해 집권한 프랑스 제1공화국은 1793년 8월, "공화국의 영토에서 적이 모두 사라지는 그 순간까지, 모든 프랑스인은 언제까지나 군복무의 의무를 다해야 한다"라고 선언한다. 징병제는 이후 선거권의 확대와 함께 발전하게 되는데, 프랑스의 모든 남자는 다 군인이 될 수 있었다. 1794년에 프랑스는 무려 116만 9,000명의 현역군인을 보유한 유럽 최강의 군사력을 보유하게 되었다. 이런 엄청난 군사력은 러시아를 제외한 전 유럽의 병력과 맞먹는 수준이었고, 역사의 전면에 등장하는 나폴레옹에게 야심의 날개를 달아준 격이 된 것이다.

"날씨는 역사를 바꾸고, 전쟁의 승패를 좌우한다." 역사는 이 말이 사실임을 증명하고 있다. 나폴레옹이 역사에 등장하여 위대한 장군으로 자리매김하는데 결정적으로 날씨가 도왔음을 나폴레옹전사에서도 살펴볼 수 있다. 24세의 나이에 장군으로 진급할 수 있었던 것은 뛰어난 능력도 있었지만 유럽의 소빙기 기후가 결정적인 도움을 주었던 것이다. 27세의 나이에 이탈리아 원정군 사령관에 부임할 수 있었던 것도 조세핀의 도움이 결정적이었다. 날씨가 역사를 어떻게 바꾸는가를 보여주는 재미있는 예라고 할 수 있는데 만일 허리케인이 조제핀의 고향을 휩쓸어버리지 않았다면 어떻게 되었을까? 과연 조제핀이 없는 나폴레옹이 존재할 수 있었을까?

아일랜드 역사를 바꾼 비와 감자잎마름병 🐀

2003년 개봉한 영화 〈갱스 오브 뉴욕^{Gangs of New York}〉은 우리나라에서 대박을 터뜨렸다. 이 영화의 배경은 1850년대 초반 뉴욕 최고의 슬럼가인 '파이브 포인츠^{Five Points}'로, 아메리칸 드림을 꿈꾸는 아일랜드 이주민이 매일 수천 명씩 모여드는 곳이었다. 하지만 이곳에 사는 원주민들은 아일랜드 이주민들을 멸시하고 내쫓으려 하면서 두 집단 사이의 갈등이 계속된다. 그런데 여기서 잠깐! 왜 아일랜드 이주민이 매일 수천 명씩 뉴욕으로 몰려들었을까? 바로 기후변화의 영향으로 인한 아일랜드 감자 대기근 때문이다. 아일랜드에서는 1845년부터 시작된 긴 장마로 인해 감자잎마름병이 돌았다. 감자 생산량이 급속히 줄어들면서 약 800만 명의 아일랜드 인구 중 약 200만 명이 굶어 죽었다. 약 200만 명은 살기 위해 미국으로 이주했다. 아일랜드의 인구를 절반으로 감소시킨 감자 대기근은 기후변화가 인간의 삶에 얼마나 큰 영향을 미치는지를 잘 보여주는 사건이었다.

영국의 서쪽에 있는 섬나라인 아일랜드^{Ireland}는 우리나라보다도 작으며 인구는 350만 명 정도이다. 1960년대부터 다양한 경제 정책이 성과를 거두면서 발전하게 되었고, 최근에는 소프트웨어산업의 메카라고 할 만큼 IT산업의 본거지로 두각을 나타내면서 강대국으로 발돋움하고 있다. 그러나 과거에는 영국의 지배를 오랫동안 받고 있다가, 1948년에야 독립을 쟁취했다. 조그만 국토는 늪지대와 얕은 호수가 많으며, 토양이 산성이라서 나무나 곡식이 잘 자라지 않아 가난을 천부적으로 지니고 살아왔었다. 기후는 멕시코 만류의 영향을 받아서 북위 50도나 되는 고위도 지방이지만 비교적 따뜻한 편이다. 그러나 흐리거나 비가 오는 날이 많아서 우리나라 서울보다 비 오는 날이 3배 정도 많다.

영국의 식민지로 가난에 찌들려 살아가던 아일랜드에 변화가 일어난 것은 감자가 전파되면서이다. 1600년대 초반에 남아메리카에서 도입되어 아일랜드에서는 17세기 후반에 상당한 규모로 재배되었다. 감자를 심어보니 기가 막힌 식품이었다. 비가 많이 내리고 습한 기후의 아일랜드에서 엄청난 수확을 보였다.

감자는 아일랜드의 주식량이 되었다. 전국토가 감자밭으로 개간되기 시작했다. 감자는 1690년대에 스코틀랜드인이 당했던 극심한 기근을 아일랜드 사람들이 모면케 해주는 귀중한 주식이었다. 아일랜드의 감자 재배는 그 뒤 반세기 동안 20배로 늘어났다. 물론 '학살의 해^{Bliain} an Áir'라고 불리게 된 1740~1741년은 예외였다. 그해에 강력한 한파로 인해 곡물과 감자, 가축, 심지어는 바닷새들까지 얼어 죽었다. 이 사건은 100년 후에 닥치게 될 대비극의 예고편인양 40만 명이 이질과 기근, 발진티푸스로 죽었다. 아일랜드인의 10퍼센트 정도가 1740~1741년 당시의 기근과 그에 따른 질병으로 죽은 것이다. 그러나 이때를 빼놓고는 감자는 아일랜드인의 기근을 막아주는 주식이었다. 아일랜드가 감자로 기근을 성공적으로 극복하는 것을 본 헝가리 정부는 1772년

에 기근이 든 후에 감자를 재배하도록 지시했다. 러시아에서 역시 1760
년대와 1830년대 대기근 이후 정부가 감자 재배를 장려했다. 스코틀랜
드와 노르웨이의 북부 지방에서도 감자 재배가 중요한 농사 작물로 떠
올랐다. 감자농업은 산업혁명 시기에 급격하게 성장하여 유럽의 도시
인구를 위한 주요한 식량이 되었다. 이런 것이 가능했던 것은 감자 수
확량이 경지면적의 크기나 성질에 관계없이 모든 작물 수확량의 몇 배
나 되기 때문이다.

1770년대에는 영국이 산업혁명으로 공업화되면서, 1800년대에는 나
폴레옹 전쟁으로 엄청나게 많은 감자를 수출할 수 있었다. 곡물가격이
상승하자 아일랜드는 신이 났다. 곡물 경작지 확장이 계속되었다. 일
손이 필요하게 됨에 따라 급속한 인구증가가 뒤따랐다. 이 당시에 아
일랜드 사람들은 유럽 대륙보다 영양상태가 좋았다. 성인은 하루에 감
자를 7킬로그램, 여자와 아이들도 5킬로그램을 먹을 정도였다. 풍부한
식량으로 인해 1700년대에 200만 명이던 인구는 1800년대에는 500만
명으로 늘어났고, 1821년에는 700만 명이 되었다. 대기근 발생 직전인
1845년에는 850만 명에 도달하여 인구밀도가 유럽에서 최고였다.

호사다마好事多魔라던가? 아일랜드 역사상 가장 풍성한 먹을거리와
경제적 풍요를 주었던 감자가 대기근을 불러온 원흉이 되었다. 1845년
10월 계속해서 비가 내렸다. 유럽에서 일반적으로 온난했던 1845년에
서 1846년 여름에 습윤한 남풍이 계속 불었다. 대서양 부근에 저기압
이 위치할 때 아일랜드에는 비가 많이 내린다.[7] 당시 대서양에는 지속
적으로 강력한 저기압이 위치했다. 이런 기후조건은 새로운 감자 전염

---

7 기후역사가 램(Lamb)에 의하면 이런 기압배치는 북극진동지수가 음인 경우에 잘 발생한
다. 북대서양 저기압이 강력하게 발달하면 유럽 지역으로는 기압골이 자주 통과하면서
비가 자주 내리는 습한 기후를 보인다.

아일랜드 감자 대기근 당시 여성과 어린이의 모습 묘사.
《일러스트레이티드 런던 뉴스The Illustrated London News》,
1849년 12월 22일 자.

병을 가지고 왔다. 1845년 유럽에서 처음 출현한 감자잎마름병 Phytophthora infestans 이 발생하여 급속하게 퍼진 것이다. 감자잎마름병균은 섭씨 10도 이상인 기온과 90퍼센트 이상의 상대습도를 오랫동안 유지할 때 급속히 증식하는 특성을 보인다. 밭에 남아있던 감자들과 저장해 놓았던 감자들이 썩어갔다. 감자잎마름병의 재앙이 아일랜드를 덮친 것이다. 감자잎마름 병균은 따뜻하고 습한 환경에서 번식하며, 바람이나 물을 통해 전달되는 포자에 의해서 전파된다. 이 균은 먼저 잎과 줄기를 공격하여 시들게 하며, 토양을 통해 뿌리와 줄기에 파고 들어가 감자를 썩게 만들었다. 이 균이 아일랜드를 덮친 것은 1845년 10월이었으며 가을에 수확 후 저장해 놓았던 감자들이 썩기 시작하면서 재앙이 닥쳐오고 있음을 가리켰다.

감자잎마름병이 다시 발생한 것은 아일랜드에서 가장 온난하고 다습한 서쪽 끝 지방에서였다. 1846년 이른 여름에는 서풍을 타고 1주일에 80킬로미터의 빠른 속도로 퍼져나갔다. 8월 초에는 아일랜드 전역을 감자잎마름병이 휩쓸었다. 무성했던 감자밭이 하룻밤 사이에 썩어버렸다. 이 해 감자 수확량은 4분의 3 이상, 심한 곳은 90퍼센트나 감소했다. 대부분의 농민들이 매우 적은 땅에서 감자 농사에 전념했기에, 감자생산이 준다는 것은 식량이 소진된다는 것을 의미했다.

2년 동안이나 감자흉년으로 토지 임대료와 연체금의 회수가 어려워지자, 1847년 대지주들은 소작인들을 내쫓고 감자밭을 목초지로 바꾸었다. 농민들은 식량도 없이 무일푼으로 거리로 내몰렸다. 당시의 참상을 기록은 이렇게 전한다.

> "황량해진 오두막 마을을 서성이며, 누더기를 걸친 어린 것들이 소리 없이 절망의 눈길을 먼데로 던진 아버지에게 매달려 칭얼대고, 하나는 나지막하게 흐느끼며 소리 없이 고개를 숙인 어머니의 등에 업혀 있다. 몇 사람은 토탄 불에 둘러앉아 오순도순하게 감자를 먹고 살던 추억의 찌꺼기라도 건지려는지 쓰레기 더미를 뒤지고 있다. 그러다 무리를 지어 고독하고 정처 없는 발길을 돌리는데, 이 밤 저녁은 먹지 못하지만 그래도 어딘가 몸을 쉴 바위 밑이나 구덩이를 찾아야 한다."[8]

　　1846년 여름에 대서양 부근에 저기압 지역이 위치하면서 계속 많은 비가 많이 내렸다. 감자 수확량의 4분의 3 이상이 썩어 버렸다. 1847년 7월에 다시 엄청난 비가 내리면서 수확량의 절반 이상을 잃었다. 1848년 7월 날씨가 냉랭해지면서 비가 자주 내렸다. 다시 감자잎마름병이 발생했다. 5년 동안 연속해서 발생한 감자잎마름병은 아일랜드를 초토화했다.

　　아일랜드의 대기근은 처참했다. 사람들은 굶고 병에 걸려서 죽어갔다. 기근으로 체력이 바닥이 난 상태에서 식량 감산이 떼죽음을 가져온 것이다. 영양실조는 치명적인 질병들을 불러와서 발진티푸스와 재귀열再歸熱이 창궐했다. 일가족이 모두 죽어서 장례조차 치를 수 없는 가족이 허다

8　얀 클라게 저, 이상기 역, 『날씨가 역사를 만든다』, 황소자리, 2004.

아일랜드를 떠나는 이민자들. 헨리 도일Henry Doyle 의 판화. 출처: Mary Frances Cusack, *An Illustrated History of Ireland from AD 400 to 1800.*

했고, 마을 전체가 송두리째 폐허로 변한 곳도 많았다. 시골은 점점 비어갔다. 토지가 폐허화된 전쟁터같이 변했다. 끊임없이 내리는 비에 수백만 명의 사람들이 죽어 나갔다. 전쟁이 아닌 최악의 기후 조건과 그때까지 알려지지 않은 병균이 나라를 파멸로 몰고 갔고 역사를 바꾼 것이다. 아일랜드의 비극이 처참했던 것은 당시 지배국이었던 영국이 전혀 도움을 주지 않았던 데도 있었다. 영국 정부가 크림 전쟁에는 7,000만 파운드의 돈을 펑펑 썼지만, 죽어가는 아일랜드를 돕는 데는 1,000만 파운드 이상 쓰지 않았다. 철도 관련 주식투기로 인해 영국의 국가 재정이 위기에 빠지자 영국 정부는 재정 적자를 이유로 아일랜드에 대한 구제자금 방출을 중단했다. 아일랜드에서는 죽은 시체를 매장할 힘을 가진 사람도 없었는데도 말이다. 시체들이 길거리에 나뒹굴고 사람들이 구빈원 문 앞에서 죽어 나갔다. 지주가 죽음에 몰린 소작인에 의해 암살되기도 했다. 폭력 사태가 일어나자 영국은 구호보다는 군대를 투입해 폭력을 진압했다. 1847년 말경에는 1만 5,000명의 영국 군인들이 기아와 열병으로 초죽음이 된 나라에 주둔했다.

이젠 살려면 아일랜드를 탈출하는 길밖에 없었다. 사람들은 모든 것을 버리고 불행과 전염병으로부터 벗어나려고 미국으로 떠났다. 미국을 향해 대규모로 이민을 떠난 것은 1847년 최악의 기근이 가장 중요

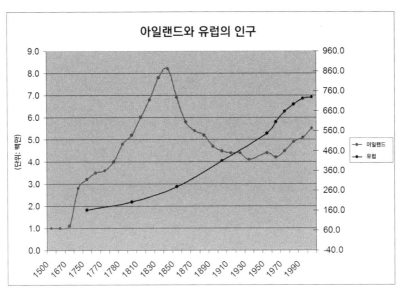

아일랜드와 유럽의 인구

유럽과 아일랜드의 인구 그래프. 1750년과 비교하여 1845~1849년 대기근 시기 인구가 급감한 것을 알 수 있다.

한 계기가 되었다. 1841년부터 1852년까지 10년 동안 굶어 죽든지 이민을 떠남으로 인해 아일랜드 인구는 820만 명에서 650만 명으로 감소했다. 1845년부터 1855년 사이에는 200만 명 이상이 이민을 떠났다.

살기 위해 미국행 배에 몸을 실었던 아일랜드인들은 미국에서 성공적으로 정착했다. 놀랍게도 현재 미국에 사는 아일랜드인이 아일랜드 본토보다 3배나 많을 정도다. 대기근 이민의 4대 후손인 케네디가 미국의 제35대 대통령으로 당선될 정도로 미국 사회의 주력이 되었다. 아일랜드 이민자들은 자신의 뿌리를 잊지 않기 위해 '성 패트릭의 날' 퍼레이드와 함께 대형 행사를 연다. 행사에 참여하는 사람의 수는 계속 늘어나고 있고, 상업적인 부대 행사는 계속 화려해지고 있다. 아일랜드 국가의 상징색이 초록색이기 때문에 오늘날까지도 이날에는 모든 것이 초록색으로 장식된다. 목도리, 셔츠, 바지, 모자 심지어 맥주까지도. 그래서 사람들은 이 날을 '그린 비어 데이Green Beer Day'라고 부른다.

미국에서 성공적으로 정착했음에도 불구하고 아일랜드인들은 후손들에게 "힘이 없으면 비참하다"는 말을 대대로 전한다. 아일랜드인은 여전히 기억한다. 끊임없이 비가 내리고, 땅 속의 감자가 썩어가고, 아일랜드 사람들이 기근과 전염병으로 죽어가고 있을 때, 식량과 가축을 잔뜩 실은 배들이 아일랜드 항구에서 그들을 지배하던 영국으로 떠나갔다는 사실을….

날씨가 만든 멕시코 역사 🌸

슬픈 역사를 가진 민족일수록 가난한 서민일수록 위대한 영웅을 만들어 낸다. 그들의 아픈 현재를 달래 줄 꿈과 희망과 미래는 바로 영웅에 있기 때문이다. 수없는 정변 속에 고통을 당했던 중국 민중에게 관우關羽는 희망이었다. 무용의 신으로, 충성의 화신으로, 서민의 아픔을 돌보는 덕 있는 인물로 신격화되었다. 수없이 외침에 시달려 온 우리네는 어떤가? 이순신이, 강감찬이, 을지문덕이 영웅의 아이콘으로 자리 잡았다.

  라틴아메리카는 오랜 세월동안 서구의 침략과 지배를 당했다. 노예의 삶으로 많은 것을 빼앗기고 사람다운 삶을 살지 못했다. 그러다 보니 아메리카 민중의 진정한 해방을 위해 투쟁해온 수많은 혁명가가 나왔다. 쿠바의 호세 마르티José Martí, 페루의 호세 카를로스 마리아테기José Carlos Mariátegui, 니카라과의 아우구스토 산디노Augusto Sandino, 아르헨티나 출신의 체 게바라Ché Guevara 등이다, 그들은 라틴아메리카 민중의 희망이었고 꿈이었으며 위대한 영웅이었다. 멕시코도 슬픈 역사를 가지고 있다. 스페인의 압정에 시달리다 독립했지만, 스페인 지배

에밀리아노 사파타   미겔 이달고

자 못지않게 멕시코의 독재자들은 민중을 수탈했다. 그러기에 멕시코인에게 자유를 위해 투쟁을 벌였던 에밀리아노 사파타Emiliano Zapata는 영웅이었다. 아니 그들의 마음속에 살아 있는 신이다. 북미자유무역협정(NAFTA) 발효에 맞추어 멕시코 동남부 라칸돈Lacandon 밀림에서 봉기한 사람들이 있다. 그들은 스스로를 '사파티스타 민족해방군Ejército Zapatista de Liberación Nacional: EZLN'이라 불렀다. 바로 사파타의 이름을 딴 것이다. 그런데 멕시코 역사에서 사파타에 못지않게 영웅으로 대접받는 사람이 있다. 스페인의 지배로부터 본격적인 독립전쟁을 일으킨 사람이다. 바로 미겔 이달고Miguel Hidalgo이다.

　멕시코시티Mexico City에서 북서쪽으로 100마일 가량 떨어진 곳에 돌로레스Dolores란 마을이 있다. 루소의 영향을 받은 돌로레스 교구의 신부 미겔 이달고는 농부들에게 스페인계 지주 및 귀족정치에 저항할 것을 설교했다. 스페인에 대항하여 독립전쟁을 해야 한다는 그의 메시지가 반역으로 낙인 찍히면서 이달고는 사로잡힐 위기에 처했다. 그는 1810년 9월 16일 새벽에 미사를 올린 후 주민들에게 무기를 들고 독립전쟁을 해야 한다고 호소했다. 마을 사람들은 열광적으로 동참했다. 스페인으로부터의 독립을 호소하는 그의 연설은 이웃마을 사람들도 열광적으로 받아들였다. 이들은 무기로 무장하고 감옥을 파괴한 후 죄수들을 석방시켜 혁명군에 편입시켰다. 그들이 진격하는 곳마다 멕시코 민중이 자발적으로 동참했다. 민중은 먹을 것과 옷과 물을 공급했다. 병력은 수천 명에서 10만 명으로 늘어났다. 이달고가 이끄는 혁명군은 스페인 왕정 군대를 무너뜨리고 멕시코시티를 점령하는 전과를 거둔다. 대개 농민들이 반란을 일으키면 얼마 지나지 않아 진압된다. 초반에는 엄청난 인원과 사기로 정부군을 제압한다. 그러나 시간이 지나면 무기나 화력 및 훈련의 차이가 드러나면서 진압 당하게 된다. 한동안 기세를 올렸던 혁명군은 10월 30일에 멕시코시티에서 중무장한 스페인군에 대패했다. 도망치던 이달고는 미국-멕시코 국경에서 스페인군에 붙잡혀 재판을 거쳐 1811년 7월 30일에 처형되었다.

약 1년 동안 계속된 혁명전쟁은 실패했지만 이 사건은 멕시코 민중을 깨웠다. 그런데 말이다. 어떻게 30명밖에 되지 않는 사람이 순식간에 10만 명으로 불어날 수 있었을까? 여기에는 두 가지 원인이 있었다. 먼저 정치적인 면을 살펴보면, 1800년대 초반 유럽은 나폴레옹 전쟁에 휩싸여 있었다. 1808년 3월 나폴레옹이 스페인을 침공하여 항복을 받았다. 자연히 스페인이 지배하고 있던 아메리카의 식민지도 프랑스의 손아귀에 들어가게 되었다. 문제는 프랑스가 전쟁을 치르느라 라틴아메리카에 신경을 쓸 겨를이 없었다는데 있다. 그러자 지금까지 억눌려 있던 라틴아메리카에 독립의 물결이 일렁거렸다. 라틴아메리카의 많은 지역에서 독립전쟁이 벌어졌다. 파나마Panama 이남 지역에서는 호세 데 산마르틴José de San Martín과 시몬 볼리바르Simón Bolívar가 스페인의 압제로부터 벗어나기 위해 투쟁했고, 멕시코에서는 미겔 이달고 신부 등이 독립전쟁에 나선 것이다.

두 번째로 기후변화도 중요한 원인이었다. 독립전쟁이 벌어지기 3년 전부터 멕시코에는 가뭄이 들었다. 관개시설이 없는 멕시코의 고지대에서는 1년에 한 작물밖에 재배하지 못한다. 작황은 여름의 우기에 달려 있는데, 두 해 동안 비가 오지 않아 계속 흉작에 시달리던 이 나라에 1810년에 발생한 엘니뇨El Niño는 청천벽력이었다. 1810년은 3년 동안 계속된 가뭄이 정점에 달한 해로 많은 사람들이 굶어 죽어갔다. 1810년 한 아시엔다Hacienda⁹의 관리인은 주인에게 보낸 편지에서 이렇게 말하고 있다. "오늘날 가난한 사람들은 너무나 궁핍해 먹을 것 하나 찾을 수 없는 것 같습니다. 그러한 마을에서 온 인디오들은 벌건 대낮에도 소를 약탈하고 있습니다."

또 다른 기록에서는 이렇게 말한다. "이러한 습격에서 특징적인 것은 이들 인디오들이 다른 귀중품들을 훔칠 수도 있는데 곡물, 콩 등밖에는 관심이 없다는 것입니다. 이것은 강탈이나 그에 따른 처벌이 문제가 아니라 굶주림이 문제라는 것을 보여줍니다."

멕시코 혁명이 일어난 잠재적인 이유는 장기간에 걸친 농민들의 경제적 빈곤에서 찾을 수 있다. 그러나 그것이 발생한때는 기후에 의해 방아쇠가 당겨진 때였다. 굶어 죽나 싸우다 죽나 마찬가지라면 사람들은 들

---

9 라틴아메리카의 대토지 소유제도. 대토지 소유자의 농장이나 목장을 가리키는 경우도 많다. 수탈한 원주민의 토지나 미개척지를 소수인에게 나누어주어 발생한 스페인 식민지시대의 유산(遺産)이다. 자급자족경제를 지향하고 노동력은 주로 채무노예에 의하는 등 반봉건적·전근대적 성격이 강하다.

고 일어난다. 역사가들은 먹을 것이 풍부했다면 멕시코 민중이 단지 독립이라는 이름만으로 짧은 시간에 그렇게 많은 모이지는 않았을 것이라고 말한다. 기후변화로 인한 식량 감산이 가장 큰 원인이었다는 것이다.

이달고는 처형되었지만 그의 정신을 계승한 호세 마리아 모렐로스José María Morelos에 의해 독립 전쟁은 다시 시작되었다. 그 역시 1815년에 스페인군에 체포되어 처형되었다. 하지만, 멕시코인은 두 지도자의 처형에도 불구하고 싸움을 계속했다. 결국 1821년 멕시코는 코르도바 조약을 통해 독립을 쟁취한다. 독립은 이루었지만 그 이후 계속된 정권의 불안정과 독재정권으로 멕시코 민중은 기본적인 삶을 보장받지 못했다. 19세기 중반 멕시코 국민의 96퍼센트가 단 한 평의 땅도 소유하지 못했다. 상류층과 외국자본가들이 대부분의 토지를 장악했기 때문이다. 국민 중 60퍼센트가 빌린 돈을 상환할 수 없어 대신 아시엔다에서 일하는 이른바 '채무 노예'였다. 독립국가에서 오히려 노예생활을 하게 된 멕시코인의 비참했던 역사는 많은 것을 생각하게 해준다. 이들의 독립과 민주에 대한 열정은 위대한 혁명가 판초 비야Pancho Villa(1878~1923)를 만들어낸다.

독립 이후 20세기 초까지 멕시코는 독재자들의 압정에 신음했다. 특히 20세기에 들어 포르피리오 디아스Porfirio Diaz 정권의 독재로 국민은 고통받았다. 디아스 대통령은 대지주와 외국 자본의 앞잡이가 되어 철권정치를 휘둘렀다. 국민은 노예와 다름없는 생활을 하고 있었다. 기본적인 생활조차 힘든 국민을 수탈하기 위해 군대와 경찰을 동원하여 무자비하게 세금을 걷어 들이고 반대하는 사람은 처참하게 죽였다. 더 이상 참을 수 없었던 멕시코 민중은 1909년 프란시스코 마데로Francisco Madero를 중심으로 혁명을 일으켰다. 당시 북부 산악지역에서 게릴라 활동을 벌이던 판초 비야도 혁명에 참여하면서 중앙무대로 데뷔하게 된다.

멕시코 혁명 지도자 판초 비야.

판초 비야는 누이동생이 대농장 지주에게 강간을 당하자 지주를 죽인 뒤 북부 산악지대로 도망쳤다. 그는 이곳에서 산적들의 두목으로 도적질을 했지만 가난한 백성들의 물건은 절대로 빼앗거나 훔치지 않았다. 악한 부자나 지주들로부터 훔친 돈과 물건을 굶주리는 가난한 사람들에게 나누어주었다. 그는 이내 멕시코의 영웅으로 떠올랐다. 그의 국민을 사랑하는 마음과 검소함, 부하들을 이끄는 카리스마는 백성들의 신망을 얻었고, 그의 부대에는 자원자가 줄을 이었다. 1910년 그는 자신의 게릴라부대를 이끌고 혁명에 가담해 연이은 승리를 거두면서 혁혁한 전공을 세웠다. 100만 명의 희생자가 나왔지만 멕시코 혁명은 성공했다. 그는 민간인으로 돌아와 토지를 농민에게 분배하는 등 경제정의 실현과 경제 살리기에 주력했다. 그러나 정권을 가지고 파벌 간에 세력 다툼이 벌어지면서 그도 다시 전쟁터로 나갈 수밖에 없었다.

몇 년에 걸친 전쟁 끝에 그가 이끌던 군대가 카란사Carranza 장군에게 패하면서 그는 멕시코 북부의 치와와로 돌아갔다. 내전에서 미국이 카란사를 도와주었던 것에 앙심을 품었던 판초 비야는 1916년 3월 9일 1500명의 병력을 이끌고 미국 영토인 뉴멕시코의 콜럼버스를 공격했다. 이 공격으로 미국 군인들과 민간인 17명이 죽었다. 멕시코 독립전쟁의 불똥이 미국과 멕시코 전쟁을 부른 것이다.

"윌슨 대통령의 평화주의 원칙은 안 된다. 미국이 멕시코 산적에게 영토 침범을 당하고 국민이 죽었는데 가만히 있겠다는 말이냐?"

멕시코의 공격으로 미국이 들끓었다. 미국의 우드로 윌슨^{Woodrow Wilson} 대통령은 구겨진 자존심을 회복할 수 있는 무언가를 보여주어야만 했다. "나는 그 누구도 미국을 공격하면 반드시 몇 배의 보복을 받는다는 것을 보여주겠다." 그는 즉시 존 J. 퍼싱^{John J. Pershing} 장군의 지휘 아래 1만 명의 병력을 멕시코로 파견했다. 물론 멕시코의 카란사 정권의 절대적인 협조가 있었다. 판초 비야는 이제 독안에 든 쥐었다. 막강한 미군의 공격에 멕시코 카란사 군대의 협공이 벌어질 것이기 때문이다.

미군 병사들은 최신식 무기로 무장했고, 무선통신을 이용했으며, 공중 정찰 지원도 받았다. 보급과 병참지원도 최상이었다. 이제 멕시코에 도착만 하면 판초 비야와 그 군대는 항복할 수밖에 없으리라고 여겼다. 많은 미국 기자들이 승리의 순간을 취재하기 위해 미군을 따라 전쟁터로 나갔다. 출정하는 미군 병사들은 마치 축제를 벌이러 가는 사람들 같았다.

그러나 미국군은 멕시코 북부 황야지대에 도착해 작전을 시작하면서 무언가 잘못되었다는 것을 깨닫게 되었다. 미군은 초반 몇 달 동안 멕시코 북부의 황야지대를 이 잡듯 샅샅이 뒤졌다. 그러나 판초 비야의 행적을 알아낼 수가 없었다. 정보를 제공하는 사람에게는 엄청난 현상금을 주겠다고 했으나 멕시코인 단 한 사람도 정확한 정보를 제공하지 않았다. 오히려 거짓 정보를 주는 바람에 미군은 비행기까지 동원해가며 출동했지만 계속 허탕이었다. 판초 비야가 이끄는 게릴라들은 '히트 앤드 런' 전략을 적절히 구사했다. 소규모의 부대로 미군을 공격한 다음 바람같이 도망쳐 숨어버렸다. 이들은 미군보다 항상 한 발 앞서 있었다.

몇 달이 지나도 아무런 성과가 없자 미국 언론들이 미군의 무능을 욕하기 시작했다. 어쩔 수 없었던 미군은 여름에 가서는 무려 병력을 12만 3,000명까지 증강했다. 황야지대와 산악, 작은 사막지역들은 한여름에 군사작전을 벌이기에는 악조건이었다. 미군 병사들은 판초 비야를 뒤쫓다가 진이 빠져 버렸다. 낮에는 섭씨 40도까지 올라가는 무더위에 밤에는 10도 이하로 떨어지는 심한 일교차에 체력이 바닥나면서 환자들이 속출했다. 거기에다가 모기떼가 극성을 부리면서 말라리아 환자가 수도 없이 발생했다. 판초 비야가 멕시코 군대와의 전투에서 총상을 당해 산속 토굴에서 상처를 회복하고 있을 때 퍼싱은 녹초가 된 미국 군대를 이끌고 산악 지대를 이리저리 누볐다. 그러나 아무런 성과는 없었다. 시간이 갈수록 전력손실이 눈덩이처럼 불어났다. 겨울에 접어들 때까지 쫓고 쫓기는 게임은 계속되었으나 아무런 성과를 올리지 못한 미군은 언론으로부터 매일 뭇매를 맞고 있었다.

더 이상의 작전 수행은 코미디밖에 되지 않을 것으로 판단한 군 수뇌부는 윌슨 대통령에게 철수를 건의했다. 결국 1917년 1월 윌슨 대통령은 퍼싱 장군에게 퇴각 명령을 내렸다. 미군이 퇴각하자 판초 비야는 길목 곳곳에서 기습을 했다. 퇴각하는 미군은 비행기까지 동원하여 후방을 막아야 했다. 미군 토벌대가 오히려 응징을 당한 것이다. 미국의 굴욕이었다.

"생각해보라. 미국 정부는 나를 잡으려고 13만 명의 병력과 1억 3,000만 달러를 들였다. 나는 미군을 험준한 산악 지대로 끌어들였다. 그들은 80킬로미터를 가도 물 한 모금 마시지 못할 때도 있었다. 미군은 태양과 모기 맛만 실컷 보았다. … 아무것도 얻지 못한 채." (판초 비야)

"미군은 멕시코 국민 전체와 전쟁을 벌였다. 거기에다가 멕시코 북부 지역의 황야와 산악기상은 예상 이상의 위력을 가지고 있었다. 미국은 건국 이후 가장 치욕스러운 전쟁을 벌였다." (미군 종군기자 기록)

이처럼 미군은 멕시코의 지형과 날씨, 그리고 멕시코 국민에게 패하고 말았다.

11세기 영국의 의적 로빈 후드는 의적들을 지휘해 포악한 관리와 욕심 많은 귀족이나 성직자들을 응징하고 재산을 빼앗아 가난한 사람들을 도왔다. 임꺽정은 조선조 때 산적들을 이끌고 관아를 습격하고 부자의 집을 털어 흉년으로 굶어 죽어가는 백성에게 곡식을 나누어 주었다. 모택동이 절대적인 군사력의 열세에도 불구하고 중국통일을 이룬 것은 민중의 전폭적인 지지 때문이었다. 스위스의 빌헬름 텔Wilhelm Tell이나 우리나라의 홍길동, 쿠바의 체 게바라 등이 신출귀몰하며 전투를 벌일 수 있었던 것도 마찬가지 이유 때문이다.

역사적으로 보면 민중은 항상 수탈의 대상이었고 노예의 취급을 받아왔다. 이들에게 공산주의나 민주주의의 이데올로기는 중요하지 않다. 누가 진정한 그들의 편인가가 중요하다. 판초 비야의 미국전쟁과 앞의 사례들은 지도자와 정부, 권력의 자세가 어떠해야하는 것인지를 잘 보여주고 있다. 국가의 힘, 군대의 힘은 국민에게서 나온다. 리더들이 이런 진리를 가슴에 새겨야 할 것이다.

흑인이 백인을 이긴 아드와 전투

"그 넓은 아프리카에 독립국은 단 두 나라밖에 없었다."

《타임》지의 표지 제목처럼 19세기 말 세계에서 두 번째로 넓은 대륙인 아프리카에 독립 국가는 두 나라 뿐이었다. 아프리카는 벨기에, 프랑스, 독일, 이탈리아, 포르투갈, 스페인, 영국 등이 나누어 차지하고 있었다. 아프리카에는 아홉 개의 국가밖에 없었는데 독립국은 라이베리아Liberia와 에티오피아Ethiopia뿐이었다. 그나마 라이베리아는 미국의 남부지방에서 해방된 노예들이 미국 정부의 도움으로 이주해 나라를 건국했다. 따라서 '오랜 역사를 가진 자주 독립국'이라고 할 만한 나라는 에티오피아 하나뿐이었다.

에티오피아도 식민 지배를 받을 위기에 놓인 적이 있었다. 이집트와 이탈리아가 줄곧 침을 흘리고 있었기 때문이다. 그러나 에티오피아의 역사에서 식민지배의 역사가 없게 된 것은 바로 메넬리크 2세 Menelik Ⅱ (1844~1913)[11]의 뛰어난 통치력 때문이다. 메넬리크 2세가 태어나던 당시 에티오피아를 통치하던 사람은 테오드로스 2세Tewodros

Ⅱ(1818~1868)였다. 1855년부터 1868년까지 에티오피아를 다스린 그는 에티오피아 최초의 근대적 통치자라고 불린다. 그는 여러 나라로 분열되어 있던 에티오피아를 군사적으로 제압하고 통일한 후 황제 자리에 오르면서, 지방의 행정단위를 세분화하고 지방관을 직접 임명해 통치력을 극대화하는 정책을 추진했다. 그가 추진했던 정책 중에 영국으로부터 무기제작자들을 초빙하여 근대적인

메넬리크 2세

군대를 만드는 일도 있었다. 그러나 영국과의 관계가 악화되면서 문제가 생기자 테오드로스는 자신을 암살하려 했다는 혐의를 뒤집어씌워 영국인 선교사와 사절들을 감옥에 가두었다. 영국 정부는 억울하게 갇힌 자국민을 구한다는 이유로 에티오피아에 군대를 파견했다. 당시 그의 통치에 반발하던 지방귀족과 연합한 영국군의 공격을 받은 테오도로스는 자살한다.

이런 혼란의 시기에 에티오피아 내에 위치한 반독립 왕국인 셰와 Shewa에서 1844년에 살레 미리암Sahle Miriam이라는 이름의 한 아기가 태어났다. 열한 살 때 테오드로스의 공격을 받아 아버지가 전사한 후, 살레 미리암은 포로로 끌려갔다. 그는 포로 생활 동안 테오드로스가 사

---

10 에티오피아의 황제(재위 1889~1910). 부족 간의 대립으로 분열되었던 에티오피아를 통일하고 이탈리아의 침략을 물리쳐 독립을 확보했다. 독립국으로서의 국제적 지위를 확립하고 근대국가로서의 기초를 구축했다.

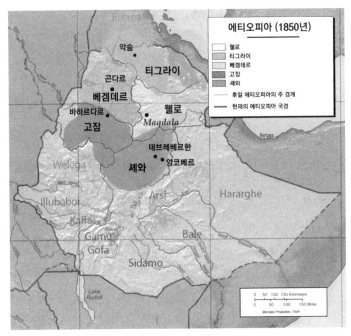

1850년, 에티오피아.

용했던 전략도 배우게 되었지만 그의 급진적인 개혁과 국민을 자기편
으로 만들지 못해 위기에 몰리는 것을 똑똑히 보았다. 마침내 살레는
1865년 포로생활에서 탈출해 자기의 고향인 셰와로 돌아온다. 당시 셰
와에서는 테오드로스에 맞선 반란이 끊이지 않는 상태였다. 돌아온 살
레는 테오도로스의 부하인 베제베Bezabeh를 몰아내고 셰와의 왕위에
올랐다. 살레는 자기 이름을 메넬리크 2세라고 부른다. 여기에는 깊은
뜻이 있다.

"시바 여왕이 솔로몬의 명성을 듣고 어려운 질문으로 솔로몬을 시험하
고자 예루살렘에 이르니, 매우 많은 시종들을 거느리고 향품과 많은 금
과 보석을 낙타에 실었더라. 그가 솔로몬에게 나아가 자기 마음에 있는

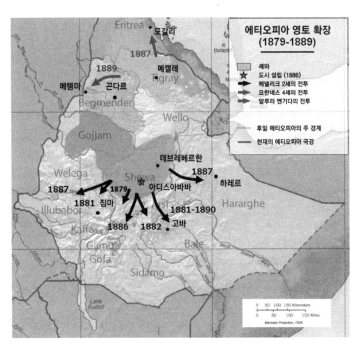

요한네스 4세 사망 시기까지 에티오피아의 영토 확장.

것을 다 말하매, 솔로몬이 그가 묻는 말에 다 대답하였으니 몰라서 대답하지 못한 것이 없었더라. 시바 여왕이 솔로몬의 지혜와 그가 건축한 궁과 그의 상의 음식물과 그의 신하들의 좌석과 그의 신하들이 도열한 것과 그들의 공복과 술, 관원들과 그들의 공복과 여호와의 전에 올라가는 층계를 보고 정신이 황홀하여 왕께 말하되 '내가 내 나라에서 당신의 행위와 당신의 지혜에 대하여 들은 소문이 진실하도다.'"

(역대기 하 9:1~5)

에티오피아의 왕들은 자신의 혈통에 정통성을 부여하기 위해 인상적인 족보를 만들었다. 자신들의 조상은 악숨^Aksum 최고의 왕 메넬리크^Menelik인데, 메넬리크는 바로 솔로몬 왕과 시바의 여왕 사이에서 태어난 아들이라는 것이다. 전설에 따르면 BC 1000년 메넬리크 1세가 북에티오피아(악숨)로 이주하여 황제가 된 것이 에티오피아의 기원이라고 한다. 그렇다면 역사에 기록된 악숨 왕국의 메넬리크 1세는 에티오피아의 국조가 되는 셈이다. 메넬리크 1세는 솔로몬과 시바 여왕 사이에서 태어났다는 전설의 인물이자 에티오피아의 초대 황제다. 즉 살레가 메넬리크라는 이름을 선택했던 것은 자기가 에티오피아의 적통임을 대내외에 과시한 것이다.

3년 뒤 영국군과 반란군의 협공으로 궁지에 몰린 테오드로스가 자결하면서 에티오피아는 혼란에 빠졌다. 1872년에 즉위한 요한네스 4세 Yohannes Ⅳ도 메넬리크 2세처럼 지방 제후 출신이었다. 그는 우수한 무기를 가진 병력으로 지방을 평정하고 에티오피아 황제 자리에 올랐다. 요한네스 4세는 에티오피아를 침공해 온 이집트를 1875년과 1876년에 연달아 격퇴하며 승리를 거두면서 지위를 공고히 했다.

그러나 요한네스 4세도 해결 못하는 골칫덩이가 있었다. 바로 메넬리크 2세였다. 요한네스는 자신을 황제로 인정하지 않는 메넬리크에게 전쟁을 선포해 1878년에 승리를 거두었다. 그리고 메넬리크를 확실히 자기편으로 끌어들이기 위해 자신의 아들과 메넬리크의 딸을 결혼시키고, 메넬리크를 후계자로 삼기로 약속했다. 그러나 황제가 자기에게 황위를 물려주지 않을 것으로 생각한 메넬리크는 이탈리아로부터 무기를 지원받기 위한 협정을 체결했고, 메넬리크가 외국과 손을 잡았다는 보고를 받은 요한네스는 메넬리크를 멀리하게 되었다. 이런 시기에 에티오피아에는 극심한 대가뭄이 닥쳤다.

엘니뇨는 가뭄·한파·홍수·폭설 등 세계 곳곳에서 기상 이변을 불러일으킨다. 역사적으로 가장 심했던 엘니뇨는 1876~1879년, 1888~1891년, 1896~1902년에 걸쳐 발생했다. 엘니뇨는 인도, 중국,

브라질, 아프리카 등의 지역에 극심한 가뭄을 가져왔다. 이 기아로 약 3,000만 명에서 5,000만 명에 달하는 사람들이 굶어 죽었다. 두 번째의 엘니뇨 시기였던 1888년에 에티오피아 인구 3분의 1이 대기근으로 죽었다. 이 사건은 오늘날까지도 키푸 칸, 즉 '재앙의 날들'로 전해져 온다. 당시 에티오피아인의 삶은 중세 이후 거의 변함이 없었다. 시장경제도 없었고, 땅은 봉건 영주들 소유였으며, 대다수 백성은 1세기 동안 전쟁이 계속되면서 가난에 시달리고 있었다. 에티오피아 경제는 주로 강수에 의존한 농업에 의존하고 있었다. 1888년 우기에 비가 오지 않으면서 연말이 되자 모든 작물이 햇볕에 바싹 말라붙었다. 대기근이 닥치면서 곡물 가격이 100배나 폭등했다. 돈이 없는 서민들과 농민들은 그저 하늘만 바라보며 죽어갔다. 엎친 데 덮친 격이라고 할까? 에티오피아 인근지역인 이탈리아 식민지에서 소떼를 수입했는데, 이때 우역이 함께 따라 들어온 것이다. 강한 전염성을 가진 이 바이러스는 낭충증 및 디스템퍼로 소에게 가장 전염성이 강한 질병이었다. 이 전염병은 에티오피아로 급속히 번져나가 에티오피아 가축의 90퍼센트가 몰살했다. 들소와 영양의 10분의 1 정도가 죽었다. 물 부족이 심각했지만 우역으로 밭을 갈 소조차 거의 남지 않았다. 괭이를 들 만한 힘이 남아 있는 사람도 거의 없었다. 에티오피아에게는 하늘이 내린 재앙이자 저주였다. 그러나 최악의 날씨를 기회로 활용한 사람이 있었다. 바로 메넬리크 2세였다. 그는 적극적으로 외국의 도움을 받아 자기 민족의 피해를 최소화했다. 전사로 싸울 만한 사람들이 굶어 죽어가면서 힘이 약해진 반 유목민족들을 차례로 점령해 나갔다. 얼마 지나지 않아 현재의 에티오피아 국경선에 달하는 거대한 면적을 지배하게 된다. 대기근이 다른 민족에게는 재앙이었지만 셰와 부족에게는 천재일우의 기회였던 것이다. 1889년에 요한네스 4세가 수단과의 전쟁에서 전사하자 메넬

리크는 요한네스의 아들을 물리치고 1889년 8월에 에티오피아의 황제
로 즉위했다.

메넬리크 2세가 황제에 오르면서 에티오피아는 강국으로 부상한다.
그는 엘니뇨로 인한 대가뭄에 시달리던 에티오피아 민중을 대대적으
로 보살피기 시작했다. 부자들과 귀족들이 가난한 서민들을 돌보도록
했다. 근대적인 교육을 추진했으며 전화망과 전보망 등을 개설하는 한
편 철도를 놓는 등 근대국가 에티오피아의 기초를 다졌다. 에티오피아
의 영토를 거의 오늘날의 수준까지 넓히고 근대화 개혁을 추진했다. 하
늘은 스스로 돕는 자를 돕는다던가? 1892년 중반에 라니냐$^{La Niña}$로 바
뀌면서 여름에 비도 충분히 내리고 5년 만에 처음으로 식량생산도 풍
년이 들었다. 경제적으로도 회복의 길에 들어서게 된 것이다. 역설적이
게도 대기근은 에티오피아 역사에서 전환점을 가져왔다. 백성들로서
는 끔찍한 대가를 치러야만 했지만 그것은 메넬리크의 위치를 공고히
해주었다. 그러나 이런 에티오피아에 또 다른 어려움이 다가온다. 이탈
리아가 에티오피아를 식민지로 삼기로 결정했기 때문이다.

1880년 이후 몇 년 동안을 '아프리카 쟁탈전$^{Scramble for Africa}$'이라고
부른다. 식민지 쟁탈전에 늦게 뛰어든 이탈리아는 모양이 흡사 코뿔소
의 뿔을 닮았다고 해서 '아프리카의 뿔$^{Horn of Africa}$'이라고 불리는 동북
부 지역을 점찍었다. 오늘날 에리트레아^{Eritrea}와 지부티^{Djibouti}, 에티오
피아, 소말리아^{Somalia}가 위치한 지역이다.

"기근으로 버려진 땅이므로 우리가 보호하겠다." 그럴듯한 핑계를
대고 이탈리아가 행동에 나섰다. 이탈리아는 가뭄으로 황폐화된 에리
트레아를 점령한 후 에티오피아의 나머지 지역은 보호령으로 선포했
다. 그러나 에티오피아는 식민지 쟁탈전으로 얼룩진 아프리카에서 예
외적으로 굳게 독립을 지켜 낸 나라였다. 이제 전쟁은 피할 수 없었다.

"에티오피아는 그 누구도 필요로 하지 않는다. 우리 조국은 하나님에게만 손을 뻗는다." 에티오피아의 황제 메넬리크 2세는 이탈리아와의 전쟁을 선언했다. 그러나 기근으로 인구의 3분의 1이 죽었다. 가축도 없었고, 식량과 물 부족은 심각했다. 메넬리크가 자랑하던 기병대의 말들도 가축 전염병으로 다 죽었다. 대부대를 이동시킬 수송수단도 없었고, 보급품은 턱없이 부족했다. 대포나 소총등도 거의 없었다. 여기에서 메넬리크 2세는 창의적인 전략을 구사한다. 뛰어난 외교적 수단으로 프랑스에게서 무기를 공급받았다. 수많은 부족으로 이루어져 갈등이 있었던 원주민을 규합했다. 고통과 환난 속에 있는 에티오피아인에게 희망을 주었다. 적은 식량이나마 공평하게 분배했다. 모든 에티오피아인이 하나가 되어 자발적으로 이탈리아와의 전쟁에 나서게 만든 것이다. 거기에 지형과 날씨를 철저히 이용했다.

"에티오피아의 메넬리크 2세를 곧 생포해 개선하겠다"라고 선언한 이탈리아 사령관 오레스테 바라티에리Oreste Baratieri (1841~1901) 장군은 에티오피아로 진군했다. 대포와 최신 소총으로 무장한 약 2만 5,000명의 이탈리아 군이 국경을 넘었다. 바라티에리 장군은 진군만 하면 에티오피아가 항복하리라 생각했다. 정예 병력의 숫자나, 화력이나, 사기나, 보급에서 상대가 안 된다고 생각했기 때문이다. 그러나 그것은 오산이었다. 비록 훈련받지 못한 오합지졸이었고 변변한 무기조차 없었지만 조국을 지키겠다는 정신력에서 이탈리아군을 압도했다. 에티오피아는 고원지대라는 지형적 특성이 있다. 고원지대는 평균고도가 2,400~3,700미터에 이른다. 예상치도 못했던 고지대의 호흡곤란이 이탈리아군을 괴롭혔다. 거기에 '악마에 의해 조합된 약'이라고 불리는 고원지대 특유의 모래먼지는 숨쉬기조차 어렵게 했다. 가뭄으로 물을 구하기조차 어려웠다. 원주민들에게 습격 받아 보급품 공급도 어려웠

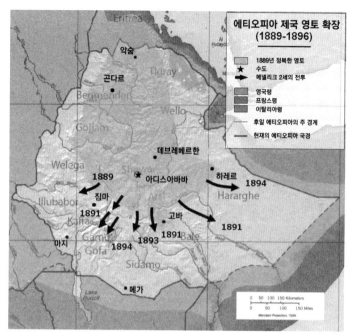

이탈리아와 전쟁 발발 때까지의 영토 확장.

다. 지형과 날씨가 이탈리아 군의 전투력을 약화시켰다.

　이탈리아군을 앞에서 이끌던 원주민 출신 별동대가 첫 전투에서 일격을 당하자 바라티에리 장군은 전략을 수정했다. 진군하기보다는 견고한 방어진을 펴고 에티오피아군이 공격해오면 섬멸하겠다는 것이다. 그러나 에티오피아군은 속지 않았다. 대치상태가 길어지자 보급의 어려움을 겪던 이탈리아는 전략을 수정했다. 에티오피아군이 진치고 있는 아드와Adwa를 선제공격하기로 한 것이다.

　1896년 2월 29일 밤, 이탈리아는 4개 여단으로 나누어 네 길로 은밀하게 전진했다. 우선 아드와 주변 고지를 장악한 다음 우세한 화력으로 승부를 결정짓겠다는 것이다. 에티오피아의 정보망은 이탈리아의 움직임을 메넬리크 2세에게 전했다. 에티오피아의 고원과 산악지형은 이탈리

이탈리아와의 전쟁 이후 영토 확장과 분계선 확정.

아군에게 사지死地나 다름없었다. 진격해가던 이탈리아군은 험준한 지형과 어둠 속에서 길을 잃고 헤매기 시작했다. 에티오피아군은 우왕좌왕하는 이탈리아군을 기습 공격했다. 분산된 이탈리아 병력을 집중 공격했다. 아침 9시경 에티오피아 황제 메넬리크는 자신의 근위대 2만 5,000명을 전쟁터에 투입해 승부를 걸었다. 10시가 넘어서자 이탈리아군 2개 여단이 전멸했다. 이탈리아 사령관은 후퇴를 명령했다. 이 전투에서 이탈리아는 5,000여 명 사망, 부상자 1,400여 명, 포로 2,500여 명에 이르는 참패를 당했다. 아드와 전투는 아프리카 나라가 유럽의 침략군과 싸워서 물리친 유일한 전투였다. 이후 메넬리크 2세는 국제사회에서 '아프리카의 사자'라 불렸다. 그리고 에티오피아는 자랑스럽게도 아프리카에서 독립을 유지한 단 하나뿐인 나라가 되었다.

아드와 전투에서 이탈리아가 패한 것은 오만과 편견의 결과였다. 그들은 에티오피아인을 단순한 야만인, 무기조차 없는 오합지졸로 얕잡아 보았다. 그러나 그런 약점들도 창의적인 리더를 만나면 강점이 된다. 빈곤 속에 살다가 성공한 사람을 보라. 그들은 자신의 한계를 정확히 안다. 가진 것을 최대한 활용해야만 하기에 무한히 창의적인 사고를 가지고 있다. 창의적인 리더들은 그들이 실제로 가지고 있는 것, 끌어낼 수 있는 잠재력, 창의적으로 활용할 수 있는 것을 찾아내 강점으로 바꾼다. 그들은 언제 방어해야 할지, 언제 기습해야 할지, 언제 역량을 총동원해 공격해야 할지를 안다. 병력이 많고 화력이 월등하고 보급이 잘 이루어지는 군대는 예측하기가 쉽다. 그들은 약점을 강점으로 바꾸거나 창의적인 전략 대신 장비에 의지한다. 그러니 정신력은 나태해질 수밖에 없다. 전쟁에서 승리를 가져오는 것은 무엇을 가지고 있느냐가 아니라 어떻게 사용하느냐다. 적보다 가진 것이 적다고 해서 절대 절망할 필요가 없다. 창의적인 전략으로 얼마든지 상황을 역전시킬 수 있다.

메넬리크 2세는 뛰어난 전략가라 불린다. 에티오피아군은 병력, 화력, 보급 등에서 이탈리아군에게 상대도 되지 않았다. 그는 자기 군대와 적의 군대의 구성, 화력의 유무와 강약, 전투 지역의 지형, 군대의 사기, 날씨 등 주어진 조건을 창의적으로 활용했다. 고정된 전략이 아닌 끊임없이 자기가 가진 것을 극대화하는 전략을 펼쳤다. 세계전쟁사에서 흑인이 백인에게 이긴 유일한 전쟁은 바로 그의 창의적인 전략의 우위에서 비롯된 것이다.

뉴칼레도니아의 천국과 지옥

"뉴칼레도니아로 허니문을 가야하는 이유는 첫째, 365일이 행복한 봄날의 천국이기 때문에. 둘째, 환상의 해변과 희귀동식물 등 때 묻지 않은 자연환경. 셋째는 다양한 레포츠 천국이며, 넷째 명품쇼핑의 천국이기 때문이다."

뉴칼레도니아 관광청의 광고 카피를 보면 이 섬이 사람들이 '웰빙'으로 살기에 가장 적합한 섬인 듯싶다. 원시 산호초에서의 다이빙에서 프랑스 요리까지, 훼손이 안 된 열대우림에서의 트레킹에서 클럽 메드에서의 밤의 파티까지 여행자에게는 환상적이다. 주민들은 태평양 지역에서 현지인 풍습을 유지하면서도 열린 마음과 유머 감각이 뛰어나다. 그런데 믿기지 않는 사실은, 이런 천국 같은 섬나라가 불과 몇 십년 전까지 피비린내 나는 내전을 치렀다는 것이다.

뉴칼레도니아New Caledonia는 태평양에 있는 4개의 큰 섬으로 이루어져 있다. 주변국인 바누아투Vanuatu나 솔로몬Solomons은 수십 개의 섬으로 이루어진 나라이지만 뉴칼레도니아는 그랑 테레Grand Terre, 로열티

뉴칼레도니아 지도.

제도Royalty Islands, 드 팡 섬Ile des Pins, 벨렙 섬Ile Belep과 일부 흩어져 있는 산호초와 작은 화산섬이 전부다. 총면적은 1만 8,575제곱킬로미터로 남한 면적의 약 1.6배 정도 된다. 인구는 총 20만 명으로 44퍼센트의 주민은 멜라네시아Melanesia인이며 34퍼센트는 유럽인이다. 뉴칼레도니아의 가장 큰 섬인 그랑 테레는 여러 개의 뚜렷한 기상특성을 가지고 있다. 안개 가득하고 깊고 비가 많이 오는 중부 산악지역과 야생의 동부 해안지역이 그것이다. 서부지역은 비의 그늘rain shadow[11]에 놓여 있고 바다 바람을 직접 받는 해안의 평지는 살기가 좋은 기후였으나 최근에 지나친 광업과 방목 산업으로 인해 최악의 손상을 입었다. 뉴칼레도니아를 덮고 있던 산림의 80퍼센트 가까이 공업과 방목으로 인해 훼손된 것이 대표적인 예이다. 그랑 테레의 중부 산악지역은 독특한 미기후micro climate[12]를 만들고 지형이 떨어져 있어 오래 전부터 식물과 동물이 살기에 적합한 곳이었다. 현재는 이 지역은 자연 보호구역으로 특별관리를 하고 있다. 섬 전체로 보면 열대지방의 가장자리에 놓여있고 온도 변화가 거의 없는 봄 기온을 연중 보인다. 온도가 가장 많이 변하는 시기는 11월 중순에서 4월 중순으로 따뜻하며 습하며 겨울인 7~8월은 봄 같은 기후가 나타난다.

---

11 지형적인 영향으로 비가 적게 오는 곳을 말한다. 풍상측의 비바람이 산맥을 넘어가면서 비를 뿌리고 산을 넘은 공기는 건조한 공기로 변해 비가 거의 오지 않는 지역이다.

12 조그만 지역에 형성되는 독특한 기후.

이런 지형과 기후를 가진 뉴칼레도니아는 5,000년 전에 동남아시아에서 이주해 서태평양 지역에 정착했던 오세아니아인의 후예로 알려져 있다. 이들은 농업, 카누 제작, 도자기를 가져와 그랑 테레와 드 팡 섬에 고분과 암벽화를 남겼다. 그 이후 현재의 폴리네시아인과 사모아인이 11~18세기에 추가로 이주해와 정착하기 시작했다. 유명한 영국의 탐험가 제임스 쿡 선장이 그랑 테레를 1774년에 발견하고 로마 제국이 '칼레도니아'라고 부르던 스코틀랜드의 고지대와 닮았다고 생각해 '뉴칼레도니아'로 이름을 지었다. 그 이후 프랑스와 미국, 영국은 원정대를 보내 이곳을 탐험하게 하고 식민지를 만들 욕심을 가지게 된다. 미국과 영국인들이 이 섬에서 원유 추출을 위한 시설을 설치하고 목재를 벌목하기 위해 많은 유럽인이 이주한다. 1853년 군사적인 요충지를 찾던 나폴레옹 3세는 그랑 테레를 프랑스의 임무를 방어한다는 목적으로 공격하면서 이 나라의 역사는 프랑스에 의해 결정되기 시작했다. 프랑스의 식민지배가 강화되면서 전통적인 풍습이 사라져갔고 원주민들의 생활방식이 위협받기 시작했으며. 알려지지 않았던 질병들이 등장해 원주민 수가 대폭 감소했다. 프랑스는 이 섬에 1864년 5월부터 죄수들을 강제이주하기 시작했다. 강제이주가 금지된 1897년까지 무려 2만 1,000명의 죄수가 뉴칼레도니아로 보내졌다.

뉴칼레도니아는 중요한 천연자원을 가지고 있다. 현재 세계에서 셋째가는 니켈 생산지이며, 그밖에 크롬, 코발트, 철, 구리, 수은, 아연, 벽옥도 풍부하게 매장되어 있다. 프랑스로 보면 군침이 도는 곳이다. 니켈이 발견되고 프랑스로부터 자유로운 이주가 시작되면서 프랑스인과 원주민 간의 분쟁이 시작되었다. 프랑스인의 이주는 원주민인 카나크^{Kanak} 족에게는 그야말로 비극이었다.

기름진 땅을 빼앗기고 척박한 내륙 산악지역으로 쫓겨난 원주민들은

무기를 든 두 카나크족 전사, 1880년경.

당장 먹을 것의 부족에 직면해야만 했다. 토지 부족 및 이로 인한 식량 부족은 원주민 부족들 간의 갈등을 불러왔다. 잔악한 프랑스는 원주민들을 이간질했다. 이들을 다스리는 프랑스 식민정부는 그들에게 비협조적이었던 카나크족의 생존 공간을 뺏기 위한 정책을 지속했다. 당시의 상황을 지켜보았던 미리엄 도노이Myriam Dornoy는 다음과 같이 기록하고 있다.

"2년이 채 안 돼서 … 현지의 족장 제도가 와해되었다. 멜라네시아인은 보유했던 토지의 10분의 9를 빼앗긴 채 내륙 산악지역으로 쫓겨났다. 프랑스인들은 멜라네시아인이 곧 전멸할 것이라는 가정 아래 알제리에서 채택했던 정책을 썼다. 리풀망refoulement[13] 정책 속에서 멜라네시아인은 임의로 재편성되어 지정 보호 구역에 배치되었다. 그러나 이 유폐지 역시 조금씩 계속해서 침해당하거나 콜론colon(식민지 거주 프랑스인)들이 외면한 불모지에 위치했다."

이런 원주민들 사이의 토지 부족 사태가 부족 갈등을 악화시켰다. 프

---

13 카나크족이 자유와 생명의 위협을 받을 경우에도 이들을 법적으로 보호하지 않는다는 잔인한 식민정책.

랑스는 한술 더 떠 촌락의 우두머리들을 아첨꾼과 밀고자들로 대체하는 술수를 부렸다. 제3공화정[14]의 '신제국주의자들'은 제2제정의 카나크족 생존 공간 탈취 사업을 이어받았다. 그들은 식민지 정복을 통해 1871년 프로이센-프랑스 전쟁에서의 패배를 떨쳐버리려고 했다. 원주민들이 항의하자 공화정 세력은 오만하게 포고했다.

"원주민들은 이 땅의 소유자가 아니다. 프랑스 정부가 이 땅을 전유할 때, 그것은 다만 원래의 땅을 회수하는 것뿐이다."[15]

1877년 전 세계적으로 엄청난 엘니뇨 현상이 발생했다. 엘니뇨 현상으로 인도 및 중국 등에서는 수천만 명이 대기근으로 굶어 죽어갔다. 엘니뇨 현상이 발생하면 남미지역에서는 홍수가 발생하지만 동남아시아 및 남태평양, 인도양 지역은 몬순이 발달하지 못하면서 가뭄이 든다.

1877년에 이어 1878년에도 엘니뇨는 계속되었다. 가축 문제가 전년도의 가뭄으로 1878년에 한층 악화되었다. 소와 가축의 먹이를 찾아 프랑스인들은 원주민의 땅을 침범했다. 먹을 것이 없는 곳보다는 약간의 식량이 재배되고 있는 원주민의 농토는 유혹적이었다. 프랑스인들의 가축은 원주민들이 가꿔놓은 무성한 밭을 파괴하기 시작했다. 원주민인 카나크족은 먹을 것이 없어 굶어 죽어 가는데 콜론들은 그들의 가축을 원주민의 농토에 풀어놓아 먹게 하는 것이었다. 프랑스인들은 돈을 들이지 않고 돈을 벌 수 있는 것이라면 무슨 짓이든 다했다. 이들은 카나크족이 그들의 가축을 막으려면 직접 울타리를 치라고 주장했다. 당장 먹고 살 것도 없는 원주민들이 울타리를 경제적 여력은 없었다. 격심한 가뭄 속에서 간신히 가꾼 얌과 타로토란 밭을 쑥대밭으로

---

14 프랑스 혁명 후 1875년부터 1940년 7월까지의 프랑스 정체(政體)를 말한다.

15 Myriam Dornoy, *Politics in New Caledonia,* Sydney University Press, 1984, pp. 19, 24~26.

만드는 프랑스인들의 횡포에 항의하는 원주민들을 프랑스인들은 냉담하고도 단호하게 처벌했다.

카나크족의 족장 아타이^Atai^는 프랑스 총독과 담판을 벌였다. 그는 자루 두 개를 발밑에 부었다. 하나에는 흙이, 나머지 하나에는 자갈이 들어 있었다. "흙은 우리가 한때 가졌던 것이요, 자갈은 당신들이 지금 우리에게 남겨주고 있는 것입니다!"

프랑스의 반응은 냉담했다. 1878년 6월 존경을 받던 족장들이 여러 명 체포되었다. 카나크족의 인내심이 마침내 폭발하고 말았다. 1878년 엘니뇨 가뭄과 굶주림으로 반란에 나선 카나크족은 프랑스로부터 섬의 내륙 오지를 해방하기 위해 필사적으로 대들었다. 백인들의 농장과 경찰서들이 연이어 맹렬한 공격을 받았다. 유럽인 200명이 살해당했다. 백인들이 운영하는 신문에서는 모든 멜라네시아인을 다 죽이라고 선동하기 시작했다.

프랑스 토벌대는 잔인한 리비에르 대위의 지휘 아래 중부 내륙의 상당수 지역을 초토화시켰다. 프랑스군은 인정사정없이 촌락을 불태웠다. 모든 식량을 몰수하고 관개시설은 다 파괴했다. 반군의 전사들은 색출 즉시 살해했으며, 전사의 아내들은 전리품으로 넘겨졌다. 지도자였던 아타이는 살해되었고, 백발이 성성한 아타이의 머리는 학자들이 철저히 조사할 수 있도록 파리로 보내졌다. 수천 명의 카나크족 사상자가 발생했고, 살아남은 지도자들은 추방되었다. 프랑스인들은 카나카족의 반란으로 큰 충격을 받았다고 기록했지만, 반란을 일으킨 카나크족이 치른 대가는 상상할 수 없을 지경이었다. 수천 명의 사상자가 발생했고, 살아남은 지도자들은 추방되었다. 뉴칼레도니아의 원주민들은 재식 농장, 목장, 범죄자 식민지를 위해 그랑 테레의 비옥한 서부 해안에서 영원히 축출되었다. 지금 비옥한 서부해안에 프랑스인을 비롯한 유럽인이 살고 척박한 동부해안지역으로 원주민인 카나크족이 사는 것은 이때의 결과인 것이다.

카나크족의 비극을 목격한 사람 중에 또 다른 패배한 봉기의 생존자가 있었다. '파리의 붉은 처녀'라 불리는 루이즈 미셸Louise Michel 이 그 주인공이다. 파리 코뮌Paris Commune 의 주동자로 몰려 뉴칼레도니아에서 유배 생활을 하고 있었던 그녀는 '자유와 존엄'을 회복하려던 카나크족의 투쟁을 열렬히 지지했다. 그녀는 아타이와 함께 살해당한 시인 안디아의 잊을 수 없는 전쟁 시가를 일부 번역했다. 반란을 일으킨 원주민 친구 두 사람에게 그녀의 유명한 붉은 스카프(코뮌의 붉은 스카프)를 나누어주기도 했다. 그녀는 『회고록Mémoires 』에 이렇게 썼다.

"1878년의 카나크족 봉기는 실패했다. 인간 영혼의 강인함과 열망이 다시 한 번 확인되었다. 그러나 백인들은 반란자들을 싹 쓸어버렸다. 바스티옹 37번지 앞과 사토리 평원에서 우리를 소탕한 것처럼 말이다. 그들이 아타이의 머리를 파리로 보냈을 때 나는 진짜 야만인들이 누구인지 생각했다. 앙리 로슈포르Henri Rochefort 가 내게 써 보냈던 것처럼, '베르사유 정부는 원주민에게 야만주의를 가르쳤다.'"[16]

프랑스의 식민지배에 항거조차 못하던 카나크족은 제2차 세계대전을 통해 인권을 신장한다. 많은 카나크족이 전쟁에 참여했고 미국인 4만 명이 뉴칼레도니아의 기지에서 작전을 수행했다. 미국인 기지에 근무했던 카나크족은 흑인과 백인간의 좋은 관계를 유지하는 가운데 처

---

[16] Louise Michel, *The Red Virgin : Memoirs Of Louise Michel,* University of Alabama Press, 1981, p. 114.

음으로 적당한 임금과 사람대접을 받게 되었다. 전쟁 후 프랑스는 뉴칼레도니아를 해외 특별지역으로 격상했다. 1946년 원주민에게 시민권을 주고, 1953년엔 최초의 정당인 유니온 칼레도니엔Union Caledonienne 이 설립되었으며, 1957년에는 투표권까지 부여했다. 카나크 사람들의 땅에 대한 독립과 복원이 1977년의 선거 안건에 채택되었으나, 카나크족은 자신의 영토에서 점차 소수민족이 되어갔다.

1980년대에 카나크족의 자치권 요구운동이 거세게 일어났다. 카나크 사회주의 국가 해방전선Front de Libération Nationale Kanak et Socialiste: FLNKS을 중심으로 프랑스와 내전을 벌인 것이다. 1988년에 양측이 협약에 서명하면서 사회적으로 안정을 되찾고 경제적인 균형도 되찾았다. 2014년이 되면 20년 이상 뉴칼레도니아에 거주한 선거권자들을 대상으로 자치적인 주권을 완전히 회복하는 점에 대해 투표를 실시할 것이라고 한다. 엘니뇨와 대기근으로 무수히 죽어갔던 뉴칼레도니아의 카나크족의 역사가 겨우 살아나고 있는 것이다.

프랑스령 뉴칼레도니아 섬의 원주민인 카나크족 노인은 자신들을 연구하던 한 연구원에게 "당신네(백인)가 우리에게 가져온 것은 육체였다"고 말했다. 서양 문명을 접하기 이전의 카나크족은 우주와 육체를 달리 보지 않았으며, 그들에게 있어 육체는 자연 세계의 일부였다. 프랑스의 식민 지배를 받기 시작하면서 육체가 분리된 실체라는 '관념'을 갖게 된 것이다. 상징학에서 얼굴 그 자체는 사실상 어떤 상징이나 원형이 될 수 없다고 말한다. 머리나 입, 눈은 그럴 수 있어도 얼굴은 그럴 수 없다는 것이다. 뉴칼레도니아 원주민의 얼굴은 어떤 모양으로 그릴 수 있을까? "얼굴은 지식의 총체 그 이상"이라고 했던 프랑스 철학자 임마누엘 레비나스Emmanuel Levinas (1906~1995)가 생각나는 오늘이다.

엘니뇨와 대가뭄이 만든 피식민국가의 비극 🌿

"취고압Tsuiʼgoab은 위대한 신입니다. 그는 구름 속에서 살면서 비를 주는 신이지요."

남아프리카 공화국 원주민들이 가장 숭배하는 신은 비의 신 '취고압'이다. 이 지역은 비가 내리지 않으면 뜨거운 햇볕으로 물이 쉬이 말라버려 생존이 어렵다. 또 가뭄이 자주 온다. 그러기에 비를 가져오는 취고압이 가장 위대한 신이 될 수밖에 없는 것이다.

"1876년부터 1879년까지 무려 4년 동안 계절풍이 불지 않았다. 그 여파로 인도에서 1,030만 명이, 중국에서 2,000만 명이 굶어 죽었다. 대기근은 한국, 일본과 브라질에도 영향을 주었고, 남아프리카에서도 심각한 가뭄으로 많은 아사자가 발생했다."[17]

---

17 마이크 데이비스(Mike Davis), 『엘니뇨와 제국주의로 본 빈곤의 역사(Late Victorian Holocausts)』

1876년부터 전 세계에 몰아닥친 대기근은 남아프리카에도 잔인하게 몰려왔다. 비가 내리지 않자 초지가 없어지면서 가축들이 죽어 나갔다. 식량은 절대적으로 부족했으며 물도 구하기 어려웠다. 영양 부족으로 각종 질병에 취약해진 어린아이와 노약자들이 먼저 죽었다.

1870년 킴벌리Kimberley에서 다이아몬드가 발견되면서 영국이 본격적으로 남아프리카에 개입했다. 그들은 다이아몬드를 독차지하기 위한 계획을 세웠다. 첫째, 말을 듣지 않는 원주민보다는 아프리카 중부의 흑인을 다이아몬드 광산에 투입한다. 둘째, 원주민들이 다이아몬드 광산 주변에 머물지 못하도록 쫓아낸다. 이를 위해 영국은 가차 없이 군사력을 투입했다. 먼저 가뭄으로 취약해진 반투Bantu족[18]과 보어Boer인[19]을 무자비하게 제압했다. 트란스케이Transkei[20]에서 코사Xhosa족 독립의 마지막 거점을 잔인하게 분쇄했다. 1878년에도 그리콰Griqua족이 오렌지Orange 강 하류에서 일으킨 반란을 진압했다. 원주민의 모든 반란은 '가뭄으로 야기된' 것이었다. 그러나 대가뭄으로 쇠약해진 아프리카 원주민들은 영국군의 밥이나 다름없었다.

이제 남은 것은 줄루Zulu족 뿐이었다. 줄루족은 영국을 도운 충성스런 동맹자였다. 그럼에도 식량과 물을 구하는 줄루족의 간청을 영국은 냉정하게 거절했다. 영국은 1878년 12월 11일에 전쟁을 선포했다. 유럽인과의 전쟁에서 총 때문에 아프리카인이 무참하게 패배한 사실

---

18 아프리카 중남부에 분포하는, 반투어를 사용하는 종족을 통틀어 이르는 말. 일반적으로 곱슬머리에 코가 납작하고 입술이 두꺼우며, 대부분 농경에 종사한다.

19 남아프리카 공화국의 네덜란드계 백인. 이 나라 백인의 60퍼센트를 차지하며, 아프리칸스 어를 사용한다. 17세기 중기, 네덜란드 동인도회사의 케이프 식민지 경영과 함께 이민하여 식민지를 형성했으나, 후에 보어 전쟁에서 패하여 영국의 지배하에 들어갔다.

20 남아프리카 공화국 동남부 바닷가에 있는 아프리카인 거주지. 인종 격리 정책에 따라 아프리카인만 거주하도록 지정한 곳이다.

〈이신들와나 전투〉, 찰스 에드윈 프립Charles Edwin Fripp 作.

을 알고 있던 줄루족 왕은 전쟁을 피하려 했다. 그러나 대기근은 그들의 생각을 바꾸어 놓았다. 영국인들이 비의 신인 취고압을 화나게 만들었을 뿐 아니라 이젠 굶어 죽으나 땅을 수호하다 죽으나 마찬가지였기 때문이다.

영국군 사령관인 첼름스퍼드Chelmsford 중장은 3개 종대로 줄루족의 땅을 침공했다. 그는 이산들와나Isandlwana에 캠프를 설치한 후 던포드Dunford 대령에게 수비를 맡겼다. 이에 맞서는 줄루족 군대는 2만 명이었다. 3년간 계속된 대기근으로 줄루족의 많은 병사가 굶고 병들어 죽어갔다. 그러나 그들의 사기는 높았다. 줄루족은 이산들와나의 영국군 캠프를 포위했다. 영국군은 쉴 새 없이 대포와 총으로 공격했다. 줄루족 전사들은 영국군이 여태껏 본 적 없을 만큼 강렬한 기세로 싸웠다. 돌진하는 모습이 마치 신들린 사람들처럼 보였다. 당시 전투에 참가한 영국군의 에드워드 허턴Edward Hutton 중위는 이렇게 말했다.

19세기 말, 영국–줄루 전쟁 무렵 줄루족 전사들의 사진.

"우리는 줄루족의 완벽한 전투 방식에 감탄하지 않을 수 없었다. 그들의
전투 방법은 놀라웠으며, 전진 속도는 가공할 정도로 무시무시했다."

포화를 뚫고 전진한 줄루족 병사들이 영국군에게 일제히 창을 퍼부
었다. 영국군은 추풍낙엽처럼 죽어갔다. 1,400명이 넘는 영국 병사들이
줄루족의 희생제물이 되었다.

이 전투는 영국군이 아프리카에서 겪은 최초의 패배였다. 총이 창에
패배한 전투이기도 했다. 창밖에 없는 흑인들 쯤이야 하는 오만과 방심
이 비참한 패배를 가져온 것이다. 전투에서 절대 강자란 없다. 적의 강
점과 약점을 잘 알고 개념을 갖고 싸우는 군대에게 신은 승리를 가져
다주는 법이다. 물론 줄루족은 결국 영국의 잔악한 진압에 결과적으로
패하고 비극적인 최후를 맞는다. 만일 이 시기가 대가뭄 시기가 아니었
다면 어떻게 되었을까? 대가뭄의 비극은 줄루족에게만 해당된 일이 아
니었다. 나미비아에서도 있었다.

나미비아Namibia는 아프리카 최남단에 있는 남아프리카공화국 바
로 북쪽 대서양 연안에 있는 국가이다. '나미비아'라는 이름은 나미브

Namib 사막에서 유래했다. 1486년 포르투갈 사람들이 처음으로 해안에 도착했을 때 이곳에는 수천 년 전부터 이곳에 살아오고 있던 코이코이 Khoikhoin족과 다마라Damara족이 있었다. 16세기에 이르러 헤레로Herero 족과 나마Nama족이 소 떼를 몰고 내려와서 거주하기 시작했다. 유럽인 들이 오늘날의 나미비아 지역에 자리 잡은 것은 독일 선교사들에 의해 서다. 그들은 1842년에 그들의 선교 거점을 빈트후크Windhoek에 세웠다. 19세기 초반 유럽인들에게 아프리카는 부와 명예를 누릴 수 있는 탐욕 의 대상이었다. 많은 독일인이 나미비아로 몰려들었다. 1883년 독일인 아돌프 뤼데리츠Adolf Lüderitz는 나마족에게 16킬로미터에 달하는 해안 지대를 영국 돈 100파운드와 총기 200정을 주고 사들였다. 이런 식으 로 헐값에 땅을 사들인 결과 1884년에는 해안선 100킬로미터 이상, 내 륙으로 30킬로미터 이상의 거대한 땅이 독일인 수중에 넘어갔다. 1892 년에는 아예 돈조차 지불하지 않고 해안선 길이 1,600킬로미터에 이 르는 총 80만 제곱킬로미터의 땅을 자기들의 땅으로 합병했다. 오늘날 나미비아 영토 거의 전부에 해당하는 땅이다. 땅을 차지한 독일인들은 아프리카 원주민을 착취하기 시작했다.

독일인이 땅을 차지하고 착취를 시작했던 시기가 공교롭게 대가뭄 시기와 겹쳤다. 세계 대가뭄 시기라 불리는 1876~1879년, 1889~1891 년, 1896~1902년에 걸친 극심한 가뭄은 제3세계에 해당하는 지역에 막대한 피해를 입혔다. 아시아 전역과 아프리카와 라틴아메리카의 일 부 지역에서 발생한 기아로 인해 약 3,000만 명에서 5,000만 명에 달하 는 사람들이 끔찍한 죽음을 맞았다. 당시 번갈아 발생했던 엘니뇨와 라 니냐의 영향은 먼저 남부 아프리카에, 이어서 동부 아프리카에 심각한 가뭄을 가져왔다. 남부와 동부만 아니라 중부와 북부까지도 영향을 끼쳤다. 앙골라에서는 가뭄과 천연두가 발생했다. 가뭄은 사헬Sahel**21**도 덮쳤다. 니제르 강 유역에서도 대기근(1900년~1903년)이 발생했다. 에티오피아 고지에도 비가 오지 않았다. 나일 강은 가장 낮은 수위를 기록했다. 케냐Kenya 산의 산록에서부터 스와질란드Swaziland의 고원에 이르기까지 수백만의 농민과 유목민들이 흉작과 가축 페스트에 맞서 싸워야 했다(아프리카 열대 지방 가축의 95퍼센트가 죽었다). 천연두, 인플루엔자, 모래벼룩, 체체파리, 메뚜기 등이 극성을 부렸다.

독일인들은 나미비아에 살고 있었던 헤레로족과 나마족을 목초지에서 쫓아냈다. 물을 구하기 힘든 나라라 목초지는 한정되어 있었고 물을 구할 수 있는 곳도 적었다. 게다가 가축 페스트가 번지면서 원주민들의 전 재산이자 생명이라 할 수 있는 가축 25만 마리가 죽어버렸다. 원주민은 독일인이 도와주지 않으면 살아가기가 힘들어졌다. 그러나 독일인은 원주민을 무자비하게 착취했고, 말을 듣지 않으면 노예로 팔거나 죽여 버렸다.

헤레로족의 대추장이었던 마하레로Samuel Maharero (1854~1923)는 나미비아의 아프리카 원주민들에게 독일인에 대항해 싸울 것을 호소했다.

"차라리 우리 함께 모여 죽자. 압박과 감옥과 온갖 다른 방법을 통해 죽지는 말자. 그 밖의 소원은 우리 약한 민족이 독일 사람들에게 맞서 일어서는 것임을 여기서 알리는 바이다. 다른 것은 그 무엇도 우리에게 소용이 없다."

---

21 아프리카의 사하라 사막 남쪽 가장자리에 있는 지역.

1904년 1월 12일에 헤레로 부족은 독일인을 습격했다. 독일 농장들을 습격하여 약 100명의 독일 거주민을 죽였다. 어린이나 여자, 선교사만은 살해하지 않았다. 도처에서 벌어지는 독일인에 대한 습격에 독일은 강제 진압을 결정했다. 1904년 6월에 독일에서 로타르 폰 트로타Lothar von Trotha 장군이 지휘하는 진압부대가 도착했다.

헤레로족 대추장 마하레로
ⓒⓘⓞ Deutsches Bundesarchiv

병력과 무기에서 상대가 되지 않자 헤레로족은 가족들과 소들을 끌고 물이 있는 산인 워터버그Waterberg 산으로 퇴각했다. 독일군은 서두르지 않았다. 사막기후에 속하는 나미비아는 낮에는 기온이 섭씨 40도 이상 올라가는 무더위를 보인다. 밤에는 기온이 내려가면서 일교차가 30도 이상 보일 정도로 춥다.

"몇 만 명이 물과 식량이 부족한 좁은 지역에 있으니 시간이 지나면 저항하는 힘이 약해질 수밖에 없다. 날씨가 우리에게 승리를 줄 것이다. 좀 더 기다렸다가 일격에 쓸어버리자." 트로타 장군은 충분한 보급을 받으면서 몇 달을 기다렸다. 그의 예견은 맞아 들어갔다. 무더위와 추위와 가뭄과 기아에 전의를 상실한 헤레로족은 싸움의 상대가 되지 않았다. 단 몇 차례의 전투 끝에 헤레로족은 항복의사를 밝혔다.

나마족 추장 헨드릭 위트부이

"헤레로족은 이제 이 나라를 떠나야 한다. 무기를 가졌든 안 가졌든, 소 떼를 가졌든 안 가졌든, 독일 국경선 안에 있는 헤레로족은 누구든지 총격을 받을 것이다. 나는 여자들이나 어린아이에게도 예외를 두지 않겠다."

트로타 장군은 헤레로족을 사막으로 내쫓았다. 사막에서 밖으로 도망칠 길은 거의 없었다. 대부분의 헤레로족이 갈증으로 죽어갔다.

나마족도 당시 거의 여든 살이 다 된 추장 헨드릭 위트부이Hendrik Witbooi의 지휘 아래 독일군에 맞서 일어났다. 거의 1,500명도 안 되는 전사들 중에 절반 정도만 총으로 무장을 했음에도 넓은 사막지대를 이용한 기습으로 독일군에게 피해를 주었다. 나미비아 남쪽 넓은 지역은 거의 1년 동안이나 독일 사람들에게는 공포의 지역이었다. 그러나 1905년 10월에 늙은 추장이 독일 보급부대를 기습 공격하다가 치명적인 상처를 입었다. 추장을 잃은 나마족은 그 후 2년 동안 끈질기게 게릴라 공격을 했지만 승세는 기울어져 있었다. 겨우 살아남은 헤레로족과 나마족은 1905년 말부터 노동 수용소에 감금되었으며 그곳에서 많은 사람이 죽었다. 1911년 인구조사에서 10만 명 이상이었던 헤레로족과 나마족은 겨우 1만 5,000명 정도만 살아남았다. 독일에 의한 민족 살해 정책이 잔인하게 진행되었던 것이다.

1998년 독일 대통령 로만 헤르초크Roman Herzog가 1990년에 독립한 나미비아에 국빈으로 방문했다. 나미비아 민족운동가들은 헤레로족과 나마족에 대한 민족 살해를 근거로 보상하라는 요구를 했다.

"독일 식민지 정부와 헤레로 민족 사이의 대립이 정상적인 것이 아니었음을 우리는 알고 있다. 하지만 헤레로족에 대한 재정적 보상은 전혀 고려할 수 없다."

독일 대통령의 말에서 교만한 식민 지배국가의 망령을 본다. 역사는 잔인하게 현실을 보여준다. 힘이 없는 민족과 나라는 그저 서러울 뿐이라는 것을.

✸무솔리니의 그리스 침공

1941년 그리스를 침공한 이탈리아와의 전쟁을 배경으로 한 소설 『코렐리의 만돌린Captain Corelli's Mandolin』은 비극적인 상황 속에서도 힘겹게 사랑을 이어가는 한 그리스 여인이 적국인 이탈리아 장교와의 드라마틱한 사랑을 통해 우리에게 인간의 삶에 대한 이야기를 들려주고 있다. 우리는 전쟁과 사랑, 삶과 죽음, 믿음과 배신에 대한 본질적인 의문을 이 책에서 맞닥뜨리게 된다. 작가는 실제 일어났던 이 유명한 역사적 사건에 주인공들을 배치함으로써 독자들에게 이 이야기가 더욱 설득력 있게 다가가도록 해 준다. 역설적이게도 힘이 있는 이탈리아의 비극과 힘이 없는 그리스의 당당함이 교차되면서 다가온다. 그리스인은 약해 보이지만 결코 약하지 않다.

"그리스에서 시민이 된다는 것은 세금을 내고 군인이 될 수 있다는 명예 외에 좁은 땅이지만 15에이커의 땅을 소유할 수 있다는 것을 의미한다. 그리스인은 땅에 대한 강한 집착을 가지고 있다. 땅을 가지고 있는 시민은 생계를 유지할 수 있을 뿐만 아니라, 갑옷을 입은 전사로서 자격이 있기 때문이다. 그들은 다른 나라가 자기의 땅을 침범하거나, 자기 경작지의 농작물을 태우겠다는 협박은 참지를 못했다. 좁은 땅에서 나는 식량으로 혹독한 겨울을 나야하기에 땅과 식량은 곧 생명과 같았다. 땅을 포기한다는 것은 자유민으로서의 삶을 포기하는 것이나 다름없기 때문이다."

역사가 헤로도토스^{Herodotus}(기원전 480~420)[22]의 말처럼 그리스인만큼 국토에 대한 애착이 큰 민족도 드물다. 이런 그리스를 삼키려고 무솔리니가 쳐들어왔다.

"웅변이 뛰어나고 자기 과시적인 연기에 능숙하며 영웅주의적 기질이 강했던 사람." 히틀러와 함께 파시즘적 독재자의 대표적 인물로 일컬어지는 무솔리니는 이탈리아의 세력권을 확보하기 위해 인근 발칸 지역을 점령하기로 결심한다. 발칸 지역은 제1차 세계대전의 도화선이 된 곳이기도 하고 최근에도 코소보^{Kosovo} 사태나 유고 내전이 벌어져 세계의 화약고로 일컬어지는 곳이다. 무솔리니는 먼저 유고를 점령하여 전략적인 이점을 차지하려 했다. 그러나 히틀러의 반대로 어쩔 수 없이 그리스를 침공하게 된 것이다.

1940년 10월 28일 오전 4시경 그리스 아테네 주재 독일대사관에서의 일이다. 파티가 끝나갈 무렵 이탈리아 대사는 이오아니스 메타크사스^{Ioannis Metaxas}(1862~1937) 그리스 총리에게 이탈리아 독재자 무솔리니의 최후통첩을 전달했다. "추축국 병력이 그리스 영토 내 전략거점들을 점령하도록 하지 않으면 이탈리아와 전쟁을 해야 할 것이다." 사실

---

22 고대 그리스의 역사가로 서양 문화에서 그를 '역사학의 아버지'로 여긴다.

이오아니스 메타크사스(왼쪽에서 두 번째)와 그리스 왕 게오르기오스 2세^{Georgios II} (중앙)

상의 침공선언이었다. 메타크사스의 답은 "오히^{Oxt}". '안 된다'라는 뜻
의 그리스 말이다. 메타크사스는 전 국민을 향해 "그리스인은 이제 우
리 선조와 그들이 물려준 자유의 가치를 입증해야 한다. 이제 조국을
위해, 아내를 위해, 아이들을 위해, 신성한 전통을 위해 싸우자"라고 호
소했다. 이날 아침 그리스 국민은 거리로 뛰쳐나와 일제히 "오히"를 외
치며 호응했다. 수십만 명이 자원입대하러 군 입영사무소로 줄지어 행
렬했다. 심지어 옥중의 공산당 지도자까지 코민테른의 지시를 무시하
고 국민의 단결을 호소하는 공개서한을 발표했다.

　이탈리아군은 알바니아를 점령한 프라스카^{Prasca} 장군이 대장으로
승진하면서 그리스 침공군 사령관에 취임했다. 그는 오만하고, 허세를
부리기를 좋아했고, 특히 자신이 중세 때부터 내려오는 귀족 비스콘티
^{Visconti} 가 출신이라는 점을 내세우며 자랑하고 다녔던 인물이다. 그는
자신의 휘하에 16만 2,000명(10개 사단)에 달하는 병력을 이끌고 1940
년 10월 28일 그리스를 침공했다. 재미있는 것은 이탈리아가 그리스

를 그야말로 만만히 보았다는 점이다. 이탈리아군은 소풍 가듯 그리스를 향해 진격하기 시작했다. 이탈리아군은 너나할 것 없이 그리스 여성들을 사로잡을 실크 스타킹 따위를 잔뜩 챙겼다. "우리는 전쟁을 하러 가는 게 아니라 유럽 최고의 미인이라는 그리스 여자들을 만나러 가는 거야." 하지만 그것은 야무진 착각이었음을 곧 깨닫게 된다. 메타크사스 수상은 최소한 국방에서만큼은 상당한 업적을 이룩해 놓고 있었다. 조만간 현실로 다가올 이탈리아의 야심을 꿰뚫어 보고 이에 상당한 대비책을 강구해 놓았던 것이다.

이탈리아의 프라스카 장군은 주공을 아테네로, 조공을 살로니카로 지향한 초기전투에서 4개 공격지점에서 큰 돌파구를 형성하는데 성공했다. 이탈리아의 침공에 대한 대비가 늦었던 그리스가 초반에는 일방적으로 밀렸다. 그러나 허약한 리더십을 가진 사령관의 지휘를 받은 이탈리아군은 곧 그리스군의 강력한 저항을 받기 시작했다.

11월 13일까지 이어진 핀두스Pindus 산 전투에서 1만 1,000명의 1개 사단 병력이 연대 병력 규모의 그리스군에게 대패했다. 이 전투에서의 패배로 프라스카는 해임되었고, 후임으로 우발도 소두Ubaldo Soddu 장군이 사령관에 부임했다. 소두 장군도 군인으로서 자질이 부족한 전형적인 정치군인이었다. 무솔리니의 신임 하나로 진급에 진급을 거듭한 인물이었다. 소두 장군은 야전 사령관에 부임하자마자 공세보다는 방어 위주의 작전으로 바꾸었다. 그는 전투에 집중하기보다 자기 취미생활을 즐기기에 급급한 장군이었다. 이탈리아군의 공세가 방어로 돌아서자 이탈리아군의 사기가 떨어졌다. 이를 확인한 그리스군은 기습으로 전환하여 반격을 취했다. 그리스군은 험준한 지형과 추운 날씨와 우기를 활용하여 이탈리아 군에 타격을 주었다. 또한 그리스군 장교들의 솔선수범이 전투력을 최상으로 만들었다. "병사들을 자식처럼 아끼고 보살피면 죽음을 무릅쓰고 지휘관을 따를 것이다"라는 손자의 말을 그리스 장교들은 그대로 실천했다. 장교들은 병사들과 생사고락生死苦樂을 같이하면서 가장 어려운 임무는 그들이 먼저 했다고 한다. 11월 18일 이탈리아군은 사기가 오른 그리스군의 산악전술에 휘말려 막대한 손실을 입었다. 그리스군은 배후 역습과 이탈리아군의 병참선을 차단하는 등 적극적인 공세로 전환했다. 12월 9일 이탈리아군의 좌익이 철수할 수밖에 없었다. 순식간에 전선들이 무너졌고, 알바니아까지 위험해졌다. 겁에 질린 소두 장군은 그리스와 휴전을 해야 한다는 건의를 무솔리니에게 했다. 분노한 무솔리니는 다시 사령관을 참모총장 우고 카발레로Ugo Cavallero로 바꾼 후 공세를 명령했다. 그러나 이미 기운 추는 다시 되돌아오지 않았다. 1940년 말 이탈리아는 벌이고 있던 모든 전역에서 참담한 실패를 연속해서 당하고 있었다. 중동에서도 그랬고 그리스에서도 그랬다. 설상가상으로 그리스 전역에서는 그리스군에 의해 공격 출발지였던 알바니아까지 밀려난 상황이었다.

무솔리니는 군 사령관을 두 번씩이나 경질하면서 공격을 가했으나 겨울철의 추위와 그리스군의 철통 같은 항전으로 실패하고 말았다. 시행착오와 재앙은 육해공 삼군 중 그나마 가장 준비가 잘 되어있다고 평가하던 해군도 마찬가지였다. 무솔리니는 이탈리아 해군이 강력하다고 선전했지만, 현실적으로 이탈리아 해군이 개전 이후 보여준 것은 아무것도 없었다. 1940년 7월 9일 시칠리아 앞바다에서 벌어진 교전은 전함 1척이 대파되었지만 그런대로 선전했다. 하지만 그게 전부였다. 그 이후 7월 17일에 벌어진 스파다Spada 곶 해전에서는 참패를 당했다. 11월에는 영국 항공모함 일러스트리어스Illustrious에서 출격한 12대의 소드피시Swordfish 뇌격기에 본거지인 타란토 항을 공격당했다.[25] 1941년 3월 28일 마타판Matapan 곶 해전에서 이탈리아 해군이 영국 해군에게 궤멸된 것은 치명타였다. 이탈리아는 이 피해를 전쟁이 끝날 때까지 극복하지 못했다.

그리스는 우리나라와 같이 삼면이 바다로 둘러싸여 있고, 지중해성 기후구[24]에 속하여 겨울철에 많은 비나 눈이 내리면서 강한 바람이 분다. 기온은 평균 영상기온을 보이지만 높은 습기와 바람으로 체감온도는 무척 낮은 특성을 보인다. 그런데 무솔리니는 왜 공격하기에 좋은 봄이나 여름에 하지 않고 겨울로 들어서는 시점에서, 그것도 바다가 아닌 내륙을 통해 그리스를 침공했을까? 이는 강력한 공군력을 보유하지 못했던 무솔리니의 아픔과 관련이 있다. 즉 제공권과 제해권을 영국이 완전히 쥐고 있었기에, 흐린 날이 많은 겨울이라야 영국 공군의 공격을 덜 받고 공격할 수 있었기 때문이다.

"우리에게는 100만 페르시아군의 공격을 막아낸 험준한 지형과 추운 날씨와 용맹한 군사들이 있다. 결코 이탈리아에게 엎드리지 않을 것이다." 아테네로 가는 길목에는 올림포스Olympos 산을 비롯하여 2,500미터급의 산들이 즐비한 핀도스Pindhos 산맥이 위치하고 있다. 영화 〈300〉은 그리스군의 용맹성과 험준한 지형을 잘 보여준다. 이 영화에서 스파르타Sparta의 왕 레오니다스Leonidas는 겨우 300명의 장갑보병으로 아테네로 향하는 테르모필레Thermopylae의 좁은 산길에서 100만에 이르는 페르시아군의 진격을 저지했다. 그 정도로 그리스의 산악지형은 악명이 높다. 또한 산악지형은 날씨의 변화가 심하고 평지에 비해 상당히 춥다. 11월 아테네의 평균기온은 10도 안팎이지만 북부 산악지

---

23 이 기습에서 이탈리아 전함 1척 격침, 2척 대파, 사망자가 600여 명에 이르는 망신을 당했다.

24 남유럽 해안지대의 특징이며, 내륙에서는 고도와 지형에 따라 차이를 보인다. 온화하고 습윤한 겨울, 무덥고 건조한 여름, 맑은 하늘이 이 기후지역의 주된 특징이다.

역은 영하 15도 이하를 기록하는 맹추위를 보인다. 따라서 산악지방의 기상과 지형에 어두웠던 이탈리아군은 추위와 눈과 그리스군의 기습 등 3중의 적과 싸워야만 했다. 무솔리니가 사령관을 두 번이나 바꿔 가면서 그리스 점령에 집착했지만, 땅을 내어줄 수 없다는 애국심과 날씨와 지형을 이용한 그리스군의 완강한 저항에 결국 처참하게 패배하고만 것이다.

이런 국민의 일치단결 덕분일까. 그리스는 개전 초기 성공적인 방어는 물론 강력한 반격작전을 펴 알바니아 남부를 점령하기까지 했다. 그러나 이듬해 독일군이 전격적으로 그리스를 침공하면서 그리스는 3년여 동안 추축국에 점령당해야 했다. 그러나 독일의 점령기간 중에도 그리스인은 끝까지 저항을 멈추지 않았다. 산악지대의 파르티잔 부대는 독일군과 이탈리아군의 발목을 잡았고, 퇴각한 그리스 부대와 해군 함정도 영국군과 함께 북아프리카에서 전투를 계속했다. 윈스턴 처칠 영국 총리는 그리스인의 저항정신을 칭송하며 "앞으로 우리는 '그리스인은 영웅처럼 싸운다'가 아니라 '영웅들은 그리스인처럼 싸운다'고 얘기해야 할 것"이라고 말했다. 결국 독일 등의 추축국으로부터 독립을 한 10월 28일은 이후 국가기념일인 '오히 데이Oxi Day'로 지정되어 나치 독일과 파시스트 이탈리아에 맞서 용감하게 대항한 그리스인의 자부심을 확인하는 날이 되었다. 매년 이날이면 그리스 전역은 물론 전 세계 그리스인 거주지에서 각종 축제가 벌어진다.

'왕관의 전략'이라는 것이 있다. 왕관을 쓴 사람들은 아무 거리낌 없이 무엇이든 요구하고, 또 무엇이든 이룰 수 있는 것처럼 보인다. 이런 생각 역시 밖으로 발산되어 나온다. 그러면서 제약과 한계는 사라진다. 왕관의 전략을 잘 활용하면 놀라운 결과를 볼 수 있다. 역사를 살펴보면, 비잔틴 제국의 황후 테오도라나 콜럼버스, 베토벤, 나폴레옹, 디즈

레일리 같은 사람들이 이 왕관의 전략을 이용할 줄 알았다. 스스로가 위대하다는 믿음이 너무 강해 자기실현적 예언이 이루어 진 것이다. 요령은 자기 자신에 대한 믿음에 압도되기만 하면 된다. 하지만 스스로를 속이는 것이라 해도, 행동은 왕처럼 품위가 있어야 한다. 그래야 왕과 같은 대접을 받을 수 있다. 무솔리니는 왕관의 전략을 스스로 사용하려고 했다. 그는 자기 자신에 대한 믿음에는 압도되었다. 그가 전 유럽과 중동과 아프리카를 석권할 것으로 믿었다. 그러나 그의 행동은 왕 같은 품위가 없었다. 그 스스로의 자아도취에 지나지 않았다. 동맹국인 독일의 히틀러에게조차 "돼지 같은 놈"이라는 모욕을 받을 정도였다. 무솔리니 사진을 보면 돈키호테의 모습이 겹쳐 보이는 것은 왜일까?

기후변화가 가져온 다르푸르의 비극

"끝없는 전투와 무자비한 살육으로 절망의 땅 아프리카가 붉게 물들어가고 있습니다. 후투Hutu족과 투치Tutsi족 간의 피비린내 나는 종족 갈등과 나이지리아와 수단의 종교 분쟁, 에티오피아와 에리트레아의 국경 분쟁은 지난 주말 사상자가 수만 명에 이르는 대규모 유혈전으로 변했고 시에라리온Sierra Leone, 앙골라Angola는 아직도 지리한 내전의 악순환에서 벗어나지 못하고 있습니다. 유엔의 중재로 지난 해 잠시 싹텄던 분쟁 해결의 희망은 새 천년 들어오히려 사라졌습니다. 아프리카를 뒤덮은 기아와 질병의 참상은 더욱 참혹합니다. 에이즈 사망자가 지금까지 1,000만 명을 넘어섰고 말라리아로 해마다 100만 명이 숨겨갑니다. '아프리카의 뿔'로 불리는 에티오피아와 수단, 소말리아 등 동북부지역은 가뭄이 3년째 계속되면서 1,600만 명이 아사 위기에 처해 있습니다. 그런가하면 모잠비크Mozambique 등 남부지역에는 대홍수의 재앙이 아직도 끝나지 않았습니다. 문제는 이러한 비극 어느 것 하나 뚜렷한 해결책이 없다는 점입니다. 인권을 외치던 서방국가도 개입을 꺼려

합니다. 스스로의 힘으로 절망의 늪을 빠져 나와야 하는 아프리카의 비극은 그래서 그 끝이 보이지 않고 있습니다."(2000년 5월 16일, KBS 9시 뉴스 보도)

반기문 유엔(UN) 사무총장은 취임하자마자 아프리카의 수단으로 날아갔다. 세계적인 비극의 다르푸르Darfur 문제를 해결해야만 한다는 절박감 때문이었다. "21세기 지구촌 최대 비극인 수단의 다르푸르 분쟁은 지구 온난화로 인한 기후 변화가 초래했습니다." 반기문 유엔 사무총장이 2007년 6월 《워싱턴 포스트Washington Post》에 기고한 글 중에 나오는 말이다. 다르푸르의 문제는 무엇인가? 이 지역은 예전에는 정이 많고 살기 좋은 곳이었다. 비는 충분하지 않았지만 토양이 비옥해 쌀을 비롯한 곡식과 과일을 집약적으로 재배할 수 있었다. 그러나 지구 온난화로 인도양의 수온이 상승하면서 계절풍에 영향을 미쳐 지난 20년간 이 지역 강수량은 40퍼센트 이상 감소했다.

가뭄이 오래가자 다르푸르의 흑인 부족이 울타리를 치고 아랍 유목민들이 소와 염소를 기르기 위해 초지로 들어오는 것을 막았다. 이로 인해 비극적인 다르푸르의 인종 분쟁이 발생한 것이다. 기후변화가 내전을 불러 폭력이 횡행하는 국가의 가장 좋은 예가 수단이다. 지금까지 사람들은 기후변화가 국가 내전을 부른다는 것에 회의적이었다. 그러나 기후변화로 인해 생존이 위협받게 되면 다른 전쟁보다 더 참혹해질 수 있다는 것을 수단 다르푸르의 사례에서 볼 수 있다. 70퍼센트의 주민들이 땅만을 바라보고 살아가는 나라에서 초지나 농사지을 땅이 사라진다면 문제가 생긴다. 짐승을 방목하는 유목민들은 짐승에게 풀을 먹일 수 있는 초지가 필요하다. 그런데 기후변화로 초지나 농지가 사막으로 변한다면 어떻게 될까? 유목민들은 소와 염소의 먹이를 위해 농

다르푸르 난민 캠프

부들이 경작하는 농지를 침범할 것이다. 생산량이 급격히 줄어든 농부 입장에서는 유목민의 침범은 생존문제가 되어 버린다. 여기에는 서로에 대한 배려가 없다. 죽느냐 사느냐의 문제로 폭력 외에 그 어떤 것으로도 해결되지 않는 비극이 발생하는 것이다.

북아프리카 지역에는 매년 여름 많은 비가 내린다. 열대 아프리카에 내린 비는 나일 강으로 흘러든다. 거의 해마다 나일 강에 일어나는 홍수는 많은 비를 품은 몬순이 수단과 에티오피아의 고지에 비를 뿌린 탓에 발생한다. 고기압과 저기압의 복잡한 상호작용은 수단과 에티오피아 산맥의 날씨에 영향을 준다. 여름에는 매년 인도와 아라비아 해에 강력한 저기압이 만들어지면서 인도양과 인도 일대에 강한 남서풍을 보낸다. 열대수렴대熱帶收斂帶는 에리트레아 바로 북쪽에 위치하므로 에티오피아 고원에 내린 많은 비는 청나일 강과 앗바라Atbara 강으

난민 캠프가 공격을 받자 황급히 도망치는 사람들, 2008년. ©(i)(3)Julien Harneis

로 흐른다. 이런 상태는 서태평양에 고기압이 있는 한 계속 유지된다. 그러나 기후변화로 인한 엘니뇨와 라니냐가 발생해 태평양의 기압이 하강하면 인도양의 기압이 상승한다. 열대수렴대는 남쪽 먼 곳에서 올라오지 못한다. 그러면 인도양의 커다란 저기압은 힘을 쓰지 못하고 동쪽으로 밀려난다. 이 경우 몬순은 평소보다 약해지거나 아예 불지 않게된다. 인도와 수단과 에티오피아 고원은 가뭄에 시달린다. 북쪽으로 수천 킬로미터 떨어진 이집트에는 흉년이 든다. 최근 이런 기압배치로 인해 수단과 에티오피아에는 가뭄이 자주 발생하고 있다. 대가뭄은 아니더라도 몬순이 약해지면서 평년보다 비도 적게 내린다.

수단에서는 1967~1973년 및 1980~2000년에 연속해서 파국적인 가뭄이 발생했다. 넓은 지역에서 인구이동이 일어나고 수만 명이 굶어 죽었다. 국제기구의 추산에 따르면 500만 명의 기아 난민이 발생했다고 한다. 수단 북부에서는 지난 40년 동안 강수량이 계속 줄어들면서 남쪽으로 사막화가 진행되고 있다. 방목으로 초지가 황폐화하고 숲도 남벌하고 있다. 남벌은 토양의 침식을 불러와 땅을 불모지로 만든다. 이로 인해 매년 13퍼센트씩 숲이 사라져 가고 있다. 유엔의 예측에 의하면 다음 10년 안에 대부분의 지역에서 숲이 완전히 사라질 것이라고 한다. 수단에 대한 기후예측 모델에 의하면 2030년까지 0.5도, 2060년까지는 1.5도의 기온 상승이 예상된다. 강수량은 연평균 5퍼센트씩 줄어들 것으로 예측되는데, 이것은 식량생산량이 70퍼센트가 감소함을 의미한다. 수단 북부에만 약 3,000만 명이 몰려 살고 있다. 이 땅은 이미 오늘날 세계에서 가장 가난한 지역에 속한다고 할 수 있다. 동시에 이 지역은 생태적으로도 심각하게 위협받는 지역이다. 여기에 더하여 내전으로 인해 발생한 '난민이 된 사람들Internally displaced persons: IDPs' 이 있다. 민병대에 의해 조직적으로 박해를 받아 추방되었기 때문에 살던 마을을 떠나야만 했던 사람들이다. 대부분의 IDPs는 실제 인프라가 전혀 갖춰져 있지 않고, 전기나 수도, 하수시설이나 의료 지원도 전혀 받지 못하는 열악한 수용소에서 살고 있다. 난민들은 수용소 근방 10킬로미터 둘레에 있던 나무란 나무는 모두 다 없앴다. 음식을 끓여 먹기 위해 땔감이 필요했기 때문이다.

서부 다르푸르 지역도 똑같은 상황이다. 이 지역은 인접국인 차드와 중앙아프리카공화국으로 전투가 확대된 이후로 더 심각해지고 있다. 다르푸르에는 또 다른 200만 명의 IDPs가 있다. 이들은 큰 마을이나 도시 주변에서 야영생활을 하고 있다. 이 지역에서 자행되는 살육행위가 종족학살인지 아닌지도 공식적으로는 발표된 바가 없지만 지금까지 최소 20만에서 최대 50만 명이 살해당했다.

잔인한 다르푸르 분쟁은 기후변화로 인한 초지 및 식량 감산에 원인이 있었다. 여기에 원유 시추에 따른 이권 및 인종간의 갈등까지 겹쳐 최악의 '인종청소' 전쟁이 벌어졌다. 지금까지 약 30만 명이 목숨을 잃고 270만 명 이상의 난민이 발생함으로써 유엔까지 개입하게 된 것이다. 다르푸르에서의 상황은 매우 심각하다. 기후변화로 인한 식량 감산과 낮아지는 식량생산량, 식수 고갈 및 오염, 대홍수에 의한 초지·토양 침식 및 파괴, 정화되지 않은 오폐수에 의한 환경오염, 유전개발에 의한 환경 파괴 등 분쟁상황 자체가 돌이킬 수 없을 정도로 파국적이다. 수단이 반군과 평화정착을 위한 협상을 하고 있지만 미래는 불투명하다. 기후가 바뀌기 전에는 해결하기 어려운 문제인 것이다. 다르푸르에 정상적이고 안정적이며 친환경적인 기후가 돌아온다면 모를까 말이다. 문제는 다르푸르에만 있는 것이 아니라는데 있다. 북사하라 지역의 베르베르 분쟁의 경우 수자원 고갈, 풍화 및 토양 염화로 인한 사막화가 원인이 되었다. 베르베르족의 정착과 도시화가 진행되어 발생한 경우인데, 역내 아랍과 베르베르 간의 무력분쟁이 확대될 가능성을 안고 있다. 동쪽에 있는 에티오피아-에리트리아 분쟁은 에리트리아의 독립 및 각종 이슈로 인해 주기적, 만성적인 분쟁이 발생하는 곳이다. 국경 근처의 사막화 심화는 현재 양국 간에 잠재적 평화를 깨뜨리고 있다. 앞에서 소개한 사례들은 모두 현재진행형이며, 유엔(UN) 평화유지군의 역할은 매우 제한적이다. 국제사회의 노력과 양자 간 노력이 지속되어야 하며, 식량 등의 생산성 증대 노력이 근본적으로 필요하다. 그러나 심각한 기후변화는 이 지역의 미래 분쟁을 암담하게 만든다. 기후가 우리의 모든 것을 지배한다는 말은 지나친 말은 과장이 아닌 것이다.

　이런 문제는 수단과 북아프리카 지역에 한정된 것만은 아니라는데 심각성이 있다. 최근에 들어와 기후변화의 결과가 가져오는 영향들 중에서 특히 안보문제에 어떠한 영향을 줄 것인가가 각국의 관심사가 되었다. 2007년 미국 군부 고위인사들이 작성하여 미 중앙정보국(CIA)이 발간한

「국가안보와 기후변화의 위협」 보고서나, 같은 해 독일 연방정부 산하 '지구환경변화학술자문위원회'의 "기후정책이 곧 안보정책이다"라는 보고서가 발표되었다. 유럽연합 집행위원회도 2008년 발간한 보고서에서 "수자원 갈등과 영토 분쟁, 난민들에 의해 야기된 폭력적 결과들과 천연자원을 둘러싼 전쟁이 향후 미래의 주요 갈등"이라고 예상했다.

당장 북아프리카에서 나타나는 기후난민들은 보트를 타고 유럽으로 밀입국을 시도하고 있다. 미국도 기후변화로 인한 사막화의 영향을 받는 중미인들의 대대적인 밀입국에 긴장하고 있다. 굶주림, 물 문제, 전쟁, 사막화는 복지낙원인 서유럽과 북미의 국경선이 긴장의 초미에 놓이게 했다. 독일 연방정부 산하 '지구환경변화 학술자문위원회(WBGU)'는 "현재 11억 명이 충분한 양과 양질의 식수에 안정적으로 접근하지 못하고 있다. 이런 상황은 세계의 몇몇 지역들에서 더욱 심화될 수 있을 것 같다. 왜냐하면 기후변화 때문에 강우량과 가용수자원에 큰 변동이 생길 수 있기 때문이다"라고 주장하고 있다. 현재 전 세계적으로 8억 5,000만 명이 영양 부족 상태인데, 향후 기후변화로 경작 가능한 농지면적이 더 줄어든다는 점을 고려해 분석 평가한다면, 이 숫자가 현저하게 증가할 것이다.

몇 년 전 영국의 기후·에너지안보대사 닐 모리세티[Neil Morisetti]는 미국의 워싱턴 DC로 날아갔다. 영국을 포함해 8개국 군사전문가들의 모임에 참석하기 위해서였다. 이 자리에 참석한 이들은 미국, 네덜란드, 인도, 방글라데시, 네팔, 가이아나[Guyana] 그리고 모리타니[Mauritanie]에서 온 장교 출신들이었다. 군사전문가들이 이 자리에 모인 이유는 기후변화와 지정학地政學[25]적 불안정 간의 관계를 논의하기 위해서였다. 이들은 기후변

---

[25] 지리적 조건이 국제정치의 권력관계에 미치는 영향을 분석하는 학문.

화가 앞으로 세계의 어느 곳에 어떤 불안을 초래할 수 있을 것인지에 대해 의견을 나누었다. 군사전문가들의 결론은 다음과 같았다.

"점진적이고 급작스런 기후변화가 인류에게 전례가 없는 비극을 불러 오고 있다. 안보에 중대한 영향을 미칠 수 있는 것이므로 시급하게 이에 대처해야 할 필요가 있다."

"자연재해가 핵위기나 테러보다 국가안보에 더 큰 위협이 된다"는 펜타곤 비밀보고서는 더 이상 비밀이 아니다. 비밀보고서에서는 기후 변화로 인한 자연재해, 전쟁 등으로 수년 후부터 전 지구적으로 재앙이 닥칠 것이라고 말한다. 기후전문가들은 21세기 중엽이 되면 남유럽과 미국 남서부, 수단 등의 아프리카 사헬 지역 등의 강우량이 30퍼센트 이상 감소할 것으로 예상한다. 전 지구 면적의 19퍼센트인 3,000만 제 곱킬로미터가 사막화 되면서 1억 5,000만 명이 사막화로 인해 생존을 위협받게 될 것이란다.

"우리가 생각하는 것 이상으로 기후문제는 정말 심각합니다. 하루빨 리 힘을 모아 대책을 세우고 하나하나 앙보하면서 해결해 나가야만 합 니다." 반기문 유엔사무총장의 말을 깊이 새기면서, 우리나라도 적극 적으로 기후변화에 대처해 나갔으면 좋겠다.

제4부

싸움의 승패를 가른 날씨

키루스 대왕의 비범한 통찰력과 포용

최고의 오페라 작곡가로 꼽히는 주세페 베르디 Giuseppe Verdi (1813~1901)
는 오스트리아의 지배에 있던 이탈리아에서 수많은 어려움을 딛고 주
옥 같은 명곡을 만들었다. 당시 유행하던 독감과 전염병이 돌면서 사랑
하는 아들딸이 죽고 이듬해에는 아내마저 수막염으로 잃는다. 절망에
빠져 있던 그는 우연히 '히브리 노예들의 합창'의 대본을 보고 감동에
사로잡힌다. 그는 후일 그 내용이 너무나 가슴에 와 닿았다고 고백했
다. 그날부터 그는 작곡을 시작했다. 베르디는 불행한 히브리 노예들의
처지가 자신의 신세와 비슷하다는 공감을 했고, 이런 공감대가 깊은 감
정이 우러나오는 명곡을 쓸 수 있었던 원천이었다. 이렇게 탄생한 것이
그 유명한 오페라 〈나부코 Nabucco〉다.

〈나부코〉는 기원전 588년에 예루살렘을 공격하여 수많은 유대인을 노
예로 만들어 바빌로니아로 끌고 간 느부갓네살 왕의 폭정과 바빌론에 유
배되었던 유대인들의 이야기로 젊은 힘이 전곡에 넘쳐흐른다. 베르디는
이 오페라를 계기로 당당하게 일어선다. 초연은 그야말로 대박이었다.

주세페 베르디

2004년 8월 에버스발데^{Eberswalde}에서 공연한 오페라 〈나부코〉의 한 장면.

오페라 〈나부코〉의 압권은 유프라테스^{Euphrates} 강변에서 부르는 '히브리 노예들의 합창'이다. 포로가 된 유대인들은 바빌로니아로 끌려와서 강제 노동을 하고 있다. 그들은 유프라테스 강가에서 갈 수 없는 고향 쪽 하늘을 바라보면서 노래를 부른다.

"내 마음아, 황금빛 날개를 타고 언덕 위로 날아가라. 훈훈하고 다정하던 바람과 향기롭던 나의 고향, 요르단 강의 푸른 언덕과 시온 성이 우리를 반겨주네. 오, 빼앗긴 위대한 내 조국, 가슴속에 사무치네."

이는 당시 오스트리아 지배로 고통 받던 이탈리아 국민에게 동병상련^{同病相憐}의 감동을 주었다. 그런데 이 오페라에서 유대인들을 고국으로 돌려보낸 왕이 오늘 이야기 할 키루스^{Cyrus}(기원전 590?~530)¹ 왕이다.

"바사 왕 고레스 원년에 여호와께서 예레미야의 입을 통하여 하

---

1 키루스 대왕은 아케메네스 왕조의 시조로 페르시아 제국의 기초를 세웠다. 그는 오늘날 이란인에게 건국의 아버지로 알려져 있다. 그의 치세 동안 페르시아는 서남아시아·중앙아시아의 대부분을 정복하고 인도에 이르는 대제국으로 성장했다. 29년 동안 통치하면서 메디아, 신바빌로니아, 리디아 등 당대의 제국을 굴복시켰고 이집트 정복을 시도하다가 죽었다. 후일 그의 아들 캄비세스 2세가 이집트 정복에 성공했다.

신 말씀을 이루게 하시려고 바사 왕 고레스의 마음을 감동시키시매…" 성경 에스라서 1장에는 키루스 왕이 유대인들을 고국으로 돌려보낸다는 이야기가 나온다. 여기에서 바사는 페르시아를, 고레스는 키루스 왕을 뜻한다. 전승에 의하면 마케도니아의 정복자 알렉산드로스 대왕이 파사르가다이Pasargadae[2] 입구에서 위용을 자랑하고 있는 키루스 대왕의 무덤 앞에 당도했을 때, 키루스 대왕의

유대인을 고향으로 돌려보내고 성전을 재건하도록 한 페르시아의 키루스 대왕에 대한 묘사.
장 푸케Jean Fouquet 作.

지석에 새겨진 글을 읽고 망토를 벗어 대왕의 무덤에 덮어주며 머리를 숙여 경배했다고 한다.

　키루스 왕이 바빌로니아에 포로로 잡혀와 있던 유대인들을 고향으로 돌려보냈다는 성경 기록에 많은 역사학자가 의문을 품었다. 그런데 후에 고고학자들이 바빌론 성 발굴 작업 중에 원통형 비문을 발견했고, 놀랍게도 그 비문에는 키루스 대왕이 유대인들의 귀향을 허락하는 내용이 기록되어 있었다. 성경 기록이 역사적 사실로 증명된 것이다. 비문에는 또한 키루스 대왕이 유대인들에게 예루살렘으로 돌아가서 성전을 건축하라고 말한 내용과, 성전에서 탈취했던 재산도 돌려보낸 것, 여호와가 자기를 축복하기를 기원하는 내용도 들어 있었다.

2　페르시아 제국의 첫 번째 수도이며 현재 이란에 있는 고고학적 유적지의 이름이다. 유네스코가 지정한 세계문화유산 중의 하나이다.

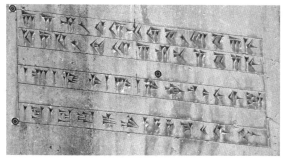

키루스 대왕을 상징하는 날개 넷 달린 수호천사의 모습을 양각한 파사르가다이의 비문. "나는 키루스 왕, 아케메네스 가 출신이다"라는 문장을 고대 페르시아어, 엘람어, 아람어로 새겼다.

"나는 키루스, 세계의 왕, 위대한 왕이신 캄비세스의 아들이며 … 키루스의 손자이며 타이스페스의 후손이며 (중략) 나는 오랫동안 황폐되어 온 성소들과 그 안에 있는 신상들을 티그리스강 저편에 신성한 도성들로 귀환시켰으며 그들을 위하여 영구적인 성소들을 지어 주었다. 이곳의 주민들은 모두 모아서 저들의 거주지로 귀환시켰다."

키루스 대왕은 전쟁을 통해 메디아, 바빌로니아, 리디아 등의 주변국을 정복하여 페르시아 제국의 기틀을 닦았다. 국경이 인도에 이르는 대제국 페르시아를 건설한 그를 오늘날 이란인은 '건국의 아버지'라고 부른다.

"용기백배한 자들이 무리를 지으면 당해내기 어려우나 일단 그들에게 두려움이 밀려들면 그 수가 많을수록 두려움도 커진다"라고 말한 키루스 대왕은 병사들이 죽음을 두려워하지 않고 싸울 수 있도록 교묘한 심리적 컨트롤을 했다. 전사가들은 당시 주변 강대국을 정복하고 페르시아 제국을 만드는 데에는 그의 비범한 책략과 전략, 신속한 병력 이동, 병사들의 사기 진작 및 존경과 신뢰의 리더십이 영향을 주었다고 말한다.

그는 수많은 전쟁을 치렀지만 결정적인 영향을 주었던 전투는 세 번이 있다. 기원전 547년 키루스 대왕은 리디아 정복에 나섰다. 그는 리디아와의 경계인 할리스Halys 강으로 진군했고, 리디아의 왕 크로이소스Kroisos (기원전 595~547?)는 카파도키아Cappadocia (오늘날 터키 중부)로 진격했다. 프테리아Pteria에서 맞붙은 전투에서 결판이 나지 않자 키루스 왕은 사르디스Sardis를 압박했다. 사르디스 동쪽의 작은 벌판에서 대치했는데 키루스 왕은 리디아의 기병을 견제하기 위해 대열 앞에 낙타들을 배치했다. 리디아군의 말들이 낙타를 보고 놀라 도망치면서 전세가 기울었다. 이 전투에서 패배한 크로이소스는 사르디스에서 14일간 대치했으나 결국 성은 함락되고 말았다. 키루스 대왕은 크로이소스를 죽이지 않고 중용하여 이후 전투에서 최고의 조언자로 삼았다.

기원전 541년까지 지금의 이란 지역을 거의 통일한 키루스 대왕은 기원전 540년 바빌로니아 공격으로 대미를 장식한다. 당시 바빌로니아의 왕 나보니두스Nabonidus (기원전 550~539)는 내부 통합에 실패하여 아들인 벨사자르Belshazzar에게 군사지휘권을 넘기고 아라비아의 테이마Tayma에 제2의 수도를 건설하고 있었다. 키루스 대왕은 먼저 테이마를 제압한 다음 바빌론으로 진격했다. 바빌로니아 국민은 그들의 신 마르두크Marduk[3]에 대한 통치자들의 경건하지 않은 태도에 불만을 가지고 있었다. 비범한 천재 키루스 대왕이 이를 놓칠 리 없었다. 그는 바빌로니아의 신 마르두크를 찬양하고 제사를 올렸다. 바빌로니아 국민과 군사들이 키루스에 심정적 동질성을 가지게 한 것이다.

---

3 고대 바빌로니아의 신으로 '태양의 아들'이라는 뜻. 원래는 아모리족의 신으로 창세(創世) 신화에서는 신들을 멸망시키려던 티아마트를 죽여 세계의 질서를 잡았는데, 그 시체로 천지를 창조했다고 한다.

이제 남은 것은 벨사자르 왕이 있는 바빌론 성이었다. 벨사자르 왕은 먹고 마시고 노는 것을 좋아하며 부귀와 사치 속에서 살던 오만한 왕이 었다. "아무리 그들이 강하다고 해도 이 바빌론 성을 함락할 수는 없다" 라는 벨사자르 왕의 말처럼 바빌론 성은 견고했다. 고대의 성들 중에서 가장 높고 견고한 성벽에 둘러싸여 있었고, 게다가 수심이 깊고 강폭도 넓은 유프라테스 강이 성 주위로 흘러 천연적인 방어선 역할을 했다.

키루스 대왕은 공격에 공격을 거듭했으나 도저히 바빌론을 함락할 수가 없었다. "그래, 이 무더위에 물이 없다면 저항할 수 없을 것이다." 키루스 대왕은 날씨를 이용하기로 결정한다. 5월부터 10월까지는 건기로 바빌론 지역에 비가 전혀 오지 않는다. 이 지역은 세계에서 가장 무더운 지역으로 특히 7월에서 9월까지는 낮 최고기온이 섭씨 50도를 넘을 정도로 폭염이 기승을 부린다. 물 없이는 잠시도 생존하기 어려운 곳이다. 바빌론 성은 건기에도 유프라테스 강에 연결되어 있는 수문으로 물을 충분히 공급받았기에, 가뭄이나 식수 공급 제한에 대한 대비가 전혀 없었다.

> "벨사자르가 대연회를 베풀고 있는 사이, 바빌론을 관통하여 흘렀던 유프라테스 강은 페르시아인에 의해서 성벽 밖에 건축되었던 대참호 속으로 돌려졌다." (헤로도토스 Herodotos, 『역사』)

키루스 대왕은 강물의 줄기를 바꾸었다. 강의 물줄기를 돌림으로써 바빌론에 공급되던 식수가 끊겼다. 건기로 비가 전혀 내리지 않는데다 가 강으로부터 물이 공급되지 않자 기근이 바빌론을 휩쓸었다. 무더위 와 기갈로 병사들과 시민들이 쓰러져 갔다. 항복 외에는 선택이 없었 다. 키루스 왕은 기원전 539년 10월 29일 바빌론에 입성했다. 우기가 시작되기 직전이었다. 날씨를 이용한 전술적 쾌승이었다. 이 장면에 대한 다른 기록도 있다. 키루스 대왕이 유프라테스의 강물을 참호로 돌려 물줄기를 바꾼 것은 같다. 역사나 정치, 사회 비화에 대한 책을 써온 미국 작가 조지프 커민스Joseph Cummins 의 『별난 전쟁, 특별한 작전Turn Around and Run Like Hell』에서는 강의 물줄기를 바꾸면서 해자의 물이 줄어들자, 키루스 왕이 성으로 쳐들어가 연회를 베풀던 벨사자르를 공격한 것으로 되어 있다. 그러나 해자의 물이 없더라도 성은 견고하게 방어되고 있었을 것이므로 오히려 물줄기를 말려 기근으로 항복했다고 보는 것이 타당한 듯하다.

키루스 대왕은 무수한 전투에서 승리를 거머쥐었다. 그러나 그도 처참한 패배를 기록한 적이 있다. 바로 인도 정벌이다. 키루스 대왕은 게드로시아Gedrosia (오늘날 파키스탄 남서부 발루치스탄Baluchistan 지역)를 거쳐 인도 원정에 나섰다. 이 지역의 사막 기후는 너무나 참혹했다. 밤에는 뼈까지 스며드는 강추위, 낮에는 견디기 힘든 무더위, 강력한 모래바람이 수시로 불어왔다. 물과 식량 보급이 제때 이루어지지 않았고, 풍토병과 기근으로 병사들이 쓰러져 갔다. 인도 정복을 포기할 수밖에 없었다. 키루스 왕이 바빌론으로 돌아왔을 때 살아 온 부하는 겨우 7명 뿐이었다. 실제 전투는 치르지도 못하고 날씨에 대패한 전쟁이었다. 키루스 대왕에게 치명적 패배를 안긴 게드로시아의 사막은 알렉산드로스가 인도 원정에서 돌아올 때도 엄청난 병력 손실을 안겼다.

키루스 대왕은 강력한 페르시아 제국을 세운 뛰어난 왕이었다. 후에 페르시아를 정복한 알렉산드로스 대왕조차 키루스 대왕의 무덤만은 파괴하지 않았고, 그를 위대한 왕으로 존경했다. 지금도 이란인들은 그를 '가장 자랑스러운 건국의 아버지'라고 부른다. 거대한 페르시아 제국을 이루었던 키루스 대왕의 리더십은 도대체 무엇이었을까?

첫째, 그는 국민의 마음을 읽고 필요를 해결해 주었다. 바빌로니아 국민이 가장 원하던 그들의 신에 대한 경외심을 보여주었다. 마르두크 신전을 세우고 마르두크 신앙에 기초한 통치이념을 확립했다. 바빌로니아 국민이 키루스 대왕에 가장 협조적인 민족이 되었음은 물론이다.

둘째, 민족융화정책으로 국가 체제를 견고하게 만들었다. 여러 민족의 문화를 존중하고 포용했다. 반란과 대립의 가능성이 큰 민족들을 하나로 아우르는데 성공한 것이다.

셋째, 인재를 등용하여 적극 활용했다. 리디아 전쟁에서 포로로 잡은 크로이소스 왕을 살려 가장 충성스런 조언자로 활용한 것이 좋은 예다.

넷째, 인간심리에 대한 깊은 통찰력을 가지고 있었다. 병사들은 키루스 대왕에 대한 무조건적인 신뢰와 존경을 보냈으며 그를 위해 죽음을 두려워하지 않고 싸웠다고 한다.

다섯째, 관대하고 공평하며 아량 있는 정복자였다. 어느 민족이든 차별하지 않았다. 포로로 잡혀와 있던 유대인을 전부 고향으로 돌려보낼 만큼 아량이 있었다. 메디아인들이 키루스가 정복자가 아닌 자기 민족이라고 생각했을 정도였다.

여섯째, 새로운 전략과 전술을 만들어내 활용했다. 최강의 페르시아 기병대 창설을 통해 신속한 기동력을 보유하면서 수많은 전투에서 승리할 수 있었다.

냉혹한 현실을 다루는 이성적이고도 냉철한 판단력. 정직하고 진실하게 살아야 한다는 인간미. 자신이 정복한 나라의 포로들을 존경심으로 대우하는 포용력. 대제국을 건설하면서도 이기주의에 빠지지 않았던 냉정함. 현대를 살아가는 리더들은 키루스 대왕의 이런 모습을 배워야만 한다.

≋모래바람으로 승리한 야르무크 강 전투

『천일야화The Thousand and One Nights』에 등장하는 신드바드Sindbad의 모험은 이슬람 초기 왕조시기에 많은 위험을 무릅쓰고 동인도 제도[4] 및 중국과 무역하던 아랍 상인들의 경험에 의거했다. 왜 이들은 일찍부터 엄청난 고생을 무릅쓰고 먼 중국이나 동인도와 교역을 했을까? 이슬람교가 발생한 아라비아는 매우 척박한 지역으로, 물이 거의 없기에 농사짓기가 힘들다. 먹고 사는 문제는 사막을 가로지르는 대상과 홍해 교역으로 간신히 해결했다. 부족한 식량을 보충하기 위해 신드바드 같이 모험적인 사람들은 배를 타고 인도양을 건너 중국까지 갔다가 돌아오기도 했다. 그러나 아라비아 땅에는 언제나 양식이 턱없이 모자랄 만큼 사람들이 넘쳤다.

아라비아의 상업 도시 메카Mecca에서 한 사람이 나타났다. 그는 식량

---

4 아시아 대륙과 오스트레일리아 대륙 사이의 해역에 있는 섬의 무리. 대순다 열도, 소순다 열도, 필리핀 제도, 보르네오 섬, 술라웨시 섬, 몰루카 제도 따위를 포함한다.

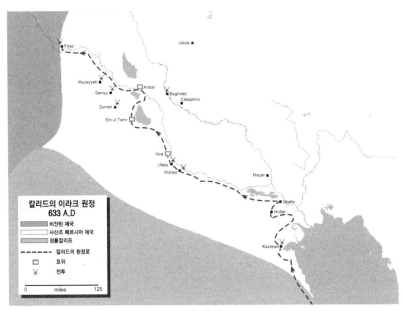

칼리드 이븐 알 왈리드의 이라크 원정. ⓒ� Mohammad adil at wikipedia.org

을 나누지 않는 이기심, 음주, 간음, 유아 살해, 우상 숭배에 반대하는 메시지를 선포했다. 그의 이름은 마호메트Mahomet (570?~632)였다. 마호메트의 메시지는 어렵고 힘들게 살던 대다수 아랍인의 마음을 움직였다. 마호메트는 아라비아의 인구과잉 문제를 극복할 새로운 해결책을 제안했다. 그는 이슬람 신도들로 이루어진 군대를 만들었다. 그리고 다른 민족을 정복하여 식량 부족을 해결하는 동시에 이슬람교를 전파하려고 했다.

마호메트가 갑자기 죽자 이슬람 세계의 권력은 마호메트의 동료이자 인척인 4명의 인물에게 전해지게 되었다. 이 시대를 정통칼리프시대[5]라 하며 '이슬람의 황금기'라 부른다. 2대 칼리프로 등극한 우마르 이븐 알 카탑Umar ibn al-Khattāb (재위 634~644) 때부터 본격적인 정복전쟁이 시작되었다. 아라비아를 통일한 이슬람군은 이라크 원정대와 시리아 원정대를 조직하고 공격을 시작했다. 시리아 원정대가 비잔틴 제국에 의해 진격이 막히자, 칼리프는 위대한 장군 칼리드 이븐 알 왈리드Khalid ibn al-Walid가 지휘하는 이라크 원정대를 시리아로 보냈다. 칼리드는 물 한 방울 나오지 않는 800킬로미터의 사막을 18일 만에 가로질러 시리아에 도착했다. 그의 놀라운 기동성은 세계 전사에 기적적인 행군으로 알려져 있다.

당시 비잔틴 제국군은 8만 명에 이르렀다. 이에 맞서는 칼리드 군대는 병력 수에서 채 반도 되지 못했다. 칼리드는 비교도 되지 않을 정도로 병력이 적고 가벼운 무장만 갖춘 이슬람군이 중무장한 비잔틴 제국군과 전면전을 벌일 경우 싸움이 되지 않으리라고 판단했다. 그는 치고 빠지는 공격에 바탕을 둔 전략과 전술을 사용했다.

이슬람의 베두인Bedouin족과 아랍 기병은 비잔틴군이 골란 고원Golan Heights으로 진격해 오는 동안 내내 그들을 괴롭혔다. 골란 고원은 산과 계곡으로 이루어져 중무장한 기병이 활동하기가 여의치 못한 곳이었다. 칼리드는 주력부대를 야르무크Yarmouk 강 남안을 따라 배치했다. 비잔틴군은 아랍 진영 북쪽에 진을 치고 물이 마른 강을 따라 부대를 배치했다. 636년 6월부터 8월까지 야르무크 강을 사이에 두고 양군이 대치했다. 여름에 영상 50도를 웃도는 이 지역의 무더위는 살인적이다. 서 있기조차 힘든 무더위에도 아랍 기병은 비잔틴군을 끊임없이 습격하고 신경을 건드렸다. 소수의 아랍 보병들은 몰래 산을 넘고 계곡을 건너 비잔틴군을 급습했다. 비잔틴군의 소규모 병력이 쫓아오면 매복병이 습격했다. 대규모 부대가 쫓아올 경우 후방의 기병으로 전면 공격

---

5 이슬람 역사의 한 시대(632~661년)로, 마호메트가 죽은 뒤, 아부 바크르, 우마르, 오스만, 알리 등 4명의 장로들이 교도(敎徒)의 총의에 의하여 잇따라 칼리프(후계자)로서 이슬람 교단을 통솔하던 시대를 말한다.

했다. 살인적인 무더위와 때를 가리지 않는 기습, 게다가 물 공급이 제때 이루어지지 않으면서 비잔틴군은 지쳐갔다. 사기가 떨어질 대로 떨어지고 전투의지는 점점 약화되었다. 도망병이 속출하기 시작했다.

비잔틴군의 사기가 떨어졌다는 사실을 알면서도 이슬람의 칼리드 장군은 공격을 서두르지 않았다. 그는 아랍 병사들이 야르무크 지역의 복잡한 지형을 훤히 꿰고, 미로같이 얽혀 있는 계곡들을 속속들이 알도록 훈련시켰다. 드디어 결전의 날인 8월 19일이 다가왔다. 바람이 고온건조한 남풍으로 바뀌는 것을 감지한 칼리드 장군은 전 이슬람군에게 총공격을 명령했다. 함신Khamsin[6]이라 불리는 강력한 모래폭풍이 불어왔다. 이슬람군은 남쪽으로부터 불어온 모래폭풍의 뒤를 따라 급습해 들어갔다. 비잔틴 제국이 자랑하는 기병대는 모래폭풍 때문에 앞을 볼 수도 전열을 갖출 수도, 싸울 수도 없었다. 기병대가 후퇴하기 시작하자 보병도 따라 후퇴했다. 비잔틴군의 방어선이 일시에 무너져 버렸다. 낙타를 탄 이슬람 병사들은 뒤쫓아 가며 무수히 많은 비잔틴군을 베어 넘겼다. 도망치던 비잔틴군은 모래바람으로 인해 계곡 안에서 길을 잃었다. 지형을 훤히 꿰뚫고 있던 이슬람 병사들에게 그들은 밥이었다.

2003년 이라크 전쟁 때 미군도 함신으로 인해 엄청난 곤욕을 치렀다. 유일하게 이라크가 반격했던 기간이 함신이 불어왔을 때였으며, 함신이 불 때 미군은 가장 많은 선투기와 헬리콥터를 잃었다. 최첨단의 무기를 가진 현대전에서도 함신의 위력은 엄청났다. 하물며 1,500여 년 전의 전투에서야 말해 무엇하랴!

8만 명에 이르는 비잔틴 제국군은 이 전투에서 전멸했다. 모래바람

---

6 건조한 열풍의 한 종류로 모래먼지를 동반하는 바람이다. 주로 이집트, 홍해 연안 등지에서 많이 발생하여 지중해 쪽으로 부는 남풍으로, 4~6월의 봄철에 많이 나타난다.

으로 인해 중동지역에 대한 비잔틴 제국의 지배가 막을 내린 것이다. 야르무크 강 전투는 이슬람이 강대국과의 전쟁에서 거둔 최초의 큰 승리였다. 칼리드 장군은 야르무크 강에서의 승리를 바탕으로 638년에 예루살렘Jerusalem을 정복했고 640년에는 카이사레아Caesarea를 점령했다. 이집트, 스페인, 페르시아에 이르는 이슬람 대제국의 기반이 된 전투가 야르무크 강 전투였다.

아랍인들은 식량문제를 해결하고 이슬람교를 확산시키기 위해 칼을 들고 전쟁을 시작했다. 이들이 성공한 밑바탕에는 야르무크 강의 승리를 가져온 위대한 칼리드 이븐 알 왈리드 장군이 있었다. 그는 이슬람군의 맞춤형 전략과 전술을 개발하여 전투에 사용했다. 그리고 중동지역 특유의 지형과 날씨를 가장 적절하게 전투에 활용해 승리를 거머쥐었다. 그러기에 그는 아랍권에서 지금도 '신의 검Sayf Allāh'이라 불릴 정도로 존경받고 있다.

"제2의 카디시야 전투 승리로 아랍 민족의 영광을!"

1980년 9월 22일 사담 후세인Saddam Hussein이 이끄는 이라크가 이란을 공격했다. 이라크는 당시 이 전쟁을 '제2의 카디시야 전쟁'이라고 불렀는데, 거기에는 이유가 있다. 637년 이라크의 카디시야Qadisiyyah에서 아랍 군대는 사산Sasan조 페르시아 군대와의 전투에서 압승을 거두었다. 이 전투로 사산조 페르시아는 멸망했다. 이라크는 다시 한 번 카디시야의 승리와 같은 쾌승을 통해 아랍 제국의 주도권을 장악하겠다는 의도를 보인 것이다.

마호메트는 이슬람교를 창시하고 아랍 부족을 통일한 후 주변 국가들에 대한 정복전쟁을 시작했다. 이에 맞선 비잔틴 제국은 야르무크 강 전투에서 처참한 패배를 맛본 후 중동지역에서 영향력이 줄어 들었다. 이슬람 제국은 예루살렘, 갈릴리Galilee, 시리아 등 중동의 '비옥한 초승

헤라클리우스의 비잔틴 제국군과 페르시아군의 전투. 1452년경, 피에로 델라 프란체스카^{Piero della Francesca} 作.

달 지역'의 주인이 되었다.

비잔틴 제국을 무력화한 이슬람은 이듬해 동쪽으로 방향을 돌려 페르시아를 침공했다. 당시 페르시아는 비잔틴과의 싸움으로 지쳐 있었다. 비잔틴의 헤라클리우스^{Flavius Heraclius Augustus}(575~641) 장군이 페르시아를 침공하여 맹렬하게 공격하자, 페르시아 백성들은 자기들의 왕을 죽인 다음 비잔틴 제국과 강화조약을 맺었다. 이후 페르시아에서는 내전이 벌어졌다. 4년 동안에 12명의 왕이 들어설 정도로 혼란스러운 상황 끝에, 결국 야즈데게르드 3세^{Yazdegerd III}(?~651)로 불린 어린이를 페르시아 왕위에 올리고 루스탐^{Rustam} 장군을 섭정으로 세웠다.

페르시아 사람들은 왕, 귀족, 기사들의 무리로 이루어진 복잡한 봉건체계를 갖추고 있었다. 이들은 모두 일정한 영토를 다스리고 있었지만, '왕 중 왕(샤한샤^{Shahanshah})'에게 직접적인 통제를 받아야 했다. 페르시아 군대의 핵심은 귀족들이었다. 그들은 목에서 발목까지 내려오는 얇은 판의 갑옷과 투구를 입고 말 위에서 싸웠다. 가난한 귀족들과 평민들은 경기병대(기마 궁수)에 편입되었다. 페르시아 군대에서 보병은 많지도 않았고 중요하지도 않았다.

페르시아인의 종교인 조로아스터교는 선과 악의 근본을 나타내는 두 신을 숭배하고 있었다. 선善의 신인 아후라 마즈다Ahura Mazda는 빛, 태양, 불에서 나타났다. 이슬람 제국에서 볼 때 중동의 시리아나 이스라엘 지역은 같은 셈족 계열이었다. 언어도 아람어를 사용했다. 또 한 조상 아브라함에게서 나온 사람들이었다. 여기에 유일신을 믿는다는 공통점이 있었다. 그러나 페르시아인은 이민족에 언어도 다른 이교도들이었다.

카디시야 전투가 벌어지기 몇 년 전 아랍의 베두인족이 페르시아를 공격한 적이 있었다. 그러나 '다리 전투the Battle of the Bridge'에서, 페르시아의 섭정인 루스탐은 코끼리를 동원하여 승리한 적이 있었다. 이슬람 제국이 비잔틴 제국과의 전투에서 승리한 후 페르시아를 공격해 왔을 때 페르시아의 루스탐은 이슬람 제국을 너무 가벼이 보았다.

아랍인들이 유프라테스 강을 건너자 루스탐은 그들과 싸우기 위해 진격했다. 페르시아는 대규모 군대를 동원해서 전통적인 방법으로 전투를 벌였다. 페르시아 기사들이 말을 타고 달려 나와 상대편과 접전을 벌이는 것이었다. 개별 싸움에서는 잘 무장한 페르시아 병사들이 늘 우세했다.

아랍 병사들을 이끌던 장군 사드 이븐 아비 와카스Saad ibn Abi Waqqas는 비잔틴 제국과의 야르무크 전투에서 써 먹었던 치고 빠지는 전법을 사용했다. 이제 싸움은 전형적인 아랍식 싸움이 되었다. 아랍 병사들은 작은 무리를 지어 페르시아 전열의 이곳저곳으로 쳐들어가 화살을 쏜 다음 재빨리 달아났다. 달아나는 아랍 병사들은 사방으로 흩어졌다. 그들은 갑옷을 가볍게 입었기 때문에 페르시아 기병보다 빨랐다.

루스탐은 적의 기세를 꺾기 위해 코끼리를 동원했다. 초반에는 코끼리가 효과를 보였지만 아랍의 말과 병사가 이에 적응하면서 코끼리는 혼란을 가져오는 요인이 되었다. 아랍 병사들은 교묘히 페르시아군에게 타격을 주고 도망쳤다. 소규모 군대로 따라가다가는 전멸되었고, 대규모 군대로는 따라 잡을 수 없었다. 그들의 진지는 부술 만한 야영천막도 없었다. 페르시아 군사들은 무더위와 적의 기습공격에 점차 지쳐가기 시작했다.

무언가 돌파구를 마련해야 한다고 생각한 루스탐은 대규모 병력과 모든 코끼리 부대를 동원해 야간공격을 개시했다. 이때 시리아에서 도착한 아랍 출신의 증원군은 코끼리에 대한 대처법을 알고 있었다. 그들의 말은 코끼리에게 겁을 먹지 않도록 훈련되어 있었다. 그들은 코끼리 위로 올라가 코끼리를 모는 병사를 비롯해 그 위에 탄 적들을 죽였다. 창과 화살, 칼로 그 큰 동물을 공격했다. 코끼리들이 도망치기 시작했다. 우르르 도망치는 코끼리들은 페르시아군 전열에 구멍을 냈다. 이슬람군은 구멍 난 전열에 병사들을 돌격시켰다. 페르시아 병사들은 무너지면서 도망치기 시작했고, 아랍 병사들은 벌 떼처럼 작은 무리를 지어 공격했다. 그러나 페르시아의 주력은 아직 운하 건너편에 자리 잡고 있었다.

그런데 이게 웬일인가? 새벽이 밝아올 무렵, 모래폭풍이 불어오기 시작했다. 바람은 운하를 등지고 서 있던 페르시아 병사들의 얼굴을 때렸다. 간밤 전투의 패배로 사기가 떨어져 있던 페르시아군은 더 이상 버틸 힘이 없었다. 눈을 뜰 수도 없는 강력한 모래바람을 맞자 완전히 사기가 떨어져 버린 것이다. 페르시아군은 등을 돌리고 도망치기 시작했다. 이 지역의 기상과 모래바람을 잘 알고 있던 아랍 병사들은 뒤쫓아 가며 페르시아군의 목을 베어 넘겼다. 완벽한 승리를 모래바람이 가져다 준 것이다. 페르시아의 장군 루스탐은 강을 건너 도망치다가 아랍 병사의 손에 죽었다. 아랍 군대는 떼를 지어 페르시아로 공격해 들어갔다. 야즈데게르드 3세는 하늘 높이 솟은 힌두쿠시 산맥으로 도망쳐 그곳에서 죽었다.

이 전투의 승패에 직접적인 영향을 준 모래바람은 무엇일까? 이 지역에는 '함신'이라고 부르는 상상할 수 없을 정도로 강하고 뜨겁고 건조한 모래바람이 분다. 이 모래바람은 보통은 사흘 정도 계속되지만 심할 경우는 보름 가까이 불어온다. 이럴 경우에는 모든 식물조차 다 마르게 만들고 황폐화시킨다. 또 1,000미터 이상 치솟은 시커먼 모래벽이 다가올 때는 공포 그 자체라고 한다. 이 지역의 모래폭풍을 경험한 영국 언론인 R. 트렌치와 아라비아의 영웅 로렌스는 이렇게 말했다.

"모래폭풍이 격렬하게 몰아쳐 왔다. 모래는 목을 가격하고 얼굴을 때리고 목구멍에도 들어오고 콧구멍을 막고 눈에도 들어왔다. 나는 모래폭풍에 질식해서 죽어버리는 것은 아닌가 하는 공포에 사로잡혔다."
(R. 트렌치)

"모래폭풍은 마치 검은 갈색 벽이 밀려오는 것 같다. 털색이 같은 낙타가 그 속에 들어가면 시야에서 사라져 버린다. 얼굴가리개를 하지 않으면 자상刺傷으로 피가 흐른다. 텐트는 바람에 깃발처럼 찢겨 나부끼고 텐트 속에 들어가 있으면 깜짝할 사이에 모래에 쌓여 생매장 당한다."
(T. E. 로렌스)

이라크 전쟁 당시 미국의 종군기자가 쓴 보도 내용은 모래폭풍이 얼마나 무서운지를 잘 나타낸다.

"26일 사막의 거친 돌풍은 비를 쏟으며 밤새도록 막사를 미친 듯이 뒤흔들었다. 마치 누군가 커다란 망치로 막사를 때려 부수는 것 같았다.

이번 폭풍은 미군의 진격을 막아 설 정도로 강력했다. 미국과 영국군은 사흘간 몰아닥친 모래폭풍으로 진격을 멈추면서 이라크의 거센 반격에 고전해야만 했다."

비잔틴 제국과의 야르무크 전투와 페르시아와의 카디시야 전투에서 승리한 이슬람군은 거칠 것이 없었다. 이들은 서쪽으로 진격해서 이집트를 점령했다. 더 서쪽으로 달려 북아프리카의 원주민인 베르베르Berber인을 이슬람으로 개종시키고 이베리아 반도를 침략했다. 페르시아에서는 또 다른 아랍군대가 중앙아시아로 진격해 중국까지 나아갔다. 남부 아라비아 출신의 선원들은 인도양을 지나 동인도로 향해했으며 필리핀에 다다랐다.

이슬람의 승리는 '다르 알이슬람Dar al-Islam', 곧 이슬람 세계가 만들어지는 계기가 되었으며, 이슬람 세계는 이후 최소한 1,000년 동안 세계에서 가장 강력한 세력이 되었다.

⁓왕건의 기반이 된 압해도 전투

"하늘이여, 남동풍을 주시옵소서."

왕건王建의 군사軍師 태평泰評이 연방 하늘을 향해 기도를 올린다. 그런데 이게 웬일인가! 기도의 덕분이었을까? 강하게 불던 북서풍이 잦아들면서 풍향이 남동풍으로 바뀌는 것이었다. 밀리던 왕건은 전격적으로 화공을 이용해 견훤의 수군을 공격하고 대승을 거둔다. 2001년 2월 KBS의 역사 드라마 〈태조 왕건〉에서 방영된 내용이다.

이때 제작진에게 질문이 쏟아졌는데 그중 가장 많은 질문은 다음 세 가지였다. 첫째, 이 사건이 실제 있었던 일인가 아니면 제갈공명이 적벽대전에서 사용한 남동풍 사건을 모방한 것인가? 둘째, 과연 겨울철 서해바다에 남동풍이 부는가? 셋째, 북쪽에 있던 왕건이 어떻게 남쪽에서 공격해 갈 수 있었는가?

먼저 첫 번째 질문을 살펴보자. 역사에서는 "태조 왕건이 풍세風勢를 타서 화공하니 불에 타고 물에 빠져 죽은 군사가 태반이 넘었고 견훤은 작은 배를 타고 도망했더라"[7]라고 이 전투를 기록하고 있다. 따라서 바람을 이용한 화공은 실제로 있었던 역사적 사건이다. 둘째로 '겨울철에 서해바다에 남동풍이 부는가?'인데, 실제 겨울철에 서해상에서 주로 부는 바람은 북서풍이다. 그러나 통계적으로 보면 일 년에 한 번 정도 남동풍이 분다. 중국 화난華南 지방에서 기압골이 북동진하면서 서해상에서 발달할 경우이다. 일 년에 많아야 1~2회 정도 발생하는데 2001년의 경우 1월 7일 이런 기압배치가 형성되었다. 이때 해전이 벌어졌던 지역인 압해도押海島 기상관측자료에 의하면 화공에 이용할 수 있는 5~8m/s 이상의 남동풍이 새벽 4시부터 오후 4시까지 12시간 정도 불었었다. 마지막으로 '북쪽에 있었던 왕건이 어떻게 남쪽에서 공격해 갈 수 있었는가?' 한국사에 보면 "왕건이 수군을 이끌고 진도를 취하고 나주를 점령하자 배후에 위협을 느낀 견훤이 정병을 이끌고 나주를 공략하는 한편 해변포구를 차단했다"라고 기록되어 있다. 왕건이 나주로 가기 위해서는 영산강을 타고 거슬러 올라가야 하는데 이때 견훤의 수군은 목포 북서쪽 압해도의 남쪽 해안에 진을 치고 있었다. 따라서 왕건은 견훤의 군대보다 남쪽에 있었으므로 이것 역시 논란의 대상이 되지 않는다.

압해도 전투를 이해하기 위해 당시의 상황을 살펴보기로 하자. 892년 광주를 점령해 왕을 칭하고 나선 견훤은 900년 전주에 수도를 정하고 후백제를 세웠다. 이에 대항하는 왕건은 궁예弓裔(861~918) 휘하에서 898년 이후 정복전쟁을 도맡아 수행했다. 북쪽으로 진출하려는 견훤과 남쪽을 정복하려는 왕건은 충돌할 수밖에 없었다.

견훤과 왕건이 충돌한 곳은 서남해 지방이었다. 서남해 지방은 9세

---

7 진단학회, 『한국사 : 중세편』, 을유문화사, 1961.

기에 장보고가 주도하던 청해진 체제의 중심지였다. 따라서 이 지역은 일찍부터 해양세력이 크게 성장했던 곳이다. 장보고가 암살당한 이후에도 서남해 지방 일대에는 해양세력이 위세를 떨치고 있었다.

서남해 지방에 견훤에 대한 이야기는 별로 남아있지 않다. 그러나 889년에 견훤이 '서남해 방수군防戍軍'으로 파견되었다는 기사를 근거로, 서남해 지방이 9세기 말부터 견훤의 지배하에 있었을 것으로 추정한다. 그러나 실질적인 지배는 하지 못했던 것으로 추측할 수 있다. 이에 대한 근거로 먼저 견훤의 주요 진군로는 진주에서 순천으로 이어서 광주로 진군했던 것으로 나타나고 있다. 즉 서남해 지방은 그의 진군로에서 비켜나 있었다는 점이다. 견훤이 892년에 광주에 입성한 이후 곧바로 전주로 중심지를 옮겨갔다. 견훤은 서남해 지방을 광범위하게 지배하려 했으나 무려 9년간이나 지체되었다. 이는 서남해 지방에 대한 공략이 예상과는 달리 지지부진했음을 뜻한다. 견훤은 900년에 이르러 전주에서 백제의 건국을 선언한다. 그 이듬해 신라의 대야성을 공격하고 돌아오는 길에 나주 인근의 부락을 약탈했다. 이것은 끝까지 저항한 서남해 지방에 대한 화풀이였을 것으로 추정된다.

이런 맥락에서 볼 때, 견훤의 서남해 지방에 대한 공략 의지는 매우 집요했었고, 이에 대한 서남해 지방 사람들의 저항 역시 만만치 않았다. 장기간에 걸친 쌍방 간의 공방은 더욱 처절한 국면으로 치달았을 것이며, 그만큼 서남해 지방 사람들의 위기감은 더욱 증폭되어 갔을 것임에 틀림없다. 바로 이 틈새를 당시 궁예의 장수로 복무하고 있던 왕건이 파고 들었던 것이다.

당시 서남해 지방의 해양세력은 크게 두 세력으로 나뉘어 있었다. 섬 지역을 무대로 한 '도서 해양세력'과 해안 육지를 무대로 한 '연안 해양세력'이다. 도서 해양세력을 이끌던 장군은 압해도의 능창能昌이었으며, 연안 해양세력을 이끌던 사람은 나주의 호족 오다련鳴多憐이었다. 이들은 견훤이 침략해오자 뭉쳐서 저항했다. 그러나 견훤의 침략이 장기화하면서 강하게 압박해오자 두 세력은 대응방식을 바꾸었다. '도서 해양세력'은 비타협적 저항 노선을 유지했으나 '연안 해양세력'은 실리적 타협을 모색하고 왕건을 파트너로 선택했다. 이 제안은 왕건에게도 윈-윈이 되는 조건이었다. 왕건은 굳건한 동맹을 위해 오다련의 딸과 결혼했다. 왕건은 서남해 지방의 정복을 위해 오다련의 '연안 해양세력'을 최대한 활용했다.

왕건은 903년 3월 해군을 이끌고 광주 경계의 해안으로 상륙하여 금성군錦城郡(오늘날의 나주)을 점령했다. 그는 인근 10여 개의 군현을 점령한 후 군대를 주둔시키고 돌아갔다. 견훤의 집요한 공격에도 꿈쩍하지 않았던 나주의 세력이 왕건의 단 한 차례 공격에 무력하게 무너졌던 것은 바로 오다련의 '연안 해양세력'의 도움이 있었다고 보아야 할 것이다. 왕건의 전격적인 나주 점령은 견훤에게는 큰 충격이었다. 왕건은 태봉국의 민심이 궁예에게서 멀어지면서 왕건에게 쏠리자 궁예의 예봉을 피해 서남해 지방의 공략에 나선다. 그는 909년에 염해현鹽海縣(오늘날의 무안군 해제면 임수리)에서 견훤이 중국 오월鳴越에 파견한 후백제 사신들이 탄 배를 나포했다. 이로써 왕건은 견훤이 계획했던 중국과의 협력을 막는 전략적인 승리를 거두었다. 사기가 오른 왕건군은 서남해 지방의 중심 도서 중의 하나인 진도군을 함락하고, 영산강榮山江 하구의 압해도 인근에 있는 작은 섬인 고이도古耳島도 정복했다. 이를 통해 왕건은 서남해 지방에 대한 장악력을 강화할 수 있었다.

912년에 왕건이 다시 서남해 공략에 나섰다. 견훤은 직접 진두지휘하여 왕건의 군대와 맞섰다. 그는 전함을 목포에서 덕진포에 이르는 영산강 하구에 배치했다. 왕건이 나주세력과 협공하는 것을 차단한 것이다. 그런 후 많은 함대를 압해도로 이동시켰다.

왕건의 계획을 눈치 챈 견훤은 육군을 남하시켜 영산강 일대에 집결토록 하고 자신은 친히 수군을 거느리고 진격해왔다. 이 당시 견훤이 동원했던 전함이 목포에서 덕진포(오늘날의 전라남도 영암군 덕진면)까지 배가 서로 잇닿을 정도였다고 하니 엄청난 군세였을 것이다. 후백제의 군사력을 본 왕건의 병사들은 겁에 질려 전의를 상실했다. 절대적인 병력과 장비의 열세로 정면 전투로는 승리를 장담할 수 없었던 상황에서 왕건은 남동풍을 비는 제사를 지냈다. 오직 남동풍에 의한 화공으로만 승리가 가능한 상황이었기 때문이다.

왕건은 북서풍이 여전히 거세게 불고 있는 압해도 해안 근처에 이르자 갑자기 모든 전함을 세운 채 하늘에 제를 지내기 시작한다. 강한 북서풍이 불고 있었다. 북쪽에 있는 견훤군이 화공을 해오면 큰일이었다. 군사 태평은 하늘에 대고 절규하면서 기원하고 있었다.

"하늘이시여! 일월성신이시여. 굽어 살피시오소서. 대 마진국의 총사 장군 왕건이 정성을 다하여 이 바다와 하늘에 비옵니다. 바람을 주시오소서. 이 북서풍을 남동풍으로 바꾸어 주시옵소서. 하늘의 신풍을 우리에게 주시어 이 서남해를 제압하고 삼한 통일의 초석이 되게 해주시옵소서. 비옵니다. 일월성신께 비옵니다. 남동풍을 주시오소서. 저희에게 남동풍을 내려 주시오소서."

당시 기록에 의하면 기도를 올리는 이레 동안 내내 바람은 북서풍이 불었다고 한다. 왕건의 참모들이 큰 걱정을 하자 왕식렴이 한겨울에도 때때로 남동풍이 부는 것을 본 적이 여러 번 있다면서 참모들을 안위했다고 전해진다. 놀라운 것은 당시 왕건은 남동풍이 부는 것을 확신한 것처럼 화공에 쓰는 많은 기름과 불화살과 화약까지 싣고 있었다. 따라서 남동풍이 분다면 모르지만 북서풍이 계속 분다면 견훤군의 화공으로 더 위험한 지경에 처하게 될 것이었다. 7일째 기도를 하던 군사 태평이 드디어 왕건에게 내일 새벽이면 하늘이 남동풍을 보내줄 것이라고 말하면서 화공을 하라고 조언한다. 태평이 말한 것처럼 새벽에 이르러 작은 깃발들이 반대 방향으로 흔들리기 시작했다. 남동풍이 불기 시작한 것이다. 태평은 먹구름이 몰려가고 있으니 곧 큰 바람이 불 것이라며 전 함대에 돌격령을 내리라고 조언한다. "남동풍이다. 남동풍이 불기 시작했다. 소라를 불고, 큰 북을 쳐라. 전 함대는 백제군의 진영으로 공격하라." 왕건이 명령을 내렸다.

왕건의 계책이 무엇인가 두려워 공세를 취하지 못하다가 아무런 움직임이 없자 공격하려고 준비하던 견훤군은 바람이 남동풍으로 바뀌자 당황하기 시작했다. 남동풍을 타고 불화살과 화약으로 공격하는 왕건의 전함에 견훤 함대는 불길에 휩싸이기 시작했다. 속수무책이었다. 비명 소리와 함께 불길에 휩싸인 군사들이 바다로 뛰어들었다. 견훤의 전함들이 대부분 불에 타면서 바다 속으로 가라앉았다. 기록에 의하면 왕건군이 500여 명의 목을 자르니 견훤은 급히 조그만 배에 옮겨 타고 간신히 도망쳤다. 제갈공명의 저 유명한 적벽대전을 연상케 하는 해전사에 길이 남을 이 전투야말로 '덕진포 대전'이라 불려 마땅할 듯하다. 역사에서는 "이로써 삼한 땅의 태반을 궁예가 차지하게 되었다"고 기록하고 있다.

그런데 정말 군사 태평이 남동풍을 비는 제사를 지냈기 때문에 남동풍이 불었을까? 그것은 아니었을 것이다. 배를 이용한 무역을 위주로 하던 개성을 근거지로 했던 왕건과 태평은 서해상에 나타나는 겨울철 기후와 특성을 파악하고 정확한 천기의 움직임을 읽을 수 있었을 것이다. 전투가 대승으로 끝난 후 어떻게 남동풍이 불 것을 알았느냐는 질문에 제갈공명의 남동풍 불러오기를 벤치마킹했다고 말한다. 이것은 오랜 기간 날씨를 관측하고 전쟁에 이용했다는 뜻이다. 이 지혜를 이용하여 화공을 할 수 있도록 무기를 준비했고, 이로 인해 왕건군이 대승을 거둔 것이다. 압해도 전투는 팽팽하게 맞서던 후백제와 고려의 균형을 파괴했다. 적 후방 상륙작전, 그리고 제해권 장악 작전 등은 6.25전쟁 당시 맥아더의 인천상륙작전과 흡사하다. 이 전투에서 패배한 견훤은 내내 이를 극복하지 못하고 결국은 패망하고 만다. 기발한 작전계획과 함께 남동풍을 전투의 승리에 결정적으로 활용한 왕건의 혜안은 그가 삼국을 통일하고 고려의 왕으로 올라서는데 큰 밑받침이 되었다.

역사의 기록을 보면 왕건과 견훤의 압해도 전투와 그 이후 벌어진 전투에 대해 왕건의 일방적이고도 싱거운 승리로 일관한 것으로 되어 있다. 그런데 영산강 하구의 무안군 몽탄면에 전해오는 파군교의 전설은 이와는 다른 내용을 기록하고 있다.

> "왕건이 군사를 거느리고 영산강변에 진을 쳤는데, 견훤군이 사방을 에워싸고 공격을 가해왔다. 왕건은 포위망을 뚫으려 했지만 마침 바다의 밀물이 밀려들어 강물이 범람하는지라 빠져나갈 수가 없었다. 마침 밤이 되어 전투가 소강상태에 접어들어 왕건이 잠시 조는 사이에 백발 노인이 꿈에 나타나 다음과 같이 일러주었다. 지금 강물이 빠졌으니 군사를 이끌고 강을 건너 몽탄의 청룡리에 진을 치고 매복해 있으라. 그러면 견훤군이 뒤쫓아 올 것이니 그를 치면 장군이 크게 승리하고 삼국을 통일하는데 성공할 것이다"

잠에서 깬 왕건은 그 노인의 말대로 하여 과연 대승리를 거두었다. '꿈의 여울'이란 의미의 몽탄^{夢灘}이란 지명과 '군대를 격파한 천'이라는 의미의 파군천破軍川이라는 이름은 이로부터 전해진다는 것이다.
이 전설은 아마도 '덕진포 대전'의 사실史實에 더하여 지어진 것이라고
생각된다. 한때 왕건이 견훤군에 포위되어 몰살의 위기에 처하기도 했
다는 숨은 이야기에서 행간의 의미를 찾는 것이 좋을 듯하다. 이 전설
을 만든 사람들은 서남해 지방의 민중이었을 것이다. 그들은 이전에 자
신들의 도움이 없었다면 왕건의 통일 대업도 불가능했으리라 자부했
다. 더불어 왕건에게 이것을 잊지 말 것을 경고하기 위해서 이 전설을
만들어낸 것이다. 꿈속의 백발노인이란 그들의 염원을 담은 '서남해와
영산강의 신령'으로 보는 것이 타당할 듯하다.

🐗 헨리 5세와 아쟁쿠르 전투

"소수인 우리, 행복한 소수인 우리는 모두 한 형제다We few, we happy few, we band of brothers."

셰익스피어의 희곡 〈헨리 5세〉에 나오는 유명한 대사다. 셰익스피어는 헨리 5세를 영국인의 우상으로 만들었다. 6만 명의 프랑스군에 대항하여 겨우 1만 2,000의 영국군이 대승리를 거두었다. 전투에서 프랑스군 1만이 전사했으나, 영국군은 20명 정도가 전사했다. 빛나는 쾌승을 거둔 것은 헨리 5세의 영웅적인 리더십 때문이었다고 셰익스피어는 말한다. 영국인들은 아쟁쿠르Azincourt 전투를 자랑스러워한다. 역사학자 앤 커리Anne Curry의 말처럼 "아쟁쿠르 전투는 헨리 왕이 이룩한 업적이 만들어놓은 신화"였는지도 모른다. 하지만 셰익스피어의 글에 다소의 과장이 있을지는 몰라도 헨리 5세는 지형과 날씨를 이용하여 승리를 쟁취한 참으로 지혜로운 왕이었다.

1415년 여름, 영국 왕 헨리 5세는 프랑스 북부 칼레Calais 일대를 내놓으라고 요구했다. 말도 안 되는 요구에 프랑스가 거절하자 헨리 5세는

아쟁쿠르 전투

프랑스를 공격한다. 그는 궁병 및 보병 8,000명과 중장기병 2,000명 등 1만여 명의 병력을 이끌고 노르망디 해안에 상륙한 후, 동쪽으로 진출하여 아르플뢰르Harfleur를 함락했다. 프랑스의 견제 중에 솜Somme 강을 건넌 것이 10월 19일이었다. 북프랑스의 작은 마을인 아쟁쿠르에서 영국군은 프랑스군과 맞닥뜨린다.

15세기 초반 서부 유럽 해안 지역에는 폭우가 많이 내렸다. 비는 여름, 겨울 등 계절을 가리지 않고 쏟아졌다. 많은 비로 전염병이 만연했다. 영국군은 계속되는 비로 인해 질병 환자가 많은데다가 500킬로미터의 행군으로 지칠 대로 지쳐 있었다. 전사가들은 아쟁쿠르 전투를 치를 무렵 영국군은 6,000명 정도였을 것으로 본다. 많은 병사가 전투와 질병으로 죽었다고 추정하는 것이다. 이에 맞선 프랑스군은 2만 5,000명 정도였다. 병력 수로 4대 1의 비율이었지만 중장기병과 중장보병으

로 이루어진 프랑스군의 무장이 우수했다.[8]

아쟁쿠르 전투가 벌어지기 전날인 8월 24일 밤에는 많은 비가 내렸다. 처량한 가을비를 맞고 있는 영국군은 겁에 질려 있었다. 병력으로 보나 무기로 보나 프랑스에 상대가 되지 않았기 때문이다. 반면 프랑스군은 승리를 확신했고 빨리 전투가 벌어지기를 기다리고 있었다. 병력도 많지만 영국군 일반 병사보다 강한 중무장 병력의 숫자가 많다는 점 때문이었다. 영국군은 약 1,000명의 중무장 병력만 있었지만 프랑스군은 1만여 명의 중무장 병력(그중에서 1,200명은 중장기병)으로 구성되어 있었다. 중무장한 병력이 많다는 것은 육박전에 유리하다는 것을 뜻한다.

헨리 5세는 이대로 싸웠다가는 패배할 수밖에 없다고 생각했다. 그는 비가 내리는 가운데 병사들을 모아 놓고 피를 토하는 연설을 한다.

"우리는 수적 열세다. 게다가 지쳤다. 하지만 우리는 피를 나눈 형제다. 제군은 나와 함께 피를 흘려왔기 때문에 내 형제가 될 것이다. 영국에 남은 남자들은 지금 잠자리에 누워 여기에 있지 못해 안타깝다고 생각할 것이다. 함께 싸운 우리가 목소리를 높일 때 그들이 남자인 것을 부끄럽게 여길 것이다. 오늘 살아남아 무사히 귀향한 자는 오늘을 기념하는 날 최고의 자리에 서게 될 것이다. 성 크리스핀 축일에 그 이름과 함께 높이 서게 되리라. 내가 앞에 설 것이다. 나를 따라 영국의 영광을 위해 싸우자."

헨리 5세의 연설에 감동한 영국군은 더 이상 병들고 지치고 겁에 질

---

8 셰익스피어의 소설과 병력의 차이가 나는 것은 셰익스피어의 다소 과장된 표현으로 판단된다.

려 신음하던 병사들이 아니었다. 그들은 밤을 새워 목책을 세우고 전투 준비를 마쳤다. 아쟁쿠르는 우거진 수풀로 가득 얽혀 있었고 전투가 가능한 개활지는 좁았다. 게다가 간밤에 내린 비로 전장은 아주 진창인 상황이었다. 헨리 5세는 지형과 날씨를 이용하기로 한다. 그는 1,000명의 중무장 병력과 5,000명의 장궁병長弓兵을 750야드(약 686미터)에 걸친 좁은 길에 배치했다. 장궁병을 양 측면에 배치하고, 중장기병과 기사들을 중앙에 배치했다. 중앙에는 약 200명의 장궁병을 배치했다. 영국군 장궁병 앞에는 적 기병의 돌격을 막기 위해 날카롭게 깎은 목책을 설치했다.

정오가 되어 가는데도 프랑스군은 예상과 달리 공격해오지 않았다. 이런 날씨와 지형조건은 다시 오지 않을 터였다. 헨리 5세는 병력을 전방으로 움직여 프랑스의 공격을 유발시켰다. 프랑스군의 중장기병이 먼저 돌격해왔다. 그 뒤를 이어 중장보병이 공격해왔다. 프랑스의 중장기병은 주위를 둘러싼 수풀지대 때문에 장궁병의 측면을 공격하지 못했다. 궁수들을 보호하고 있는 목책을 돌파하지도 못했다. 높은 곳에 있는 영국의 장궁병들이 불화살을 쏘아댔기 때문이다. 말은 본능적으로 두려우면 돌아가려 하는 성질을 가지고 있다. 공황 상태에 빠진 말들이 돌아서 뒤따라 공격해오는 중장보병을 향해 돌진했다. 역사 기록에 의하면 중장기병이 퇴각하면서 진군하는 프랑스군 보병을 혼란에 빠트리고 전열을 흩뜨려 놓았다고 한다.

비 때문에 생긴 깊은 진창은 영국군에게 유리했다. 프랑스 기병과 중장보병은 진창으로 인해 이동에 제한을 받았다. 느린 진격은 영국 장궁병의 쉬운 타깃이었다. 그럼에도 갑옷으로 중무장한 프랑스 병력은 장궁병으로부터 손실을 많이 입지는 않았다. 그러나 무거운 갑옷은 재앙으로 다가왔다. 화살이 얼굴에 맞는 것을 피하기 위해 투구를 내려쓴 상태로

50~60파운드(약 23~27킬로그램)나 되는 갑옷을 입고 두꺼운 진창을 걸어야 하는 프랑스군은 지치고 말았다. 이 전투를 기록한 프랑스의 성직자 성 드니St. Denis는 프랑스군이 "무릎까지 진흙에 빠진 상태로 진군했다. 그들은 적들에게 진군하기 전에 이미 지쳐 있었다"라고 묘사했다.

프랑스군이 도착하자 영국의 장궁병들은 활과 화살을 내려놓고 육박전에 가담했다. 육박전은 3시간 정도 계속되었다. 진창은 경무장한 영국의 장궁병에게 유리하게 작용했다. 도끼와 칼을 사용한 영국의 장궁병들은 피로에 지친 프랑스군을 무참하게 살육했다. 진격하느라 진이 다한 프랑스의 중장보병대는 땅에 쓰러져 다시는 일어나지 못했다. 프랑스군에 공포심이 확산되자 제1전열이 쉽게 무너졌다. 이어 투입된 제2전열, 제3전열도 서로 뒤엉키면서 엄청난 학살을 당했다. 프랑스의 피해는 상당했다. 사령관과 공작 3명, 백작 5명, 남작 90명이 전사했다. 전사자와 포로가 약 7,000명에 이르렀다. 영국의 완벽한 대승이었다. 이 전투 뒤에 영국군은 칼레를 점령했고, 북프랑스는 영국의 지배하에 들어갔다. 그리고 헨리 5세는 영국의 진정한 영웅이 되었다.

대문호 셰익스피어는 아쟁쿠르 전투를 바탕으로 희곡 〈헨리 5세〉를 썼고, 이 작품은 이후 세월을 거치면서 수차례 영화와 연극으로 제작되었다. 헨리 5세가 왕이 된 직후부터 아쟁쿠르 전투에서 승리한 후 프랑스 왕 샤를 6세의 딸을 왕비로 맞아들이며 양국 간에 휴전이 이루어지는 것이 주요 내용이다. 작품 속에서 셰익스피어는 헨리 5세를 국민에 대한 책임과 사랑, 신뢰를 누구보다 잘 알았던 사람으로 그리고 있다.

최고의 명장은 병사들이 조국을 위해 하나밖에 없는 목숨을 바치게 만드는 사람이라고 말한다. 군대의 지휘관은 어떻게 사병들로 하여금 조국을 위해 목숨을 바칠 각오를 하도록 만들 수 있는가? 병사들이 만약 '전쟁터에서 목숨을 바치는 게 이득인가 아닌가' 손익계산을 하기 시작하면, 그 군대는 이미 끝장난 것이다. 병사들이 목숨을 바치게 할 수 있도록 동기를 부여하고 인센티브를 주는 방법은 무엇인가? 이런 물음에 대한 답을 헨리 5세가 주는 것은 아닌가?

아쟁쿠르 전투까지 승리를 거듭하여 프랑스를 패배 직전까지 몰고 갔던 영국군은 이후 잔 다르크^{Jeanne d'Arc}의 출현으로 패배하고 영국으로 쫓겨나면서 백년전쟁은 막을 내린다. 100년 동안 지속된 이 전쟁은 민족국가의 틀로 설명하기는 어렵다. 이 전쟁 이후에 비로소 영국이나 프랑스가 국가로서의 틀을 갖추었기 때문이다. 백년전쟁이 프랑스라는 국가를 낳은 것이다. 전쟁을 통해 국왕이 상비군을 육성하고, 법령을 반포하며, 외적과의 차별적 의식을 선전함으로써 국가의식이 형성된 것이다. 국가의 틀을 갖춘 프랑스는 이후 비약적인 발전을 하면서 유럽의 강국으로 부상한다.

백년전쟁으로부터 100여 년 후 프랑스 왕 앙리 4세는 뛰어난 경제정책을 통해 프랑스를 급속히 부흥시켰다. 그는 재정장관 쉴리^{Sully}를 불러 "이제부터는 프랑스의 모든 백성이 주일엔 무조건 닭고기를 먹을 수 있도록 하라"고 지시했다. 먹을 빵조차 없었던 백성들이 정말 그 후부터 일요일엔 닭을 먹을 만큼 형편이 피었다. 그때부터 오늘까지 이 관습은 계속 이어 내려오고 있다. 그리고 닭은 프랑스의 상징이 되어 버렸다.

성 크리스핀 축일 연설

영화를 보면서 헨리 5세의 연설을 들으면 큰 감동을 받는다. 이 연설은 '성 크리스핀 축일 연설 St. Crispin's Day Speech'로 알려져 있는데 독자들에게 꼭 전문을 소개하고 싶어 욕심을 부린다.

웨스트모어랜드 : 본국에 남아서 오늘 아무 일도 하지 않고 있는 병사들 중에서 1만 명이라도 여기 있다면 얼마나 좋겠습니까!

헨리 5세 : 그런 소리를 하는 사람이 누군가? 내 사촌 웨스트모어랜드인가? 아닐세, 사촌이여, 만일 우리가 모두 전사해야 할 지경이라면, 조국에 끼치는 손실은 우리만으로도 족하네. 만일 승리하여 살아남게 된다면 우리 군대의 수가 적을수록 우리가 차지할 영예의 몫은 크게 마련이네. 신에게 맹세컨대, 한 사람의 병사도 더 바라지 말게. 맹세코 난 절대 황금을 탐내지 않네. 그리고 누가 내 비용으로 먹고 마시더라도 나는 상관치 않네. 또한 사람들이 내 옷을 입더라도 상관없네. 그런 외면적인 것은 일체 내가 바라는 것이 아니네. 하지만 명예를 탐내는 것이 죄가 되는 것이라면 나는 이 세상에서 가장 큰 죄인이네. 정녕, 사촌이여, 본국으로부터 한 사람도 증원을 바라지 말게.

신에게 바라건대, 한 사람이라도 인원이 많아져 내가 차지할 몫이 줄어들어 이 위대한 영광을 잃는 일은 절대로 없어야 하네. 오, 제발 한 사람도 더 바라지 말게. 오히려, 웨스트모어랜드여, 내 군대에 이렇게 포고하게.

이 전투에 참가할 용기가 없는 자는 떠나라. 그런 자들에게는 허가증을 발급해 주고 여비도 지급할 것이다. 우린 우리와 같이 죽기를 두려워하는 자들과 같이 죽고 싶지 않노라.

오늘은 성 크리스핀의 축일이다. 이날 살아남아 무사히 고국으로 돌아가는 자는 이 날의 이름이 선포되고 크리스핀 성인의 이름을 들으며 깨어날 때 설레며 일어나리라. 그리고 오늘 살아남아 노년을 맞는 자는 해마다 그 전야제에 이웃사람들을 초대하여 이렇게 말하리라, "내일은 성 크리스핀 축일이오." 그리고 옷소매를 걷어 올려 상처자국을 보여주며 이렇게 말하리라, "이 상처는 성 크리스핀 축일에 입은 상처요"라고. 노인은 건망증이 심하다. 하지만 다른 모든 것은 잊을지라도 그날 세운 공훈은 유리한 점들과 함께 반드시 기억해 내리라. 그때엔 우리의 이름이 매일 쓰는 말처럼 사람들의 입에 오르게 되어 헨리 왕, 베드퍼드, 엑서터, 워릭, 탤벗, 솔즈베리, 그리고 글로스터 같은 이름들은 그들이 주고받는 술잔 속에 생생하게 되살아날 것이다.

이 이야기는 아버지에게서 아들로 전달될 것이고, 오늘부터 세상의 종말까지 영원히 성 크리스핀 축일에는 우리를 기억하지 않고는 지나가지 않을 것이다. 소수인 우리, 다행히도 소수인 우리는 모두 한 형제이다. 왜냐하면 오늘 나와 같이 피를 흘리는 사람은 내 형제가 될 것이기 때문이다. 아무리 미천한 신분도, 오늘부터는 상황이 좋아질 것이다. 그리고 지금 고국 영국에서 침대에서 편히 쉬고 있는 귀족들은 이곳에 있지 않았던 것을 저주라고 생각하고 성 크리스핀 축일에 우리와 같이 싸운 사람들의 이야기를 들을 때면 자신들의 체면이 몹시 깎이는 것을 느낄 것이다.

(〈헨리 5세〉 4막 3장)

후스 전쟁과 지슈카

"나의 조국을 생각하면 눈물이 흐릅니다."

체코슬로바키아가 낳은 위대한 작곡가 베드르지흐 스메타나^{Bedřich} Smetana(1824~1884)의 말이다. 그의 음악 밑바닥에는 조국에 대한 사랑이 절절하게 흐른다. 그는 독일과 오스트리아의 지배하에 있었던 체코 국민을 위로하고 애국정신을 고취하기 위하여 많은 곡을 썼다. 대표적인 작품이 바로 6곡의 연작 교향시 〈나의 조국^{Ma Vlast}〉이다. 6곡 중 5번인 '타보르^{Tabor}'는 6번과 함께 체코의 역사와 밀접한 관계를 가지고 있다. 독립을 위해 싸웠던 체코인들의 전쟁찬송가인 '그대들은 신의 전사'(후스파^{Hussite}의 찬송가)의 선율을 기초로 한 자유로운 환상곡풍의 코랄 변주곡이다. 이어 나오는 제6번 '블라니크^{Blanik}'는 '타보르'와 쌍벽을 이룬다. 후스파의 전사들이 독일의 압제로부터 체코를 구출하는 전투의 승리를 묘사한다. 체코 민중의 승전가가 소리 높이 울려 퍼지는 장면은 그야말로 감동적이다.

스메타나의 '나의 조국'에 나오는 후스파의 독립전쟁은 스메타나가

작곡하기 400년 전에 일어났
던 역사적 사실이다.

안 후스

독일의 마르틴 루터^{Martin}
^{Luther} 보다 100여 년 앞서 종
교개혁의 불을 붙인 사람이
얀 후스^{Jan Hus} (1372~1415)이
다. 가톨릭교회 사제였던 그
는 교황 등 로마 가톨릭교회
지도자들의 부패를 비판했다.
존 위클리프^{John Wycliffe} 의 예
정구원설을 기반으로 성서를
그리스도교 믿음의 유일한
권위로 인정할 것을 강조하
는 복음주의적 입장을 보였
다. 체코인을 위해 라틴어가
아닌 모국어로 성서를 번역하고 모국어로 설교한 그는 슬픈 조국의 현
실을 극복하기 위해 체코 민족운동의 지도자로도 활동했으며 체코의
독일동화정책에 저항했다.

독일동화정책에 반대하는 후스의 종교 활동은 보헤미아^{Bohemia} 왕 벤
체슬라우스^{Wenceslaus} 4세의 지지를 받았다. 국왕은 후스파를 이용해 체
코 국민의 애국심을 고양시키고 자기의 지위를 확고히 하려 했다. 벤체
슬라우스 4세는 1409년에 법령을 반포하여 프라하 대학에서 외국인의
특별한 지위를 박탈시켜버렸다. 체코 대학에서 체코 교사가 3석, 독일 교
사는 오로지 1석만 차지할 수 있게 한 것이다. 이 조치는 독일인에게 엄
청난 불이익이 되었고 독일인들은 프라하를 떠났다. 때마침 대립교황 요

안 후스의 처형 준비. 칼 구스타프 헬크비스트 Carl Gustaf Hellqvist 作.

한 23세[9]가 체코에서 면죄부를 판매하기 시작했다. 교황은 면죄부를 구입하면 죄인들의 영혼도 사후에 천국으로 갈 수 있다고 주장했다. 후스는 이 같은 사기행위를 과감히 폭로했다. 그는 대학 논쟁회의에서 '면죄부 판매는 용인할 수 없는 사기행각'이라고 논증했다. 후스는 1411년 가톨릭교회로부터 파문당했다. 1412년 10월, 프라하에서 쫓겨난 후스는 체코 남부의 한 농촌으로 거처를 옮겼다. 그는 계속해서 종교개혁운동을 전개하며 가톨릭교회의 공격에 반박하는 논문을 발표했다. 1414년, 콘스탄츠에서 공의회를 개최한 가톨릭교회는 후스에게 참가할 것을 요구

---

9 1309~1377년까지 교황청을 남프랑스의 아비뇽으로 옮긴 일은 교황의 위신에 큰 손상을 입혔다. 결국 1377년 그레고리우스 11세가 교황청을 다시 로마로 옮기자 서방교회의 대분열이 시작되어 로마 교황권(정통교황으로 간주), 아비뇽 교황권(대립교황으로 간주), 그리고 피사 공의회가 세운 제3의 교황권(역시 대립교황으로 간주)이 생겼다. 이러한 웃지 못할 사태는 1417년, 유럽의 모든 가톨릭 국가가 교황 마르티누스 5세를 단 하나의 교황으로 인정하면서 막을 내린다. 대립교황 요한 23세는 피사 공의회파의 교황이었다.

했다. 신성로마제국 황제 지기스문트Sigismund는 후스의 안전을 약속하며 '신변보호문서'를 발송했다. 그러나 황제의 약속은 거짓이었다. 후스가 공의회에 참가하자 그를 바로 감옥에 잡아넣은 것이다. 후스는 법정에서 자신의 주장을 굽히지 않으며 가톨릭교회가 고발한 죄상에 대해 일일이 반박했다. 그러나 종교법원은 1415년 7월 6일 후스를 이단으로 규정하고 화형을 선고했다. 가톨릭교회는 후스의 흔적을 남김없이 지워버리기 위해 그의 유골마저 라인 강에 뿌려버렸다.

후스의 처형 뒤 그의 신학사상과 뜻을 이어받은 강력한 개신교 공동체인 보헤미안 공동체가 형성되었으며 구교와 신교의 30년 전쟁의 시발점이 되었다. 또한 후스의 뜻을 이어받은 체코인들의 독립봉기가 일어나는 계기가 되었다. 후스가 죽은 뒤, 체코인들은 프라하에서 교황의 잔악한 처사와 황제의 거짓 약속을 규탄했다. 체코인들은 반反가톨릭교회 투쟁에 참가하여 일체의 세금 납부를 거부하고 독일 성직자를 추방했다. 마침내 1419년 7월에 대규모의 반란을 일으켰다. 체코인들은 독일인이 장악하고 있는 교회를 공격했다. 당시 두 곳에서 동시에 일어난 반란은 서로 다른 교파를 형성했다. 보헤미아 남부 타보르Tábor를 중심으로 형성된 타보르파Taborite는 비교적 급진적인 성향을 띠었다. 이들은 모두 하층 노동자로 이후 후스 전쟁의 주요 세력이 되었다. 또 다른 한 파는 프라하를 중심으로 결정된 양형영성체파Utraquists였다. 이들은 온건파로 대부분 중산계층과 중소귀족들이었다.

1419년 7월 30일, 프라하에서 반란을 일으킨 양형영성체파는 도시의 관할권을 쟁취했다. 이들은 1420년에 프라하 4대 조항을 만들었다. 가톨릭교회의 재산 몰수, 체코의 종교적 독립, 외국인의 체코 역사 집필 금지, 선교의 자유와 어떤 언어로든 설교할 수 있도록 했다. 신성로마제국 황제 지기스문트는 1420년 4월부터 1431년 8월까지 총 5차례

체코 프라하에 있는 얀 지슈카의 기마상.

나 십자군을 동원해 체코인의 반란을 진압하려고 했다. 그러나 얀 지슈카Jan Žižka(1360~1424)를 중심으로 단결한 체코인은 용감히 항전했다. 체코의 민족적 갈등 및 계급갈등이 격화된 시기를 살았던 지슈카는 젊은 시절 국왕의 군대를 따라 폴란드에서 독일 기사단[10]과 전쟁을 치렀다. 1410년에는 타넨베르크Tannenberg 전투 중에 혁혁한 공적을 세웠다. 후스의 종교개혁운동이 최고조에 달할 무렵에 나라를 위해 귀국한 그는 후스파의 신자가 되었다. 후스 전쟁이 발발하면서 지슈카는 체코인을 이끄는 지도자가 된다.

보헤미아의 종교적 분노가 1415년 얀 후스의 화형으로 최고조에 달했을 때, 독일의 가톨릭군을 중심으로 한 십자군이 보헤미아를 공격하기 위해 결성되었다. 이에 얀 지슈카가 이끄는 체코의 농민봉기군이 대적하게 된다. 지슈카는 체코의 장군이자, 후스파의 지도자였다. 그는 독일의 십자군 기사단과 싸우기 위해 기병을 만들 능력도 시간도 없음을 알았다. 더구나 체코 농민군은 변변한 무기조차 없었다. 그는 농민들이 입고 있는 옷과 농기구들을 그대로 사용하기로 결정했다. 기존의 사고를 깨뜨리고 전혀 다른 군단을 편성했다. 많은 농기구를 무기로 변

---

10 튜튼 기사단(Teutonic Order)이라고도 한다. 제3회 십자군 원정 때 창설한 독일의 전투적 종교 기사단으로 13세기 이래 프로이센을 정복하여 강력한 국가로 변모시켰다. 종교 개혁 시기 루터파로 개종(改宗)함과 동시에 해산되었다.

환했는데, 농업용 도리깨는 쉽게 무기가 되었다. 그는 또한 농업용 마차를 수레진^{Wagenburg}이라 불린 독특한 무기로 사용했다. 이 마차는 바퀴를 마주대어 세워놓아 미국 서부 개척시대의 개척자들이 인디언과의 전쟁에서 사용한 것과 같은 방법을 사용했다. 적과 싸울 때에는 마차로 원을 이루어 말들이 울타리 안에 안전하게 보호 받았으며, 마차의 바깥 부분과 하부장치에는 날카로운 방어용 목책들과 함께 병사들이 총을 쏠 수 있는 구멍들로 이루어져 있었다. 신호에 따라서 마차는 진형을 바꿀 수 있어서 유용한 전술무기로 사용된 것이다. 수레진의 담장 안에서 쏘아대는 소총병의 위력은 지금까지 인식되어온 소총병의 개념을 바꾸어 놓았다. 더구나 그가 작은 대포를 전투에 활용한 것도 획기적이었다. 무장된 마차를 작은 대포와 총으로 무장한 것은 500년 후 나타날 탱크를 예견한 것 같다. 그는 소수의 기병을 측면 공격하는 전술에 익숙해지도록 맹훈련을 시켰다. 그는 전투에서 지형지물을 이용하는데도 달인이었다. 전장에서 깃발을 통해 신호를 알리는 시스템을 구축해 정확한 공격과 후퇴를 함으로써 승리할 수 있었다.

지슈카는 봉기군을 이끌고 신성로마제국 황제 지기스문트가 이끄는 가톨릭군과 전투를 계속하면서 놀라운 승리를 이끌어내곤 했다. 이에 지기스문트 황제는 1421년 여름 대대적인 군사동원으로 체코 봉기군을 제압하고자 진격해왔다. 독일기사단의 진격 소식에 지슈카는 모든 병력을 동원하여 격전지로 예상되는 구텐베르크로 진격했다. 밤이 되면서 강풍과 함께 폭풍이 몰아쳐 왔다. 천둥번개가 치고 폭우가 쏟아졌다. 이전에는 이렇게 강력한 뇌우와 폭풍을 본적이 없었다고 할 만큼 최악의 날씨였다. 한쪽 눈으로 전쟁을 치르던 지슈카는 이 당시에는 남은 눈마저 실명하면서 장님이 되었다.

"모든 부대는 전속력으로 전진하라. 무슨 일이 있어도 날이 밝기 전에 구텐베르크에 도착해야 한다." 폭우가 쏟아지면서 마차들이 진흙에 빠져 움직이지 못하자 지슈카가 마차에서 내려 억수같이 쏟아지는 빗속으로 몸소 뛰어들었다. 그가 솔선수범하여 마차를 밀자, 모든 병사가 힘을 합쳐 마차를 끌고 밀며 진격했다. 이에 반해 지기스문트 황제가 이끄는 독일기사단은 엄청난 폭우에 질려 진격을 중단해 버리고 말았다. 수도인 프라하Praha를 방어하기 위해 보호벽이나 다름없던 구텐베르크에서 적들을 맞이하기로 한 지슈카의 전술이 성공하는 순간이었다. 지슈카의 마차 부대는 마침내 동이 트기 전에 구텐베르크를 선점할 수 있었다. 날씨가 승패를 가르는 요인이 된 것이다. 그는 전쟁에 유리한 위치를 선점했고 그곳에 그가 자랑하는 수레진을 배치했으며 독일기사단이 가장 불리한 지형을 선택하도록 강요한 것이다.

지슈카는 압도적인 기병의 전력을 믿고 공격해 온 독일기사단을 서서히 원 안으로 몰아넣었다. 원안에 갇힌 기병은 체코의 보병들에 의해 사살되었다. 폭우로 땅이 진흙탕으로 변하면서 기동력이 현저히 떨어진 원형진 밖의 독일군도 수레진 위 나무판 뒤에 숨은 지슈카의 사병들이 사용한 화승총, 장창, 전투도끼 등으로 무력하게 죽어갔다. 독일이 자랑하던 3,000명의 기병기사단이 전멸한 것이다. 승리한 지슈카는 오히려 후퇴를 명했다. 기병의 전멸에도 불구하고 독일 주력부대의 공격을 두려워한 것으로 판단한 황제는 일제 공격을 명령했다. 그러나 그것은 함정이었다. 지슈카가 친 덫에 걸려든 독일군은 반수 이상이 죽거나 부상을 당하고 말았다. 지기스문트 황제는 독일로 도망칠 수밖에 없었다. 대승리였다.

1421년 말, 신성로마제국 황제 지기스문트는 체코를 점령하기 위해 쳐들어왔다. 체코에 거주하는 독일인들의 협공으로 지슈카는 계략에 빠졌으나, 적의 봉쇄를 뚫고 콜린Kolin으로 퇴각한다. 이곳에서 증원군

과 함께 반격하여 네보비디^{Nebovidy}의 마을에서 1422년 1월 6일, 지기
스문트의 군대를 격파했다. 지기스문트 황제는 이번에도 1만 2,000의
병력을 잃고 자신만이 간신히 돌아가는 참패를 당했다.

　지슈카가 승리한 밑바탕에는 그의 놀라운 리더십이 있었다. 지슈카
는 군율에 무척 엄격했던 한편 매우 민주적이고 합리적이었다. 일반 사
병들도 모두 군사정책에 참여할 수 있도록 했다. 전체의 뜻을 모아 다
수에게 이익이 되는 방법을 택했기에 병사들은 그를 신뢰하고 따랐다.
그는 기존의 힘을 극대화시키는 법을 알았고, 또 새로운 무기운용방법
과 전술을 사용했다. 이것이 그가 전쟁에서 연전연승한 비결이다. 1424
년 10월 11일, 지슈카는 과로로 인한 병으로 죽었다. 그가 죽자 후스파
는 분열되었고, 결국 신성로마제국 황제와의 전투에서 패하면서 독립
전쟁은 실패로 끝나고 말았다.

　"지슈카는 오직 신의 손에 의해서만 제거될 수 있는 물리칠 수 없는
이"라고 그의 적들이 기록했던 것은 뛰어난 리더십에 대한 외경에서
나온 것이었다. 한 위대한 리더는 국가를 지키는 큰 기둥이 된다. 바로
후스와 지슈카가 그랬다. 그래서 체코인들은 오늘날까지도 위대한 국
민영웅 후스와 지슈카를 무척 자랑스러워한다.

　'프라하 봄 음악제'는 매년 스메타나의 기일인 5월 12일에 열린다.
개막곡은 얀 후스와 지슈카를 기념한 스메타나의 〈나의 조국〉이다. 이
음악제 개최를 주도한 라파엘 쿠벨리크^{Rafael Kubelík}는 체코 현대사의 영
욕을 고스란히 함께했다. 아마도 쿠벨리크는 처음 음악제의 이름을 지
었을 때 그 이름이 자신이 의도했던 차원과 다를 것이라는 것을 상상
하지 못했을 것이다. 왜냐하면 지금은 '프라하의 봄'이라는 말이 음악
제보다도 소련이 투입한 바르샤바 동맹군의 20만 병력에 무참히 짓밟
힌 1968년의 체코 민주화 시도를 가리키는 의미로 사용되기 때문이다.

공산정권이 무너진 후 1988년에 비로소 조국에 돌아온 쿠벨리크는 '프라하의 봄'을 맞이한 조국에서 체코인들의 저항의 상징이었던 〈나의 조국〉을 지휘했다. 체코 사람들은 해마다 5월이 오면 프라하를 뒤덮은 아름다운 신록 속에서 〈나의 조국〉을 들으면서 '우리는 뼛속까지 체코 사람이며, 조국의 영광과 빛나는 미래를 위해 함께 싸워가야 할 의무가 있다'는 정신을 되새긴다고 한다.

조류를 이용해 승리한 단노우라 전투 🕊

"바다 속에 사는 마녀가 무서운 소용돌이를 일으켜 지나가는 배와 선원들을 삼킨답니다."

노르웨이 북쪽 해안 가까이에 있는 말스트룀^{Maelstrøm}**11**이라는 곳에 전해오는 이야기다. 뱃사람들을 공포로 몰고 가는 '전설적인 죽음의 장소'이기 때문일까? 이곳을 배경으로 에드거 앨런 포^{Edgar Allan Poe}는 공상 단편소설 〈큰 소용돌이에 빠지다^{A Descent into the Maelstrom}〉를 썼다. 그런데 이곳의 강한 소용돌이는 마녀가 아닌 조류가 만들어낸다. 조류가 해저지형의 영향을 받아 강한 소용돌이의 물결로 변하는 것이다.

전쟁사를 보면 조류가 전쟁의 승패에 영향을 끼친 사례가 많이 나온다. 기원전 480년, 아테네의 테미스토클레스^{Themistocles}는 살라미스^{Salamis} 섬 부근의 강한 조류를 이용하여 페르시아 해군을 격파했다. 베트남의 찬 흥 다오^{陳興道, Tran Hung Dao} 장군은 몽골과의 전쟁에서 썰물

---

11 노르웨이 북부 로포텐 제도에 있는 노르웨이 해의 해협과 강한 조류.

과 조류를 이용하여 바익당 강白藤江, Bach Dang 전투에서 대승을 거두었다. 717년 비잔틴 제국의 황제 레오 3세Leo Ⅲ는 보스포루스Bosporus 해협의 강한 조류를 이용하여 이슬람 해군을 격파했다. 『난중일기亂中日記』를 보면 이순신李舜臣 장군이 조류를 이용해서 군사들이 최소한의 힘만을 사용한 후, 전투에서는 최대한 힘을 발휘할 수 있도록 배려한 구절이 나온다. 그리고 울돌목의 강한 조류를 이용한 이순신 장군은 명량해전에서 쾌승을 거둔다.

9세기경, 일본은 전형적인 봉건제도가 발전해가는 시대였다. 중앙정부의 힘이 약하다보니 지방 세력이 강해지면서, 영토 쟁탈전이 계속되었다. 힘이 있는 토호들은 힘으로 개인 영토를 늘려나갔고, 절이나 무사, 농민들은 토호에 대해 충성하고 보호를 받는 체계가 뿌리 내렸다. 그러다보니 개인적인 군대간의 적대적 관계는 한층 심화되었다. 당시, 일본에서는 강력한 두 가문이 사사건건 충돌하며 주도권을 잡기 위해 250년 동안 쉬지 않고 전투를 벌여왔다. 이 중 하나가 미나모토(源) 가문으로 육지를 장악했고, 다른 하나는 다이라(平) 가문으로 바다를 장악했다. 이 같은 갈등은 결국 1185년에 벌어진 단노우라 전투壇ノ浦の戦い에서 끝을 보게 된다.

1184년 2월, 당시 천황天皇을 옹위하고 정권을 잡고 있던 다이라 가문이 이치노타니 전투一の谷の戦い에서 미나모토 가문에게 대패한 후 바다로 도망쳐 야시마屋島에 거점을 마련했다. 미나모토 가문은 이 기회에 다이라 가문의 뿌리를 뽑아 화근을 없애기 위해 전 병력을 동원하여 야시마를 공격하게 되었다. 병력 3만 명을 이끌고 규슈九州로 넘어가 다이라 가문의 배후를 차단하려 했으나 우세한 수군을 보유한 다이라 가문의 군사들에 의해 진군을 할 수 없었다. 이에 별동대를 편성하여 밤중에 본거지인 야시마를 급습했다. 다이라는 천황을 모시고 바다로 다시 도망쳐

시도志度에서 재정비했으나 그곳도 공격을 받자 결국 시모노세키下關에 본거지를 마련했다. 별동대의 활약 덕분에 규슈로 건너가 배후를 차단하려다가 막혔던 미나모토의 육군은 병선兵船의 조달에 성공해 규슈로 건너갔다. 육군이 강했던 미나모토군은 다이라 가문의 군대를 격파하고 배후를 차단하는데 성공했다. 다이라군은 시모노세키에 고립되고 말았다.

마지막 숨통을 끊기 위해 미나모토군은 총공격을 계획했다. 연이은 패배로 고립된 다이라군은 해전에서 마지막 승부를 걸었다. 바로 이 전투가 단노우라 전투다. 단노우라 전투는 1185년 4월 25일에 나가토 구니長門国 아카마가세키赤間関 단노우라壇ノ浦(오늘날의 야마구치山口 현 시모노세키下關 시)에서 벌어진 전투를 말한다. 당시 미나모토군은 총 840척의 전함으로 편성되었다. 이에 맞서는 다이라군은 500척의 전함으로 맞섰다. 전함 수에서는 열세였으나 수군이 강했던 다이라군은 용감하게 맞서나왔다.

단노우라 전투가 벌어진 간몬關門 해협은 조류가 강하고 변화도 심하기로 유명하다. 정오경 전함들의 대결로 단노우라 전투가 시작되었다. 팽팽했던 전투는 조류를 이용한 다이라군에게 먼저 승리할 기회를 주었다. 『헤이케모노가타리平家物語』[12]에는 다음과 같은 글이 나온다.

"단노우라에서 세차게 흐르며 떨어지던 밀물은 다이라의 배를 조수를 만나게 해 앞으로 나아가게 만들었다. 미나모토의 전함은 조류에 의해 압도당했다."

---

12 가마쿠라 시대에 성립된 것으로 여겨지는 헤이케(平家, 다이라 씨)의 번영과 몰락을 묘사한 일본의 군기 문학이다. 호겐의 난·헤이지의 난에서 승리한 다이라 씨와 패배한 미나모토 씨(源氏)의 대조, 그 뒤에 벌어진 젠페이 전쟁에서 다이라 씨의 멸망까지를 좇아가는 줄거리로 구성되어 있다.

다이라군은 밀물의 빠른 조류를 타고서 공격해 들어갔다. 미나모토 군은 바다 한가운데까지 밀려나갔다. 그러나 밀물 조류의 도움에도 불구하고 다이라군은 결정적인 승리를 거두지 못하면서 반격을 당하게 된다. 물결이 썰물로 바뀌면서 조류가 미나모토군의 편이 되어버린 것이다. 다시 간몬해협으로 밀려 후퇴하는 다이라군의 전함으로 육지에 포진해 있던 미나모토군이 벼랑에서 화살을 무차별로 쏘아댔다. 바다와 육지에서 무차별로 공격을 받으면서 노를 젓던 수부들이 죽어갔다. 이젠 배조차 조종할 수 없게 되었다. 다이라군 전함의 움직임이 둔해지자, 불리함을 깨달은 여러 장수들이 미나모토 쪽으로 전향했다. 다이라 군은 괴멸상태가 되었고, 승패는 결정되었다. 패배를 깨달은 다이라군의 장수들은 차례로 바다에 몸을 던졌다.

과연 단노우라 전투가 조류 때문에 승패가 갈렸는가에 대해 일본의 많은 역사학자가 의문을 가지고 있었다. 일본 해군의 구로이타 가쓰미 黑板勝美는 간몬 해협의 조류 조사를 과학적인 검증을 통해 연구했다. 그의 연구에 의하면 "전투가 벌어진 시간대는 정오부터 오후 4시까지이고, 조류가 동쪽으로 향한 시간대는 다이라가 우세했고, 서쪽으로 변경되었을 때 형세가 역전되어 미나모토가 우세하게 되었다. 미나모토 해군지휘관은 조류의 변화를 잘 이용했다." 단노우라 전투에 대해 가장 권위를 인정받고 있는 그의 연구에 의해 전투의 승패가 조류의 영향을 크게 받았다는 것이 사실로 입증된 것이다.

"무릇 싸움터를 선점하고 적을 기다리는 자는 편하고, 나중에 싸움터에 나와서 싸우려고 달려가는 자는 고달프다. 그러므로 전쟁을 잘하는 자는 적을 끌고 다니기는 하지만 적에게 끌려 다니지는 않는다. 적으로 하여금 스스로 나오게 하는 것은 이익이 있기 때문이요, 적으로 하여금

〈안토쿠 천황 연기 회도^{安德天皇緣起絵図}〉, 아카마 신궁^{赤間神宮} 소장

스스로 나오지 않게 하는 것은 해로움이 있기 때문이다. 그러므로 적이 느긋하면 힘들게 하고, 적이 배부르면 굶주리게 하고, 적이 쉬고 있으면 움직이게 만들어야 한다. 凡先處戰地而待敵者佚, 後處戰地而趨戰者勞. 故善戰者, 致人而不致於人. 能使敵人自至者, 利之也. 能使敵人不得至者, 害之也. 故敵佚能勞之, 飽能飢之, 安能動之. ″ (『손자병법』 허실편虛實篇)

『손자병법』처럼 적이 나를 쫓아다니다 스스로 지치게 만드는 것이 최선의 방법이기는 하다. 그러나 역으로 상대방이 미처 정비할 시간과 장소를 주지 않고 공격하여 적의 사기를 꺾음으로써 에너지를 소진시키는 방법도 있다. 내가 적을 쫓아가 결말을 강요함으로써 주도권을 장악하는 것이다. 시간과 공간에 쫓기는 적은 실수를 저지르며, 방어적인 자세를 취하며 공포에 빠지게 된다. 전술은 고정되어 있는 것이 아니다. 상황에 따라 전술을 선택하는 것이다. 만약 시간이 흘러 적이 전력

을 회복할 수 있는 기회를 주게 될 경우라면 신속하게 상대를 타격해야만 한다. 미나모토는 다이라 가문을 숨 쉴 틈도 없이 몰아 붙였다. 그들의 전력이 회복되기 전에 모든 방법을 동원해 공격해 간 것이다. 그리고 그런 전술은 성공했다. 미나모토의 뛰어난 리더십이 돋보이는 장면이다.

조류로 결정적인 승리를 얻은 미나모토 가문의 요리토모源賴朝 (1147~1199)는 1192년 가마쿠라鎌倉에 군사정부 형태인 '막부幕府'[13]를 세웠다. 그리고 자신은 '쇼군將軍' 직책을 맡아 교토京都의 천황을 허수아비로 만들고 전권을 행사하게 된다. 봉건제도에 군사적인 성격을 가미하여 강력한 중앙정부를 세우는 데 성공한 것이다. 이후 일본은 강력한 군사력을 건설하면서 군사강국으로 부상하기 시작한다.

1274년에 몽골과 고려의 연합군이 일본을 침공했을 때 그들은 강력하게 저항했다. 어쩔 수 없이 배로 후퇴했다가 태풍에 직격탄을 맞아 큰 피해를 입은 몽골과 고려 연합군은 퇴각할 수밖에 없었다. 일본은 7년 동안 침략에 대비해 만반의 준비를 갖추었다. 해안선에 돌담을 세웠고, 강력한 방어선을 구축했다. 몽골과 고려 연합군이 무려 7주 동안 공격했으나 도저히 일본군을 무너뜨리지 못했다. 해안선의 교두보조차 확보하지 못한 몽골과 고려 연합군은 바다위의 함선에 있다가 태풍의 내습에 또 다시 10만 명 이상의 사망자를 내고 후퇴할 수밖에 없었다. 두 차례나 태풍의 덕을 본 일본은 그 바람을 '가미카제神風' 즉 신풍이라 불렀다. 일본인들은 신이 가져온 바람이 자기들을 도왔다고 선

---

13 본래 중국에서 왕을 대신하는 지휘관의 진지를 가리키는 말이며, 이 뜻에서 대장군의 진영, 나아가 무관의 임시 정청으로 그 의미가 파생되었다. 일본에서는 바쿠후라고 하며, 미나모토 요리토모가 세이이타이쇼군(征夷大將軍)이 되면서 전시의 사령부가 전후에도 정치적 기관으로 존재하게 되면서 실질적으로 무가 정권의 정청을 말하게 되었다.

전했지만 사실은 일본의 군사력이 그만큼 강했다는 것을 의미한다. 그들이 약했다면 몽골과 고려 연합군은 상륙했을 것이고 태풍으로부터 철저하게 피해를 입지 않았을 것이기 때문이다.

우리나라 사람들은 일본인을 좋아하지 않는다. 오랜 세월동안 이웃에 살면서 자연스레 쌓여온 감정 때문이리라. 적을 아는 것이 승리의 지름길이다. 미래의 역사에서도 일본은 우리와 상당한 갈등과 충돌이 불가피한 나라다. 따라서 이들의 역사를 잠깐 살펴보는 것도 유익하리라 생각한다.

일본의 고대문명을 보면 현대 일본인의 조상은 아시아 대륙의 고원에서 내려와 일본으로 건너왔다고 한다. 이들은 당시 수렵 생활을 하던 원주민 아이누^{Ainu}족과 싸움을 시작했다. 일본 열도는 1,600킬로미터 이상 뻗어 있지만, 땅의 대부분은 농사를 지을 수 없는 산악지역이다. 아이누족과 전쟁을 벌인 주된 이유는 많지 않은 비옥한 논을 차지하기 위한 것이었다. 전쟁은 일본 열도의 남쪽에서 시작되었고, 아이누족은 쫓겨 홋카이도까지 밀려나갔다. 이 투쟁은 약 8세기까지 이어졌다. 그만큼 아이누 족의 저항도 격렬했다.

이러한 역사를 통해 일본의 군사적 성향이 만들어졌다고 보는 학자도 있다. 오랜 세월 동안 계속적으로 격렬한 전투를 벌임으로써 일본인들이 자연스럽게 군사적 인종이 되었다는 것이다. 이들의 선조격인 몽골족 혈통의 특성, 즉 기강과 충성에 대한 엄격한 규범도 한몫을 했을 것이다. 여기에 한반도에서 핍박을 받던 사람들이 일본으로 건너가 청동기문화와 철기문화를 전수했다. 일본은 새로운 영농법으로 식량을 증산하며, 또 철제무기를 얻게 됨으로써 강력한 군사력을 만들게 된 것이다.

일본의 해군력이 극동지역에서 상당히 강했던 것도 일본의 지형적

특성 때문이다. 일본이 섬나라였기에 당연히 강력한 항해술을 본능적으로 발달시켰다. 물리적 요인으로 여러 섬에 좋은 천연 항구가 많았다는 점도 유리하게 작용했다. 일본인이 거친 산악인이면서 동시에 해양인이 된 것은 이런 이유 때문이다. 군사력 건설과 해양전력의 우세를 이용해 일본은 369년에 한반도 남부(신라)를 침공했다. 391년에는 개경開京(오늘날의 개성開城)까지 공격할 정도였다. 그러나 일본의 일시적인 전성기가 끝나면서 일본인들은 곧 한반도에서 철수했고, 이후 1,200년 동안 한반도를 공격하지 못했다. 이후 일본은 중국이 침입하지 못하도록 하면서 나라 안에 힘을 비축하기 시작했다. 일본이 폐쇄된 강력한 군사국으로 발전한 이유이다.

646년 일본의 야마토大和 정권은 왕권강화를 위해 당나라의 율령제를 모방하여 정치개혁인 다이카개신大化改新을 단행한다. 이 개신의 일환으로 군사력 강화법이 만들어지는데 이것은 후에 천황권이 약화될 때 무사세력이 강대해지는 계기가 된다. 무사세력이 강해지면서 이들이 통치권을 행사하는 막부 체계가 등장한다. 중국식으로 국가 방위를 하기 위해 농부들을 대규모 예비군으로 조직화하겠다는 것이었다. 그러나 농부들이 징집에 저항했고 전쟁장비도 부족했기에 보류되었다. 각 지역은 훈련받은 상비군을 전처럼 무사로 일컫는 상류층에서 차출하여 유지했다. 이 결과 일본에서 농부와 무사계층의 분리가 갈수록 뚜렷해지게 되었다.

9세기에 중앙정부가 허약해지면서 지방 세력이 강화되었다. 영토 쟁탈전이 계속되면서 지주 세력들은 개인 영토를 늘리기 시작했다. 농민들이나 일반 민중은 세력가나 사찰 그리고 씨족장에 대해 충성을 바치고 몸을 의지하는 체제로 진행되었다. 개인적인 군대가 형성되었으며, 세력 간의 적대적 관계는 한층 심화되었다. 당시 두 가문이 가장 주도적인 적대세력으로 등장하게 되었는데, 바로 단노우라 전투에서 맞붙었던 다이라와 미나모토 가문이다. 그들은 250년 동안 끊임없이 개인적인 전쟁과 투쟁을 계속했다. 결국 미나모토 가문이 단노우라 전투에서 다이라 가문을 무찌르고 일본의 권력을 차지하게 된다.

♨ 네덜란드의 자존심을 지킨 로이테르 장군

"원유가 중동 사람들에게 준 하나님의 선물이라면, 우리에겐 청어와 함께 고래 기름을 주셨다."

국토의 4분의 3이 바닷물 높이보다 낮은 나라, 지하자원이라고는 하나도 없는 나라가 네덜란드다. 국토가 넓지도 않고 인구가 많은 것도 아니다. 그럼에도 17세기에 네덜란드는 유럽 최강국의 위치를 차지하고 있었다. 그들의 성공 뒤에는 나쁜 조건을 기회로 바꾸는 지혜가 있었다. 소빙기로 날씨가 계속 추워지자 해수온도도 낮아지면서 청어 어장이 아이슬란드 해역에서 북대서양으로 남하했다. 다른 나라는 폭풍이 잦아지면서 날씨가 나빠지자 청어 잡이 어선을 줄였다. 그러나 네덜란드는 대규모 선단으로 고기잡이에 나섰다. 유럽의 다른 모든 나라가 잡은 고기보다 네덜란드가 잡은 청어가 훨씬 더 많았다. 청어는 훈제하거나 소금에 절여 전 유럽에 팔았다. '네덜란드의 금광'이라고 불릴 정도로 청어는 네덜란드에 엄청난 부를 가져다주었다. 이들의 적극적이고 창의적인 사고는 미힐 드 로이테르^{Michiel De Ruyter}의 해상전술에서도 잘 나타난다.

네덜란드 함대사령관이었던 로이테르는 적이 예측하기 어려운 창의적인 장군이었다. 그는 해전에서의 풍상측風上側[14]의 이점을 누구보다 잘 알고 잘 이용했다. 범선이 전함으로 사용되던 당시에 풍향은 승패에 많은 영향을 주었다. 풍상측 전함이 갖고 있는 이점은 전투를 마음대로 계속하거나 중지할 수 있다는 점이다. 다시 말해서 풍상측은 공격방법

미힐 드 로이테르의 초상. 페르디난트 볼Ferdinand Bol 作. 영국 국립해양박물관National Maritime Museum 소장.

을 선택하거나 공세적인 태도를 취할 수 있는 장점을 내포하고 있다. 그러나 진형을 불규칙하게 만들어버리거나 적의 포사격에 노출되기 쉽고, 공격하는 쪽의 포화를 손실할 확률이 높다는 단점도 있다. 이에 반해 풍하측風下側 전함은 적을 공격할 수 없다. 방어적인 태도만을 취할 수 있으며 또한 적이 선택한 조건에서 전투를 할 수밖에 없다. 그러나 함대의 전형 유지가 비교적 쉽다는 점과 적의 응사가 멈추었을 때 집중사격을 할 수 있다는 장점을 갖고 있다. 당시 영국과 네덜란드 해군은 풍상측을 이용해 공격하는 전술을 즐겨 사용했다. 그러나 네덜란드의 사령관 로이테르가 뛰어난 점은, 그가 반드시 풍상측만 고집한 것은 아니었다는 점이다. 전쟁의 흐름에서 오히려 풍상측의 이점을 버리는 것이 유리하다고 판단하면 과감하게 풍하측으로 위치를 바꾸어 전투를 벌였다.

---

14 바람이 불어오는 방향을 말한다. 전함의 경우 바람을 등지고 싸울 수 있는 곳을 풍상측, 반대로 바람을 가슴에 안고 싸우는 쪽을 풍하측이라 부른다.

1672년 영국은 프랑스와 동맹을 맺고 네덜란드에 전쟁을 선포했다 (제3차 영국-네덜란드 전쟁). 당시 네덜란드 함대는 전함 91척이었고, 영국-프랑스 동맹군의 전함은 101척이었다. 네덜란드의 로이테르는 전함을 이끌고 도버 해협의 해상으로 나갔다. 그러나 남서풍이 불어와 동맹군 함대와 맞싸우기에 불리해지자 작전상의 후퇴를 했다. 함대를 이끌고 네덜란드 해안으로 돌아갔다. 영국과 프랑스의 동맹군 함대는 네덜란드 전함들을 추적하지 않고 영국의 동쪽 해안에 있는 사우스올드 Southwold 부근 솔베이Solebay 만으로 돌아갔다.

네덜란드 해안으로 돌아가던 로이테르는 바람이 동풍으로 바뀌자 전 함대를 영국 쪽으로 돌렸다. 영국-프랑스 연합함대는 그 누구도 네덜란드 해군이 공격해 오리라고 생각하지 않았다. 동맹군의 많은 장병이 급수와 휴식을 위해 상륙해 있었다. 감시를 소홀히 한 6월 7일 새벽, 로이테르가 이끄는 네덜란드 전함들이 들이닥쳤다. 퇴각하는 척하면서 방향을 바꾸어 영국-프랑스 연합함대를 기습한 것이다. 이 같은 의표를 찌른 긴급 비상사태에 영국-프랑스 동맹군 함대는 서둘러 출항했다. 대부분의 전함은 닻을 끌어올리지 못하여 닻줄을 끊고 출항했다. 진형을 형성할 시간도 공간도 없었다.

연합함대의 3분의 2를 차지했던 영국 함대는 북쪽에, 3분의 1을 차지했던 프랑스 함대는 남쪽에 위치하고 있었다. 로이테르는 선두의 전함으로 프랑스 함대를 견제했다. 그런 후, 프랑스 견제용 전함을 제외한 모든 전함을 영국 함대 쪽으로 집중해 투입했다. 전투는 연합함대가 우왕좌왕하면서 분리된 상태에서 시작되었다. 당시 네덜란드의 전력은 영국-프랑스 동맹군에 비해 전함 수도 적었고 배의 크기와 무기에서도 뒤졌다. 따라서 결정적인 승리를 위해 대다수의 전력을 영국과의 전투에 투입한 것이다. 영국 해군전사의 기록에서는 이 전투에서 로이

1672년 5월 28일 솔베이 해전에서 불타는 영국군 로열 제임스^{Royal James} 호.
빌렘 판 더 펠더^{Willem van de Velde the Younger} 作. 영국 국립해양박물관 소장.

테르는 영국보다 3대 2 정도 많은 전력으로 집중해 영국군을 공격했다고 나와 있다.

솔베이 해전에서 로이테르가 이끈 네덜란드 해군의 승리는 절체절명의 위기에 있던 네덜란드에게 매우 중요한 의미를 가지고 있다. 당시 동맹군의 함대는 제일란트^{Zeeland}의 해안을 공격하여 프랑스 육군을 돕기로 되어 있었다. 그러나 솔베이 해전에서 동맹군 해군이 큰 타격을 입는 바람에 작전이 한 달 이상 연기되었다. 또한 영국-프랑스 함대의 견제에 성공하면서 네덜란드 상선단을 안전하게 호위하는 등 해상 무력시위를 할 수 있었다. 가장 중요한 점은 네덜란드 해군의 자존심을 지킬 수 있었다는 것이었다.

당시 네덜란드는 평시에 네덜란드 해안에 있는 위험한 해안과 여울을 전략적으로 이용한다는 작전을 수립했었다. 대양으로 나가 건곤일

척의 해전을 치르는 것은 가급적 피했다. 그리고 대다수의 해상작전이 소극적으로 수행되었다. 네덜란드는 이러한 전술을 택할 수밖에 없었다. 유럽의 강국들과 전쟁을 치르는 동안 국가 재정은 매우 어려워졌고, 전함의 손실을 빨리 보충할 수가 없었다. 또한 인구가 적다 보니 해군병사들의 모집도 쉽지 않았다. 그러나 영국의 경우 제2차 영국-네덜란드 전쟁 중 1666년 4일 해전 Four Days' Battle 에서 막대한 피해를 입었음에도 두 달도 채 되지 않아 다시 막강한 해상전력을 선보임으로써 네덜란드를 크게 놀라게 했었다. 그러나 네덜란드는 결코 도망만 다니는 겁쟁이는 아니었다. 여울을 단순한 피난처로만 사용하지도 않았다. 네덜란드는 창의적이고 적극적인 방어와 공격작전으로 전쟁을 수행했다. 바람이 영국-프랑스 동맹의 함대에 유리할 때에는 로이테르는 해안에 있는 섬들 사이에 머물거나 적어도 적이 쉽게 추격해올 수 없는 장소에 머물렀다. 그러나 바람이 유리하게 불어올 때에는 그는 방향을 바꾸어 적을 공격했다. 솔베이 해전의 승리를 '로이테르의 승리'라고 부르는 이유다.

"태양왕 루이 14세가 55년간 재위하는 동안 유럽에서 벌인 네 번의 큰 전쟁에서 프랑스는 항상 승리했다. 다만 네덜란드 전쟁에서만은 예외였다." 네덜란드는 독했다. 스페인과의 전쟁, 프랑스와의 전쟁에서도 국토의 생명이랄 수 있는 제방을 무너뜨리면서 나라를 지켜냈다.

네덜란드를 침공하기 위해 프랑스는 영국, 독일과 손을 잡았다. 1672년 5월, 바다에서는 영국과 프랑스의 연합함대가 네덜란드 해군을 공격했다. 육지에서는 12만 명에 달하는 프랑스 육군이 네덜란드로 진격해 들어왔다. 네덜란드 육군은 나라를 지키기에는 너무나 약했다. 오직 로이테르가 이끄는 해군만이 영국과 프랑스의 공격을 막아내고 있었다. 로이테르는 1672년 솔베이 해전에서 영국-프랑스 동맹군을 격파하여 프랑스의 야심을 꺾어버렸다. 로이테르의 모습을 보면 꼭 임진왜란 때의 이순신 장군을 보는 듯하다.

1672년 솔베이 해전에서 패배한 영국-프랑스 연합함대는 전력을 보강하여 네덜란드를 노리고 있었다. 겨울이 지나고 1673년이 되면서 영국-프랑스 연합함대와 네덜란드 해군은 세 차례 전투를 벌였다. 두 번의 전투는 스호네벨트^{Schooneveld} 앞바다에서 벌어져 스호네벨트 해전이라고 불린다. 영국과 프랑스의 연합함대는 6월 1일 출항했다. 네덜란드 함대 소속 전열함[15]은 50척인 반면, 연합함대는 81척의 전열함으로 구성되었고 그중에서 영국 함정은 54척이었다. 영국 함대는 루퍼트 공^{Prince Rupert}이, 프랑스 함대는 장 데스트레^{Jean d'Estrées} 중장이 지휘를 맡았다. 연합함대는 스호네벨트에 진을 치고 있는 네덜란드 해군을 유인해 바다로 끌어내기 위해 소규모 전대가 싸움을 걸었다. 로이테르는 이에 말려들지 않았다. 그러나 바람이 동풍으로 바뀌자 로이테르는 풍상측의 바람을 뒤에 받으면서 연합함대의 전열이 완전히 형성되기 전에 공격하기 시작했다. 이 해전은 전력의 차이가 컸음에도 피해가 비슷했고, 네덜란드 함대는 연합함대의 주요 목적을 좌절시켰다. 로이테르는 1주일 후에 연합함대를 다시 공격해 연합함대에 타격을 주었다. 연합함대는 수리와 재보급을 위해 영국 해안으로 돌아가지 않을 수 없었다.

7월 하순에 연합함대는 1만 명의 상륙부대를 싣고서 다시 출항했다. 8월 20일, 연합함대는 네덜란드 북쪽 해안인 텍설^{Texel} 섬에서 네덜란드 함대와 마주쳤다. 서풍이 강하게 불면서 연합함대가 풍상측을 차지하자 로이테르는 네덜란드 함대를 연합함대가 접근할 수 없는 지역인 해안 가까이로 이동시켰다. 밤이 되자 바람이 동남풍으로 바뀌어 육지

---

15 17세기부터 19세기 중반까지 건조된, 강력한 포를 장비한 대형 군함.

<텍설 전투> 빌렘 판 더 펠더 作. 네덜란드 국립미술관Rijksmuseum 소장.

쪽에서 불기 시작했다. 네덜란드에게 풍상측의 이점이 생긴 것이었다.

"네덜란드의 운명은 우리 손에 있다. 돛을 활짝 펴고 용감하게 공격하라." 로이테르는 솔베이 해전에서 사용했던 방법을 사용했다. 자신의 함대를 3개의 전대로 나누어, 10~12척으로 구성된 선두전대에게 프랑스 함대를 견제하도록 했다. 그리고 나머지 전열함을 이용하여 중앙과 후미에 있던 영국 함대를 공격했다. 전열함의 크기나 무기로 보아 네덜란드는 연합함대 전력의 채 반도 되지 않았다. 그럼에도 전체적인 전력에서는 2배 이상 앞섰던 영국-프랑스 연합함대가 위력을 발휘하지 못했던 것은 바람을 이용한 네덜란드의 공세에 적절하게 대응하지 못했기 때문이었다. 아울러 선두에 있던 프랑스 함대가 비겁하게 도망치려 했으며, 스프라그Spragge가 이끄는 후미함대는 네덜란드의 트롬프 Tromp를 잡기 위해 사전에 지시된 작전계획을 무시했기 때문이었다. 결국 네덜란드의 로이테르를 상대할 전력은 루퍼트 공이 이끄는 영국의 중앙전대밖에 없었다.

루퍼트가 지휘하는 영국 중앙전대와 로이테르의 네덜란드 중앙전대가 맞붙었다. 전력이 앞선 영국의 루퍼트는 네덜란드 함대를 해안으로부터 멀리 끌어내기 위해 계속 상당한 거리를 유지했다. 그것은 풍향이 다시 바뀌었을 때 네덜란드 함대가 근거지로 다시 피하는 것을 막기 위해서였다. 로이테르는 루퍼트를 추격하면서 맹렬한 교전을 벌였다.

날이 저물고 탄약이 떨어지면서 전투는 그쳤다. 네덜란드 전열함들은 항구로 되돌아갔다. 다음 날 영국의 루퍼트는 네덜란드 해안을 돌아다니며 계속 무력시위를 하려 했으나 강력한 폭풍으로 인해 영국으로 되돌아갈 수밖에 없었다. 퇴각하는 영국 함대를 공격하려 했던 로이테르도 항해 중 강풍을 만나면서 되돌아왔다. 1673년의 해전에서 전열함의 수적 열세를 도저히 극복할 수 없었던 로이테르가 완전한 승리를 거두지는 못했지만 전략적인 승리를 낚아챘다.

네덜란드는 영국의 프리깃함 로열 프린스^{Royal Prince}호를 비롯하여 상륙함들을 격침하는데 초점을 맞추었다. 육군이 네덜란드에 상륙하면 큰일이었기 때문이었다. 네덜란드 해군의 분투로 영국과 프랑스는 단 1명의 보병도 상륙시키지 못했다. 해안선 봉쇄도 풀었다. 적의 의도를 깨트린 네덜란드의 전략적 승리로 대 해전은 마무리 되었다. 그리고 텍설 해전은 네덜란드로서는 최후의 대 해전이 되었다.

단 한명의 뛰어난 리더가 있어도 그 나라는 행복하다. 임진왜란 때 이순신 장군은 조선의 마지막 희망이었고 그는 국민의 자랑스러운 영웅으로 남았다. 강대국 틈 사이에서 쇠락해가는 네덜란드의 마지막 희망은 로이테르 제독이었다. 그는 지금도 네덜란드인의 커다란 자랑이다. 한 영국 해군역사가는 텍설 전투에 대한 글에서 로이테르를 다음과 같이 평가했다.

"지휘관의 뛰어난 리더십 덕분에 네덜란드 함대가 이 전투에서 얻은 성과는 대단히 컸다. 왜냐하면 이 전투의 결과 거의 봉쇄되어 있던 자국의 항구들을 개방시켰고 또한 적의 침공 가능성에 종지부를 찍었기 때문이다."

게릴라전의 원조 반도 전쟁✳

"키스할 때는 고개를 왼쪽으로 돌리나요? 아니면 오른쪽으로 돌리나요?"

　영화 〈누구를 위하여 종은 울리나For Whom the Bell Tolls〉에서 짧은 머리의 상큼한 잉그리드 버그먼Ingrid Bergman이 반파시스트 게릴라로 나오는 게리 쿠퍼Gary Cooper에게 묻는 말이다. 이들의 아름답고 정감 넘치는 키스 장면은 영화사에 한 획을 그었다고 할 만큼 많은 연인의 마음을 뒤흔들었다. 그런데 이 영화는 실제 게릴라 활동 경험이 있던 어니스트 헤밍웨이Ernest Hemingway (1899~1961)의 자전적 소설에 바탕을 두고 있다. 그리고 이 영화의 공간적 배경은 게릴라들에게 천혜의 지형이라고 불린 스페인의 산악과 황량한 벌판이다.

　'게릴라Guerrilla'는 정한 제복을 착용하지 않고 또 정규군에 속한다는 것을 명시하지 않고 전투행위를 하는 사람 또는 그 단체를 말한다. 비정규 전투행동 자체를 게릴라전이라고 부른다. 게릴라는 보통 조직적인 지휘·통신·보급·위생 등의 기관은 없고, 단독 또는 소부대의 행동

영화 〈누구를 위하여 좋은 울리나〉 중 한 장면에서 잉그리드 버그만과 게리 쿠퍼.

에 의해 적을 기습하여 전과를 거두고, 신속하게 빠져나와 일반 민중 속에 숨어서 반격을 피한다. 따라서 적의 후방이 주요 활동무대가 되며, 경비가 허술한 기지, 병기·연료·탄약 등 물자를 저장한 곳, 교통의 요지, 통신소 등이 주요 공격목표가 된다. 게릴라는 그 지방 주민들의 지원을 받는 일이 활동의 전제가 되며, 주민들의 지원 없이는 효과적인 작전을 수행할 수가 없는 특성을 지닌다. 주요 게릴라전으로 유명한 전쟁이 스페인과 그리스 내전, 그리고 베트남 전쟁 등이 있다.

'게릴라'는 본래 스페인어로 '소규모 전투'를 뜻하며, 나폴레옹이 스페인을 침략했을 때 스페인 사람들의 무장 저항을 게릴라라고 부른 데서 현재의 의미가 굳어졌다. 게릴라전의 원조는 바로 스페인 전쟁인 셈이다. 스페인 국민은 게릴라 전쟁의 원칙을 철저히 지켰다. 원칙은 여섯 가지다.

첫째, 적이 돌진하게 하라. 둘째, 시간은 공간보다 더 중요하다. 셋째, 교전을 거부함으로써 적을 분노하게 하고 적의 거만함에 불을 지펴라. 넷째, 적은 곧 무리한 전략을 세워 실수를 연발하게 될 것이다. 다섯째, 시간이 지나면 적이 무모했고 당신이 현명했음이 드러나리라. 여섯째, 때로는 아무것도 하지 않음으로써 가장 많은 것을 성취할 수도 있음을 명심하라.

1806년, 나폴레옹은 유럽 대륙 여러 나라에 영국으로부터의 수입을 금지한다는 대륙봉쇄령大陸封鎖令[16]을 베를린에서 선언했다. 그러나 그때 중립을 유지하고 있었던 스웨덴과 포르투갈은 나폴레옹의 선언에 따르지 않았다. 나폴레옹은 대륙동맹 참가에 대해서 난색을 표했던 포르투갈의 리스본Lisbon 항구를 폐쇄하겠다고 선언했다. 포르투갈이 대항하자 나폴레옹은 장-앙도슈 쥐노Jean-Andoche Junot(1771~1813) 지휘하의 육군을 보내 스페인을 가로질러 리스본을 공략했다. 포르투갈 왕실은 브라질로 도망쳤다. 나폴레옹은 포르투갈을 대륙제패체제大陸制覇體制에 억지로 가입시켰다. 이베리아 반도의 또 다른 나라인 스페인은 프랑스의 동맹국이었다. 프랑스와 동맹하여 트라팔가르 해전을 치렀고 1807년 포르투갈 침공에도 함께 싸웠다. 그러나 스페인 국내에서 국왕 카를로스 4세Carlos Ⅳ 와 그의 아들 페르난도 7세Fernando Ⅶ 가 대립하자, 1808년 나폴레옹은 스페인으로 진격했다. 당시 학정에 진저리를 치던 스페인 사람들은 나폴레옹의 군대를 환영했다. 프랑스 혁명의 정신에 따라 억압에 지친 민중을 해방하리라 기대한 것이다. 그러

---

16 1806년 10월 나폴레옹 1세는 예나 전투에서 프로이센군을 격파한 뒤, 베를린에 입성하여 이 칙령을 선포, 대영(對英)전략을 경제전략으로 전환시켰다. 전문 8조, 본문 11조로 되어 있으며, 영국과의 통상·통신을 금지한다는 것을 비롯하여 점령지대의 영국인을 포로로 하고 그들의 상품을 몰수하며, 영국 및 그 식민지로부터의 상선을 기항(寄港)시키지 못하게 한다는 것을 규정했다.

나폴레옹에게 투항하는 스페인군. 1810년, 앙투안 장 그로Antoine-Jean Gros 作.

나 그 희망은 곧 깨졌다. 나폴레옹의 군대는 점령군일 뿐이었다. 스페인 민중의 기대나 소망 같은 것은 안중에도 없었다. 나폴레옹은 카를로스 4세와 페르난도 7세 부자를 폐위시키고 자신의 형 조제프 보나파르트Joseph Bonaparte를 스페인 왕위에 앉혔다. 그러자 1808년 5월 2일 마드리드Madrid에서 격렬한 민중 시위가 벌어졌다. 나폴레옹의 군대는 이 시위를 잔인하게 진압하고 체포한 사람들을 무자비하게 처형했다.

이 봉기는 삽시간에 스페인 전역으로 확산되었다. 봉기를 지원하기 위해 영국은 웰링턴Wellington 공작을 스페인에 파견했다. 11월 나폴레옹은 직접 20만 대군을 이끌고 스페인을 침공해 1809년 1월까지 영국군을 몰아낸 후, 후일을 니콜라 장 드 디외 술트Nicolas-Jean de Dieu Soult (1769~1851) 원수에게 맡기고 귀환했다. 허나 그 후가 문제였다. 스페인 측은 영국의 지원을 받으며 완강한 저항을 계속했다. 스페인 게릴라는 프랑스 정규군을 혼란시켜 강력했던 나폴레옹의 군대를 교란하고, 해방 전쟁의 발단을 열었다. 이 전쟁을 전사가들은 '해
머hammer와 모루'의 전쟁으로 비
유하기도 한다. 스페인군, 포르투
갈군, 영국군이 힘을 합쳐 프랑스
와 싸운 전쟁으로 여기에서 '해머'
란 영국의 웰링턴 장군이 이끈 8만
명의 영국과 포르투갈의 정규군이
었다. '모루'는 스페인군과 게릴라
와 포르투갈 민병군으로 이들은 주
로 게릴라전을 수행했다. 이 전쟁
을 역사에서는 '반도 전쟁半島戰爭,

웰링턴 공작.

Peninsular War '이라고 부른다. 반도 전쟁은 당시 이베리아 반도의 특징에
크게 좌우되었다. 토지가 크게 부족했던 이베리아 반도에서는 대군이 먹
을 식량이 부족했기 때문에 프랑스군은 많은 병력을 한 번에 투입할 수
없었다. 그래서 하는 수없이 몇 군데 지역에서 한정된 기간 동안 소부대
를 통해 전투를 치러야만 했다. 그러다보니 게릴라 부대의 공격을 받기
에 딱 좋았다.

'교만은 멸망의 지름길'이라고 잠언에서는 말한다. 지금까지 점령지
역 국민과 우호적인 관계를 유지해 왔던 나폴레옹이 교만해졌기 때문
이었을까? 그는 스페인 국민 전체를 적으로 돌리는 우遇를 범하고 만
것이다.

25만의 군대를 거느리고 마드리드를 함락한 프랑스군은 웰링턴이 이
끄는 영국군을 격멸하기 위해 12월 말 마드리드 북부지역의 칸타브리아
Cantábria 산맥을 넘어 진군한다. 그러나 3,000미터에 이르는 험준한 산맥
에서 심한 눈보라로 길을 잃고 헤매면서 많은 병사가 얼어 죽고 말았다.

통상 12월 이 지역의 평지 평균기온은 영상 6도 정도이지만 산악에서는 영하 20도까지 떨어지게 된다. 그러나 기록에 의하면 1805년에서 1820년까지 기간, 즉 나폴레옹이 스페인을 공격한 시기는 유럽의 소빙기 기간 중 가장 추운 기간이었다. 따라서 기상관측 기록은 없지만 현재의 평균기온보다는 상당히 낮았을 것으로 추정된다. 낮은 기온과, 강한 바람, 그리고 높은 습기는 병사들의 체온을 급격히 떨어뜨리는 저체온증을 가져오기에 쉽게 무력화되거나 얼어 죽은 것이다.

수많은 병력 손실에도 불구하고 프랑스군은 용감하게 진격했지만, 영국군은 전면적인 전투를 벌이지 않고 '히트 앤드 런' 전술을 사용하여 절묘하게 후퇴하곤 했다. 힘들게 추격하던 프랑스는 영국군에게 결정적인 타격을 주지 못한 채 겨우 일부분만을 점령하는 전술적인 승리를 거두는데 그치고 만다. 이후 4년간 프랑스군은 도처에서 영국의 웰링턴이 지휘하는 동맹군과 소규모 접전을 벌이는 소모전에 시달린다. 다른 한편으로 스페인 국민의 게릴라전으로 막대한 피해를 입게 된다. 스페인 게릴라들은 초토화 전술을 사용하여 프랑스군의 식량조달을 막았고 프랑스군은 기아에 허덕인다. 게다가 집요하고도 끈질긴 습격을 통해 매일 평균 100명의 프랑스 병사를 사살하는 전과를 올린다. 게릴라들의 저항으로 나폴레옹은 더 이상 스페인에서 버티기도 또 수치스럽게 철수하기도 어려운 상태에 빠지고 말았다. "스페인에서 소규모 군대는 패배하고 대규모 군대는 굶어 죽기 십상이다." 프랑스에서 유행처럼 퍼진 이 말이 그대로 맞아떨어지고 만 것이다. 1812년 웰링턴이 지휘하는 영국-스페인의 연합군은 살라망카에서 승리를 거두어 마드리드를 점령한다. 나폴레옹의 프랑스군이 스페인에서 쫓겨나는 순간이었다. 프랑스군은 스페인 전쟁에서 무더위와 햇살에 타 버린 척박한 땅, 산맥과 겨울의 뼈를 에이는 추위, 기아와 질병, 게릴라들의 집요한 저항 등으로 막대한 손실을 입은 후 1813년 말 프랑스로 철수한다. 후일 나폴레옹은 고백한다. "스페인의 날씨와 지형, 그리고 게릴라들이 나를 파멸시켰다."

그러나 우리는 냉정하게 나폴레옹의 말을 분석할 필요가 있다. 나폴레옹은 성공의 정점에 있는 리더가 빠지기 쉬운 성공의 덫에 빠져 있었던 것은 아닐까? 계속되는 승리로 인해 나폴레옹은 '무모한 자신감과 근거 없는 낙관론'을 가지고 있었던 듯하다. 유럽을 통째로 삼켜버릴 야심으로 스페인 내전에 개입했지만 당시 나폴레옹은 스스로의 원칙조차 잃어버리기 시작했다. 모든 것을 독단적으로 결정하기 시작했다. 믿고 따르던 부하들이 하나둘씩 떠나가면서 적합한 중간 관리자를 찾을 수 없었다. 사사로운 일까지 자신이 결정하려는 경향이 생겼다. 부하들은 이제 그의 승인 없이 아무 행동도 취할 수 없게 되었다. 군대를 지나치게 혹사시키며 진군에 집착한 나머지 병력 상황을 모른 체하며 막무가내로 몰아붙였다. 이런 것들은 현대기업에서도 자칫 간과할 경우 순식간에 성공을 무너뜨릴 수 있는 결정적인 위기 신호들이라 할 수 있다.

나폴레옹의 원칙이 무너졌다 해도 모든 유럽 국가가 나폴레옹에게 무력하게 항복할 때 스페인 국민은 천혜의 날씨와 지형, 그리고 생명을 다해 국가를 지키겠다는 일념으로 똘똘 뭉쳐 나라를 지켜내었다. 그리고 스페인 국민에게 나폴레옹의 스페인 전쟁은 자랑스러운 역사가 되었다.

나폴레옹의 스페인 전쟁의 참상을 그린 명화가 있다. 바로 프란시스코 호세 데 고야Francisco José de Goya (1746~1828)의 연작 〈1808년 5월 2일〉, 〈1808년 5월 3일〉이다. 이 그림은 나폴레옹의 스페인 침공 때 일어난 역사적 실화를 소재로 하고 있다. 1808년 마드리드는 나폴레옹이 이끄는 프랑스군의 침략으로 함락 위기에 처했다. 시민들은 끝까지 항쟁했지만 대부분 프랑스군에 체포되어 비참하게 처형당했다. 고야는 마드

〈1808년 5월 2일〉, 프란시스코 데 고야 作.

리드 외곽 프린시페 피오^{Príncipe Pío} 언덕에서 벌어진 이 끔찍한 장면을 별장의 창문 너머로 목격했다. 분노에 떨며 현장으로 달려간 고야는 희생자들의 시체를 등불을 밝혀가며 꼼꼼히 스케치했다. 그는 나폴레옹이 후퇴한 이듬해인 1814년 5월 2일 마드리드에서 열린 6년 전 참상을 추모하는 기념식에서 고위관리에게 "유럽의 폭군에 맞선 우리의 숭고하고 영웅적인 행동을 그림으로 그려 영원히 남기고 싶다"고 말했다. 그래서 고야는 추모식에서 전시할 연작을 그리게 된 것이다. 고야의 연작은 학살의 비극과 함께 시민들의 영웅적인 행동을 생생하게 담아냈다. 〈1808년 5월 3일〉 중앙에는 총구의 위험 앞에서도 조국을 지키려 양팔을 크게 벌린 남자가 그려져 있다. 흰 셔츠를 입은 이 남자의 모델은 십자가에 매달린 예수 그리스도라고 한다. 기독교에서는 예수가 우

〈1808년 5월 3일〉, 프란시스코 데 고야 作.

리 죄를 위하여 당당하게 십자가의 형을 받았다고 한다. 그림 속 남자
도 총살 현장에서 당당하게 프랑스군에게 맞선다. 그가 두 팔을 벌리고
희생당하는 모습은 마치 예수의 죽음을 연상케 한다.

　스페인에서의 성공적인 게릴라 전술은 이후 전쟁에서 상당한 진화
를 거듭하며 비정형전술로 선을 보인다. 새로운 종류의 전쟁 이론을 발
전시키고 실제로 행동에 옮긴 최초의 현대 전략가는 T. E. 로렌스^{T. E.}
^{Lawrence}였다. 그의 전략은 마오쩌둥에게 영향을 미쳐 중국 공산화에 활
용되었다. 로렌스는 제1차 세계대전 당시 아랍 편에 서서 오스만 제국
과 싸웠다. 그는 아랍군을 광대한 사막에 분산시켜 적에게 어떤 목표물
도 허용하지 않았다. 보이지도 않는 수증기 같은 군대와 싸우기 위해
터키 군은 얇게 포진하고 이곳저곳으로 이동하느라 힘을 소모했다. 오

스만군의 병력과 화력이 월등했지만, 이 전쟁에서 주도권을 쥔 것은 아랍군이었다. 시간이 지날수록 오스만군의 사기는 떨어졌다. "대부분의 전쟁은 접전 방식으로 이루어지지만 우리는 분산되어 적을 상대해야 한다. 광대한 사막의 적막한 공포로 적을 에워싸고 공격 때까지 모습을 드러내지 않아야 한다." 로렌스가 말한 이것이 게릴라 전술의 궁극적인 형태다. 병력이나 무기의 열세를 가지고 정면 교전한다는 것은 너무 위험할뿐더러 희생도 크다. 반면 치고 빠지는 우회전은 더 효과적이며 희생도 훨씬 적다. 심리적인 효과도 무시할 수 없다. 전력을 분산 배치하여 적에게 공포감을 주는 것이다. 적을 교란시키는 데는 비정형적인 전술보다 나은 것이 없다. 현재 아프가니스탄에서 벌어지는 전쟁에서 미군이 고전하는 것은 바로 이 때문이다. 넓은 지역에 산재한 상태로 전쟁이 전개되는 오늘날에는 비정형적 전술이 결정적인 힘을 발휘한다. 전략의 대가인 B. H. 리델하트 B. H. Liddell Hart (1895~1970)는 이렇게 말했다. "오랫동안 공고히 다져진 정면을 공격하는 일은 피하라. 대신 측면 이동을 통해 적의 몸을 돌리려 노력하라. 좀 더 뚫기 쉬운 측면이 진실의 공격에 노출될 것이다."

영국군의 무덤이 된 아프가니스탄 전쟁 ❄

"아침을 열쇠로 바꿔서 우물에 던져요 / 천천히 가요, 내 사랑하는 달님, 천천히 가요 / 아침 해에게 동쪽에서 뜨는 걸 잊게 해줘요 / 천천히 가요, 내 사랑하는 달님, 천천히 가요"

아프가니스탄을 배경으로 한 『연을 쫓는 아이The Kite Runner』라는 소설에 나오는 노래다. 아침이 오는 열쇠를 우물에 던져 영원한 밤을 꿈꾸는 모습, 해가 동에서 떠오르는 걸 잊게 하자는 표현이 전쟁에 지친 사람들의 노래 같지 않고 참 아름답다. 아마 그들이 꿈꾸는 평화에 대한 깊은 갈망이 노래로 불리는 것은 아닐까?

아프가니스탄은 고대부터 서양과 동양을 연결하는 실크로드의 핵심 루트 중 하나였다. 바닷길이 열린 후에는 주변 강대국들의 이해관계가 상충하는 요충지였다. 이러한 이유로 아프가니스탄은 주변국들로부터 계속 침공을 받는 불행한 역사를 가지게 된다. 때문에 그들의 노래에서는 밑바닥에 배어 있는 한과 슬픔을 느낄 수 있다.

현재도 전쟁이 계속되고 있는 아프가니스탄이 역사의 전면으로 나온 때는 기원전 550년 페르시아 제국 시대부터다. 아프가니스탄의 역사는 페르시아를 상세하게 관찰하고 고찰한 그리스인들에 의해 기록되었다. 그리스인들과 뒤를 이어 나타난 로마인들에 의해 고대 아프가니스탄에 관한 상당한 양의 지식이 남게 되었다. 로마 역사는 앗시리아인과 메디아인이 페르시아인보다 먼저 인더스 강 깊숙한 곳까지 진출했다고 기록하고 있다. 기원전 700년경 앗시리아인이 아프가니스탄의 칸다하르Kandahar 주변이나 더 깊숙한 지역까지 도달했을 것으로 추정한다. 그러나 이들이 이 지역을 정복했는지는 알 수 없다. 메디아인도 헤라트Herāt 와 발흐Balkh 주변 지역과 관계를 맺은 기록이 있다. 실제로 아프가니스탄에 대한 지배권을 최초로 가진 이민족은 페르시아인이었다.

페르시아 제국의 창건자인 키루스 대왕은 두 차례 아프가니스탄 지역 침공을 단행했다. 1차 침입에서 그의 군대는 '죽음의 사막'이라 불리던 게드로시아 사막에서 날씨로 인해 대부분의 병력을 잃고 후퇴한다. 그 이후 키루스 대왕은 칸다하르를 관통하여 진군한 다음 북쪽으로 카불Kabul 강 계곡까지 진출했다. 힌두쿠시 산맥의 바그람Bagram 근처에서 도시 카피사Kapisa를 건설했다. 역사가들은 키루스 대왕이 옥수스Oxus 강[17]과 약사르테스Jaxartes 강[18] 사이에 정주하던 스키타이Scythai 족에 대항하기 위해 아프가니스탄 지역으로 진출했다고 말한다. 그는 약사르테스 강 유역에 제국의 국경선을 구축하고, 7개의 도시를 건설했다. 7개 도시 가운데 제일 큰 것은 키로폴리스Cyropolis였다. 아프가니스탄에서 팔레스타인에 이르는 영토를 정복한 후, 키루스 대왕은 마사게타이Massagetae로 불리는 유목민족과의 전쟁이 벌어진 약사르테스 강

---

17 오늘날의 아무다리야(Amu Darya) 강. 아프가니스탄의 힌두쿠시 산맥에서 시작하여 중앙아시아를 흘러 아랄 해로 흘러드는 강.

18 중앙아시아의 톈산 산맥(天山山脈) 서쪽에서 시작하여 아랄 해로 흘러 들어가는 강.

인근에서 사망했다.

페르시아의 키루스 대왕 다음으로 아프가니스탄에 침공한 이들은 알렉산드로스의 마케도니아군이었다. 알렉산드로스가 오늘날의 헤라트 부근인 아리아^{Aria}로 진입하자 페르시아인인 사티바르자네스^{Satibarzanes} 총독이 항복했다 알렉산드로스는 페르시아 귀족들에게 충성 서약을 받고 이들을 아프가니스탄 통치에 활용했다. 후에 이들이 반란을 일으키자 알렉산드로스는 과감하게 반란을 진압한다. 알렉산드로스군은 계속 진군하여 산골짜기에 포진한 아리아인 1만 3,000명과 대적했다. 알렉산드로스는 날씨를 활용하기로 작정한다. 그는 나무를 잘라 가파른 절벽을 향해 쌓았고, 뜨거운 8월 동안 강한 서풍이 불 때를 기다렸다. 드디어 강한 서풍이 불자 알렉산드로스는 바짝 마른 나무에 불씨를 당겼다. 순식간에 산 전체가 화염에 싸였으며, 아리아인은 전멸하고 말았다.

아리아인의 반란을 진압한 뒤, 알렉산드로스는 자신의 계획을 바꾸었다. 그는 원래 박트리아^{Bactria}로 진군하려고 했었다. 하지만 아리아인을 처리한 후 남쪽으로 진군하기로 결정한다. 아프가니스탄 남부인 아라코시아^{Arachosia} 지방[19]이 불안한 상태이기도 했고 또한 박트리아로 가려고 시도했던 그 짧은 기간 동안 식량이 문제가 될 수 있었기 때문이었다. 아프가니스탄을 지난 알렉산드로스는 인도 정벌을 마친 후 귀국길에 오른다.

아프가니스탄을 이해하기 위해서는 독특한 세 가지 요소를 알아야만 한다. 첫째, 접근 불가능한 산악지대의 각 부족들은 중앙 정부의 간섭을 받지 않았다. 고립된 상태에서 독자적으로 살아갈 수 있는 능력을

---

19 오늘날의 아르간다브(Arghandab) 강 부근.

키우는 데 산악지형이 유리했다. 아프가니스탄의 지형은 외국인에게는 큰 어려움이었지만 그들에게는 큰 문제가 아니었다. 둘째, 이 나라는 전반적으로 세계 무역의 주된 흐름과 그리고 외국군의 주요 경로로부터 점차 고립되어 가고 있었다. 아프가니스탄의 모든 곳에서 한때 강성했던 제국들이 급속히 쇠퇴하고 있었던 것과 무관하지 않다. 그러나 아프간 부족들은 고립되어 있는 나라 안에서 고립된 상태로 살아갈 수 있었다. 셋째, 유목민으로 살아온 아프간인의 원시성 자체가 강점이었다. 도전받지 않았을 때에는 자기들끼리 서로 싸우는 것을 마다하지 않는 상무정신으로 무장된 전사로 남아 있었다. 영국, 러시아, 미국 등의 세계 최강대국과의 전쟁에서도 굴하지 않는 아프간 전사들은 다른 문명권에게 두려운 존재가 되어갔다는 것이다. 그래서 전사가들은 아프가니스탄의 전투능력에 대해 불가사의하다고 말했다.

본론인 영국의 아프가니스탄 전쟁으로 돌아가 보자. 호라즘, 인도, 몽골 등 주변 국가의 지속적인 침입을 당한 아프가니스탄의 역사는 19세기 열강의 각축장이 된다. 1830년대에도 열강들은 아프가니스탄에 침을 흘리고 있었다. 당시 아프가니스탄에서는 도스트 모하마드 한Dost Mohammad Khan(1793~1863)이 왕 노릇을 하고 있었다. 그러나 많은 지방은 호족들이 모하마드 한의 지배를 받지 않고 독립적으로 활동했다. 한편, 영국은 러시아의 남쪽으로의 진출을 경계하고 있었다. 페르시아와 동맹을 맺고 있는 러시아가 아프가니스탄과도 동맹을 맺는다면 큰일이었다. 그렇게 되면 영국은 서쪽 육로를 통한 러시아의 인도 침공에 그대로 노출되는 셈이었다. 러시아의 남진정책과 영국의 북진정책이 부딪친 곳이 아프가니스탄이었다.

영국의 빅토리아Victoria 여왕(1819~1901)은 아프가니스탄의 통치자 모하마드 한을 축출하고 허수아비 왕으로 수자 샤 두라니Shuja Shah

Durrani (1785~1842)를 세우기로 했다. 한때 아프가니스탄의 통치자였으나 25년 전에 축출된 수자 샤가 영국의 힘을 빌려 왕좌에 복귀한다면, 그는 영국에 충성하게 될 것이었다. 아프가니스탄을 침공하는 병력으로는 용병들로 구성된 수자 샤의 병사 6,000명이 있었다. 영국의 콜드스트림 근위대, 제4용기병, 제17보병 그리고 동인도회사편대로 영국 장교 휘하의 제19원주민보병대와 푸나 기병대로 구성된 5,600명의 봄베이 부대가 참전했다. 영국에서 온 제16창기병과 제13경보병, 그리고 제43원주민보병대, 스키너 기병대 그리고 동인도회사의 제2경기갑부대를 포함한 9,600명의 벵골군이 주력부대로 참전했다. 인도인 하인 3만 6,000명, 3만 마리의 낙타, 제16창기병부대의 폭스하운드도 동행했다. 어떻게 보면 영국은 아프가니스탄 침공을 소풍 정도로 생각했었는지도 모른다. 어느 한 여단장은 개인 소지품을 운반하는 데 60마리의 낙타를 사용했다. 침공부대 사령관 존 킨John Keane 장군의 참모진은 260마리의 낙타를 필요로 했다. 연대 장병용 담배를 운반하기 위해서만 2마리의 낙타가 배정되었다. 장교는 한 사람당 10명의 하인이 허용되었으나, 몇몇 젊은 대위는 40명이나 되는 하인을 데리고 왔다.

그럼에도 불구하고 아프가니스탄에 대한 영국의 침공은 성공적이었다. 저항조차 받지 않고 1839년 8월 카불Kabul에 입성할 수 있었다. 그런데 이때 러시아군이 아프가니스탄으로 진격해 왔다. 10만 명에 이르는 러시아 군대는 오렌부르크Orenburg를 출발했다. 그러나 러시아의 침공은 실패로 돌아갔다. 페트로브스키Petrovsky 장군이 이끄는 러시아군을 강력한 겨울 폭풍이 강타했다. 5,000명이 넘는 병사와 거의 모든 말과 낙타가 죽어버렸다. 러시아군은 총 한 번 쏘지 못하고 퇴각하고 말았다. 이제 아프가니스탄은 완전하게 영국의 손아귀에 들어왔다.

영국군은 카불을 점령한 후 왕으로 수자 샤를 세웠다. 그는 탐욕에 가득 차 있었다. 세리들을 지방으로 보내 무자비하게 세금을 거두어 들였다. 세리를 지켜주기 위해 따라다니는 영국군은 분노의 대상이 되었다. 남쪽 지역에서도 영국 군대가 식량을 약탈하고, 토지를 빼앗아 족장들의 분노를 사고 있었다. 많은 부족이 왕과 영국군에 대항하기 시작했다. 영국군은 날로 악화되는 저항사태에 병력을 파견했다. 아프간 부족의 반란을 진압하기 위해 출동한 영국군은 적의 포격보다 일사병으로 더 많이 죽어갔다.

사태를 더 악화시킨 것은 영국 정부의 판단 착오에서 나왔다. 이들은 아프가니스탄에 들어가는 돈을 줄이라고 독촉했다. 영국군은 비용을 줄이는 방법으로 그때까지 아프가니스탄과 인도의 통로에 자리 잡은 길자이Ghilzay족에게 주는 통행료를 절반으로 줄였다. 이것은 큰 실수였다. 길자이족은 수세기 동안 인도로 가는 통로를 제공하는 대가로 돈을 받아 살아왔다. 그들은 영국이 아프가니스탄을 침공할 때 우호적이었다. 그러나 이젠 사정이 달라졌다. 호의를 배신으로 갚은 영국군을 그들은 용서할 수 없었다. 길자이 부족이 인근 부족과 힘을 합쳐 반란에 나서자 당장 인도에서 아프가니스탄으로 들어오는 통로가 막히고 보급부대는 공격을 받기 시작했다. 1841년 11월 2일 새벽 아프간 반군이 카불의 영국인 거주지를 포위하고 공격했다. 5시간 만에 거주지를 쓸어버렸다. 이때부터 영국군은 아프간 반군에게 포위되어 전투를 치르게 되었다. 11월 23일 벌어진 전투에서 영국군은 대참사를 기록했다. 아프간 족장들은 맥노튼Macnaghten 장군에게 무조건 항복하라고 통고했다. 당시 영국군 장군이었던 엘핀스톤Elphinstone은 이렇게 기록했다.

"포위된 상태에서 3주 정도 진지를 지켜온 이 시점에서 식량과 사료 부족, 기아와 추위로 인한 병력의 감소, 교통 차단, 불투명한 구원 전망,

다가오는 혹한의 날씨에 더 이상 저항할 수가 없다. 벌써 병사들은 추위와 동상으로 쓰러지고 있다."

영국군은 1842년 1월 6일 퇴각을 시작했다. 4,500명의 전투 병력, 1만 2,000명의 인도인 시종이 전부였다. 영국군은 19세기의 가장 잔인한 겨울바람을 맞으며 인도로 퇴각하고 있었다. 아프간인은 떠나는 영국군에게 음식물과 물품 공급을 약속했으나 지키지 않았다. 힘으로 철군을 강요하지 않았다면 언제까지고 자기들을 약탈했을 영국인들에 대한 증오심 때문이었다.

"기아, 추위, 피로, 살을 에는 추위가 사지를 고문했다. 모든 장병은 추위로 마비되었고, 소총을 잡거나 움직일 수 있는 사람은 거의 없었다."

당시 영국군 여단장 로버트 세일Robert Sale 의 부인 플로렌티아 세일 Florentia Sale 은 이런 기록을 남겼다. 병사들은 혹독한 추위와 눈보라 속에서 급격히 쓰러져 가기 시작했다. 후퇴하던 영국군은 도처에서 아프간 병사들에게 공격을 당한다. 영국은 항복을 거부하고 최후의 1인까지 항전을 거듭하며 후퇴했다.

1842년 1월 13일 잘랄라바드Jalalabad 요새를 향해 말 한 마리가 힘겹게 다가오고 있었다. 말 위에는 반쯤 죽어가는 윌리엄 브라이던William Brydon 이 타고 있었다. 그는 아프가니스탄을 침공하고 생환한 유일한 영국 병사로 역사에 기록되었다. 후퇴를 시작한 지 1주일 만에 1만 6,500명이 기아와 추위로 죽어간 전쟁사에서 보기 힘든 비극이었다.

기원전 4세기부터 알렉산드로스의 그리스군, 몽골군, 영국군, 소련군이 침공해왔다. 21세기에는 미국 등 국제안보지원군이 대테러작전을 수행중이다. 그래서일까? 가난과 억압, 공포와 슬픔으로 대변되는 단어가 아프가니스탄이다. 그러나 그곳에도 사람이 있고, 삶이 있고 아픔과 고통을 견뎌내면서 끝끝내 일어서고자 하는 용기가 있다. 가끔 저렇게 찢어지고 핍박당하고 땅에서 쫓겨나는 아프가니스탄에 과연 희망이 있을까? 라는 의문이 든다. 그러나 『연을 쫓는 아이』의 노래처럼 그들이 꿈꾸는 평화는 반드시 찾아오리라 믿는다. 역사는 굴종하기를 거부하는 용기 있는 자의 것이기 때문이다.

지형과 날씨를 이용한 지혜로운 남군, 미련한 북군

우리가 미련하다고 생각하는 곰도 나름대로의 전략을 세워 생존해 나간다. 아시아 흑곰의 검은 털은 겨울철 눈이 덮인 곳에서 사냥을 거의 불가능하게 만든다. 멀리서도 눈에 잘 띄기 때문이다. 먹이를 잡지 못하면 굶어 죽기에 흑곰은 기발한 전략을 만들었다. 멀리서 인도엘크사슴 떼를 발견한 흑곰은 보이지 않을 정도로 멀리 돌아 높은 곳으로 올라간다. 흑곰은 몸을 공처럼 말고는 언덕을 굴러 내려간다. 털가죽에 눈이 들러붙기 시작하면서 이내 커다란 눈덩어리로 변한다. 사슴들에게는 작은 눈사태처럼 보이기 때문인지 크게 경계를 안 한다. 도망치더라도 필사적인 달리기는 하지 않는다. 사슴 곁까지 내려온 흑곰은 눈 속에서 튀어나와 사슴을 덮친다. 흑곰의 기발한 전략을 동물학자인 비투스 B. 드뢰셔Vitus B. Dröscher는 '창조의 번뜩이는 생각'이라고 표현한다. 동물간의 생존전쟁에서도 창조적인 사고와 기발한 전략을 짜내는 것은 승리하기 위해서이다. 패배한다는 것은 죽음을 의미한다. 하물며 가장 지능이 발달했다고 하는 사람간의 전투에서는 말해 무엇 하겠는가? 그래서 지휘관의 리더십이 더욱 요구되는 것인지도 모른다. 미국의 남북전쟁 당시 북군은 흑곰보다 못한 지휘관의 무능력으로 커다란 패배를 맛본다.

미국의 남북전쟁 당시 북군은 남군과의 전투에서 연전연패를 거듭하고 있었다. 1862년 말, 미국 동부에 포진해 있던 북부 연방군의 사기는 극도로 떨어져 있었다. 조지 B. 매클렐런George B. McClellan 장군이 6월에 버지니아Virginia 주의 리치먼드Richmond를 탈환하는 데 실패했다. 두 달 뒤 북군은 제2차 불런 전투Second Battle of Bull Run에서도 남부 연합의 토머스 '스톤월' 잭슨Thomas "Stonewall" Jackson 장군에게 대패했다. 그리고 몇 달 뒤 벌어진 앤티텀 전투Battle of Antietam[20]는 북군의 전력우세에도 불구하고 대패하면서 엄청난 병력 손실을 입었다. 의회는 연일 링컨Lincoln 대통령에게 사령관을 교체하라고 압박했다. 결국 링컨 대통령은 장병들의 사기를 북돋우면서 전쟁의 방향을 바꾸기 위해 매클렐런 장군을 해임하고 앰브로즈 에버렛 번사이드Ambrose Everett Burnside (1824~1881) 장군을 사령관으로 임명했다. 그러나 이 결정은 북군에게는 결정적인 패착이었다.

사령관으로 임명된 번사이드 장군은 승리해야 한다는 생각에 치밀한 준비 없이 남군을 공격하는 결정을 한다. 그는 남쪽으로 진격하여 래퍼해녹Rappahannock 강을 건너 프레더릭스버그Fredericksburg를 점령한 뒤, 그곳에서 군사 12만 명을 이끌고 리치먼드로 진격하겠다는 작전 계획을 세운다. 북군은 11월 셋째 주에 래퍼해녹 강의 북부에 닿았지만, 강을 건널 부교가 도착하지 않아 작전에 차질이 생겼다. 늦게 도착

---

20 샤프스버그 전투(Battle of Sharpsburg)라고도 한다. 미국 남북전쟁 중반 1862년 9월 17일 메릴랜드(Maryland) 주 샤프스버그 근처 및 앤티텀크리크(Antietam Creek) 강에서 벌어진 전투로, 북부 지역에서 벌어진 전투로는 남북전쟁 최초 주요 회전(會戰)이었다. 양군 합쳐 약 2만 3,000명의 손실이 발생해 미합중국 역사상 단일 전투로서 가장 많은 피를 흘린 전투이기도 하다.

〈앤티텀 전투〉

한 공병대가 부교를 놓기 시작하자 남군은 부교를 놓는 공병대에 집중 포화를 퍼부었다. 그사이 남군의 로버트 E. 리^{Robert E. Lee} 장군은 전략 적으로 유리한 프레더릭스버그 너머에서 7만 8,000의 병력을 집결시 키고 있었다. 남군의 포격을 간신히 이겨내고 북군이 강을 건너자마자 석벽 뒤에 숨어있던 남군으로부터 집중 사격을 당했다. 전날 비가 내 려 석벽 주변은 진흙탕으로 둘러싸여 있어 북군이 진격하기란 거의 불 가능했다. 수많은 북군이 대책 없이 남군의 총알을 맞고 쓰러져 가는데 도 번사이드 장군은 계속 진격하라고 명령했다. 총을 맞고 죽은 병사들 의 시체는 겹겹이 쌓여갔다. 다시 폭풍이 몰려와 어쩔 수 없이 퇴각 명 령을 내릴 때까지 일방적인 공격을 받고 죽어간 북군 병사의 수가 1만 2,000명에 이르렀다.

북부군의 앰브로즈 E. 번사이드 장군   남부군의 로버트 E. 리 장군

첫 번째 전투에서 참담한 패배를 맛본 번사이드 장군은 1863년 1월 21일에 두 번째 공격을 감행했다. 그러나 이 지역의 토양이 진흙이라는 점과 1월에 저기압이 이 지역을 주기적으로 통과한다는 사실을 간과하고 있었다. 18일까지 버지니아 지역의 날씨는 맑고 약간 쌀쌀해 병력을 이동시키기에는 안성맞춤이었다. 그러나 번사이드가 전혀 예상치 못한 일이 일어나고 있었다. 제트기류와 연관된 저기압이 버지니아 쪽으로 서서히 이동해 오고 있었던 것이다. 이 저기압은 남북의 심한 기온 차와 멕시코 만Gulf of Mexico으로부터 들어오는 습한 공기로 인해 크게 발달하고 있었다.

1월 20일 날씨가 점차 흐려지면서 바람이 강해지고 온도는 떨어졌다. 저기압이 다가온다는 증거였지만, 기상변화에 관심도 없었고 둔감하기까지 한 번사이드는 아무런 신경을 쓰지 않았다. 특히 1차 전투에서 비와 진흙탕으로 인해 패배했음에도 말이다. 밤 9시경에 비가 오기 시작했고, 시간이 흐를수록 그 강도는 점차 강해져 갔다. 폭풍의 이동 속도가 조금만 빨랐더라도, 그리고 그 강도가 조금만 약했더라도 큰 문제가 발생하지는 않았을 것이다. 그러나 폭풍은 이미 상당히 발달해 있었으며, 버지니아 지역을 정통으로 그것도 천천히 지나가고 있었다.

21일 새벽 이 지역의 땅과 병력은 완전히 젖어 있었다. 그러나 미련한 번사이드는 북군의 총병력 7만 5,000명의 진군을 명령했다. 평균적인 중위도 저기압성 폭풍은 몇 일간 이동하면서 땅에다 엄청난 물을 쏟아 붓는다. 비가 쏟아지는 지역의 토양이 비를 함유하지 않고 흘려보낼 경우 전투에 큰 영향은 없다. 그러나 버지니아 지역처럼 토양이 점토가 많이 함유되어 있어서 수분의 통과가 어려울 경우 전투는 많은 영향을 받는다. 비가 오거나 물이 넘치면, 땅들은 온통 진창으로 바뀌기 때문이다. 엄청나게 내린 비는 밤새 내린 것으로도 부족해서 아침까지 쏟아졌고, 버지니아 땅은 그 지역 사람들이 '진창 된죽'이라고 부를 정도로 말 그대로 진창이 되어 버렸다. 현장에 있었던 북군 장교의 기록에 의하면 그 지역의 땅은 물을 머금고 점점 더 부드러워지는 붉은 점토 그 자체였다고 한다.

전투가 벌어질 당시의 기압계를 보면 저기압이 급격히 발달하는 패턴이다. 발달한 저기압에서는 많은 비를 내리는데, 겨울이었기에 증발량이 거의 없으므로 강수와 포화된 상대습도는 땅을 더욱 진창으로 만들어냈다. 비로 습기를 가득 머금은 진흙은 이동하는 군인들, 말들, 장비들이 우왕좌왕하면서 빠르게 깊은 진창으로 바뀌어져 갔다. 병사들이 진군하기 위해 안간힘을 쓰면 쓸수록 진흙은 점점 깊어지고 질퍽질퍽해졌고, 병력이동 속도는 급속히 저하되었다. 질퍽질퍽한 진탕에 발이 빠져 제대로 이동할 수 없었기 때문에 북군은 채 5킬로미터도 진격하지 못하고 빗속에서 야영을 해야만 했다. 다음 날도 비가 계속 내리자 병사들은 비가 지나가기를 기다렸다. 당시 한 병사는 이런 글을 남 겼다. "잠을 자려고 누웠지 / 한없이 깊은 진흙 위에서 / 나를 깨우러 왔을 때 내가 없거든 / 조개 찾아내는 갈퀴로 날 찾아내주오."

비가 멈추자 번사이드 장군은 진격을 명령했다. 비를 잔뜩 머금은 땅 은 북군에게는 재앙이었다. 북군이 질퍽한 땅에 빠진 말과 대포를 끄집 어 올리느라 안간힘을 쓰는 것을 보면서 강 건너에 있던 남군은 "리치 먼드와 진탕에 빠지러 가는 길은 이쪽"이라고 쓴 표지판을 만들어 야 유를 보냈다. 22일 저녁이 되도록 북군의 전 병력은 강을 건너지도 못 한 채 완전히 수렁에 빠지게 되었다. 진군하려고 하면 할수록 병사들과 대포를 비롯한 각종 무기들은 진흙탕으로 빠져 들어갔다. 100미터 진 군하는데 몇 시간씩 걸렸고 병사들은 지쳐갔으며 장비와 무기도 사용 할 수 없을 정도로 변해버렸다. 선택의 여지가 없었다. 결국 적과 싸워 보지도 못한 채 번사이드는 회군을 결정해야 했다. 불명예스럽게도 전 쟁사에서는 이 전투를 "번사이드의 진흙으로 진군한 전쟁"이라고 기 록하고 있다.

"미련한 자의 입은 그의 멸망이 되고 그의 입술은 그의 영혼의 그물이 되느니라." (잠언 18:7)

번사이드의 미련함은 약 두 달 후에 또 다시 증명된다. 그가 지휘하 는 북군이 남군의 리 장군에게 치명적인 패배를 당했기 때문이다.

번사이드 장군의 참패 이후 북군의 사기는 완전히 땅에 떨어졌다. 1863년 봄 북군의 조지프 후커 Joseph Hooker (1814~1879) 장군은 래퍼해녹 강 건너편에 주둔해 있던 리 장군의 남군을 기습하여 전세를 역전시키기 로 결심한다. 병력이 상류 쪽에서 강을 건너게 한 다음 남쪽의 버지니아 삼림지대를 통과하여 리 장군의 좌측을 기습한다는 계획이었다.

"기습은 우리의 움직임을 감출 수 있게 비가 오는 날 결행하도록 한다." 4월 28일부터 기압골이 통과하면서 비가 내리자 4월 29일 후커 장군은 모든 북군을 동원하여 강을 건넌다. 남군에게 들키지 않고 무사히 강을 건넌 북군이 버지니아 삼림지대에 들어섰지만 문제는 오히려 삼림지대에 있었다.

"조밀한 나무와 수풀이 우거진 숲에서의 전투는 짙은 안개 속에서 싸우는 것보다 힘들다." 삼림森林은 전투에 있어 시야를

북군의 조지프 후커 장군.

차단하고 군대의 이동을 방해하며 통신과 보급에 어려움을 준다. 그러나 반대로 기습작전을 가능하게 하고 병사들을 보호하는 방패 역할을 하기도 한다. 삼림지대는 울창한 나무와 찔레와 가시덩굴이 우거져 있었고 수풀 안쪽은 비로 인해 늪지로 변해 있었다. 또한 벌목꾼들이 사용하던 좁은 길이 군데군데 나 있어 북군의 진로를 헷갈리게 만들었다. 이 모든 것은 북군을 삼림 속에서 이리저리 헤매게 만들었고 급기야는 부대 간의 연락조차 끊어지는 경우가 허다했다. 결국 앞서 나갔던 북군의 일부 부대가 남군 에게 발견되면서 남군의 강력한 공격을 받게 되었다. 이렇게 되자 후커 장군은 북군을 챈설러즈빌Chancellorsville 로 후퇴

시켜 부대를 정비한다. 북군이 부대를 정비한 지역은 부대의 좌측이 강에 붙어 있어 방어하기가 어렵지 않았지만 우측은 취약점을 지니고 있었다. 특히 가장 큰 약점은 울창한 버지니아 삼림을 전혀 고려하지 않았다는 것이다.

반면 이 지역의 지형에 정통했던 남군의 리 장군은 정찰을 통해 챈설러즈빌의 북군은 우측이 아킬레스건임을 파악한다. 5월 2일, 리 장군은 짐짓 퇴각하는 것처럼 보이게 하면서 숲 사이의 좁을 길을 따라 병력을 북군 우측으로 집결시킨다. 이에 반해 정찰병조차 제대로 활용하지 않은 후커 장군은 남군의 공격을 전혀 예상하지 못한 채 방심하고 있었다.

"조밀한 나무와 풀로 이루어진 야생의 숲에서 정상적인 작전은 불가능하다. 울창한 식물들로 인해 백 보 앞을 내다볼 수도 없고 적이 어디에 있는지조차 알 수 없다. 이러한 곳에서 성공적인 작전이란 어려움과 불확실성을 내 편으로 만드는 것뿐이다."

H. S. 핸콕Hancock 장군의 말처럼 하나님은 삼림이란 불확실성을 자신의 편으로 만들었던 리 장군의 손을 들어준다.

1863년 5월 2일 늦은 오후, 북군의 우측으로 숨어 들어간 남군은 북군을 기습 공격한다. 방심하고 있던 북군은 느닷없는 기습에 일대 혼란에 빠져버렸고 남군은 이 틈을 타고 쉴 새 없이 몰아붙였다. 리 장군은 어둡고 깊은 숲 속에서 우왕좌왕하는 북군을 10제곱킬로미터의 좁은 그물 안에 몰아넣는데 성공한 것이다.

혼비백산하여 후퇴하는 북군에게 울창한 삼림과 늪지는 마치 깜깜한 절벽과 같았다. 남군의 리 장군은 북군이 도망가는 쪽으로 바람의 방향이 바뀌자 화공을 지시한다. 온 숲에 불이 붙으면서 숲은 순식간에 지옥으로 변해 버렸다. 북군은 도망치다 죽고 불에 타서 죽고 물에 빠져 죽어갔다. 이제 전투는 포위망을 좁혀 들어가는 남군이 널브러진 북군을 주워 담는 형국이 되어 버렸다.

강변까지 쫓기면서도 후커 장군은 전황을 바꿀 어떤 방책도 강구하지 못한 채 그저 강 건너로 탈출하기에 급급했다. '뒤로 넘어져도 코가 깨진다'는 말은 이 당시의 북군을 두고 한 말 같다. 5일부터 폭풍우가 몰아닥치면서 삼일 연속으로 큰 비가 내렸다. 강의 다리는 떠내려가 버렸고, 진창으로 변한 길은 무릎까지 빠질 정도였다. 전투에서 패한 북군 병사들은 피로와 공포 속에서 죽어갔고 적은 수의 살아남은 자들은 천신만고 끝에 간신히 강을 건넜다. 결국 버지니아 전투는 날씨와 지형에 대한 대비가 전혀 없었던 북군의 대 참패로 막을 내렸고, 지형과 날씨를 최대로 활용한 리 장군에게는 대승을 가져왔다.

도대체 왜 후커 장군은 강을 건너 삼림을 지나 적을 기습하는 어려운 방법을 사용했을까? 당시 북군의 병력은 약 12만 명에 이르렀고, 리 장군의 남군은 단지 6만 명에 지나지 않았는데 말이다. 많은 전사가들은 이때 2배의 병력과 우세한 장비를 가졌던 후커가 만약 평지에서 정면 전투를 벌였으면 더 유리했을 것이라고 말한다. 손자孫子는 "유능한 장군은 기상(天)을 잘 알아야 하는데, 천(天)은 낮과 밤, 추위와 더위, 계절의 변화에 대한 분석과 파악, 그리고 이것을 전투에 활용하는 능력天者, 陰陽 寒暑 時制也"이라고 말한다. 이런 능력이 없었던 후커 장군은 "무능한 리더십은 부하들을 죽음으로 내 몬다"는 전쟁원칙을 증명한 한심한 장군에 다름없었다.

"부지런한 가난뱅이는 직감을 어리석다고 치부하지만, 게으른 백만장자는 자신의 집중력을 믿고 직관에 귀를 기울인다. 게으른 백만장자들은 순간의 느낌이나 징조 등에 무척 예민하며 이들을 경계한다. 자신의 직감을 따름으로써 시간과 돈을 절약할 수 있는 것을 알기 때문이다. 부지런한 가난뱅이는 일에 파묻혀 허덕이지만, 게으른 백만장자는 유능한 인재를 활용해 일은 반으로 줄이고 수입을 늘린다. 게으른 백만장자는 능력 있고 자주적이며, 창의적인 사람을 곁에 두고 그들에게 일을 적절하게 위임한다."(블링크의 법칙)

블링크의 법칙을 보면 부지런한 가난뱅이로는 북군의 후커 장군이, 게으른 백만장자는 남군의 리 장군이 연상된다. 백만장자는 게을러 보이는 듯하지만 실제는 게으르지 않다. 무엇이 중요한지를 잘 알고 있으며 정확한 '직감Insight'을 가진 사람이다. 전력의 열세에도 불구하고 남부의 자존심을 지킨 리 장군은 역설적으로 역사상 가장 게으른 장군이었다.

"우리에게는 게으름을 피울 여유가 없다. 병력과 장비 면에서 적보다 너무 약하다. 그러므로 적을 완전히 격파하지는 못한다 하더라도 최소한 괴롭히기는 해야 한다."[21] (로버트 E. 리 장군)

---

21 제레미 블랙 저, 박수철 역, 『역사를 바꾼 위대한 장군들』, 21세기북스

키치너 장군과 패러다임쉬프트

"20세기 모병포스터 중 최고의 디자인 아이콘은?"

단연 영국의 '키치너 포스터'이다. 제1차 세계대전 당시는 광고의 역사에서 포스터의 효력이 가장 강력했던 시대였다. 제1차 세계대전이 발발하자 전쟁장관으로 임명된 키치너 경Lord Kitchener은 대규모 군대를 모병하는 캠페인에 직접 나섰다. "당신을 원한다WANTS YOU"는 명령에 가까운 구호로 젊은이들의 전쟁에의 동참을 호소했다. 양쪽 끝이 둥글게 말린 긴 콧수염을 기른 키치너의 강렬한 눈빛과 정면을 향한 손가락은 인상적이었다. 포스터에 마음이 뜨거워진 영국의 젊은이들이 제1차 세계대전 발발 후 2년 동안 무려 200만 명 이상 군에 자원입대했다. 이 포스터가 대박을 치자 미국과 러시아에서도 비슷한 포스터를 제작했다. 심지어 적대국이었던 독일과 이탈리아까지도 키치너의 표정과 손가락 모양으로 포스터를 만들었다. 최고 모병아이콘의 주연이었던 키치너가 이 장의 주인공이다.

19세기의 영국은 '해가 지지 않는 나라'로 불렸다. 지구를 둘러 전 세

제1차 세계대전 당시 〈키치너 모병 포스터〉

계에 걸쳐 많은 식민지를 경영했기 때문이다. 19세기 말 전 세계를 휩쓴 엘니뇨로 아시아와 아프리카 국가에서 대규모 기근으로 수많은 사람이 죽어갔다. 이런 와중에 1882년 이집트를 식민지로 만든 영국은 자연스럽게 이집트가 지배하던 수단까지 물려받았다. 그런데 당시 수단은 이집트에 대항해 봉기 중이었다. 이집트가 수단의 수지맞는 사업인 노예무역을 폐지하려고 했기 때문이다. 반군의 지도자는 무함마드 아마드 이븐 압달라Muhammad Ahmad ibn' Abd Allah(1845~1885)였다. 그는 자신들의 봉기를 '지하드jihād(성전)'라고 규정하고 수단에 진주한 이집트 군대를 격파한 후 독립하겠다고 하면서 수도인 하르툼Khartoum 으로 진격했다. 영국은 하르툼에 남아 있던 소수의 영국군 장교와 1만 3,000명의 이집트 군대를 철수시키기 위해 찰스 고든Charles Gordon 소장을 파견했다. 고든 장군은 청나라 정부군 지휘를 맡아 '태평천국의 난'을 진압하기도 했던 명장이다. 하르툼에 온 고든 장군은 철수작전에 불복하고 하르툼을 사수하기로 결정한다. 그는 청나일과 백나일을 연결하는 수로를 파서 하르툼 성벽 방어를 강화했다. 아울러 가축 떼를 모두 하르툼 성안으로 몰아넣어 장기전에 대비한 식량 비축도 했다. 그러나 전력의 차이가 너무 컸다. 버티는 데는 한계가 있었다. 결국 영국은 고든을 구하기 위해 수단에 7,000명의 병력을 파병한다. 그러나 구원 병력

런던 화이트홀Whitehall에 있는 모병소에 몰려든 젊은이들.

이 도착하기 전인 1885년 1월 26일 고든 장군은 전투 중에 적군의 창에 사망한다. 영국의 구원 병력이 하르툼에 도착했을 때 이미 이틀 전에 하르툼이 함락되고 고든 장군이 죽은 뒤였다. 고든 장군을 구원하기 위한 병력 중에 키치너 장군이 포함되어 있었다.

영국 국민은 고든의 죽음에 대한 복수를 요구했다. 그러나 현실적으로 영국이 취할 수 있는 실제적인 힘은 부족했다. 오히려 반군이 공격해왔다. 1885년 여름에 수단 원주민 지도자가 된 무함마드 아마드는 이집트를 공격했으나 영국군에게 격퇴당했다. 영국군에 격퇴당한 뒤로 반군들도 조용히 지냈다. 하르툼 전투에 자존심이 상한 영국이었지만 워낙 수적으로 불리했기에 현상유지 정책을 폈다. 그러나 영국 총리에 취임한 솔즈베리Salisbury는 이슬람 세력이 프랑스와 동맹을 맺거나, 또는 1869년에 건설된 수에즈Suez 운하에 대한 영국의 접근을 방해할

무함마드 아마드 이븐 압달라

것이라고 판단한다. 그는 사전에 문제를 제거하기 위해 수단 침공 계획을 세우도록 지시한다.

당시 이집트군 사령관이었던 키치너는 군 생활 중 대부분을 아시아와 아프리카에서 보낸 군인이었다. 청년 사관시절 때부터 중근동中近東[22]에서 측량과 현지민現地民 군대의 지도를 주로 담당했다. 키치너에 대한 여러 가지 평가가 있는데, 그의 가장 큰 장점은 의사 결정을 할 때 기계같이 정밀한 사람이라는 것이다. 그는 현장 사령관에 있을 때에도 세부사항을 일일이 챙겼다고 한다. 키치너는 수단의 이슬람 세력을 제압하기 위해서는 보급품과 병력의 손실을 입지 않고 이슬람 반군 근거지인 옴두르만Omdurman까지 진격하는 것이 가장 중요하다고 생각했다. 옴두르만을 장악하면 나일 강과 나일 계곡 전체를 차지할 수 있었다. 키치너는 고든 장군의 실패에서 교훈을 배웠다. 고든 장군은 수단으로 진격하면서 적절한 병력과 보급품을 지원받는데 실패했다. 물이 불어난 나일 강의 빠른 유속으로 나일 강에서 핵심 보급품과 병력을 잃은 것이다. 이제 유일한 방법은 누비아Nubia 사막을 직선으로 가로질러 진격하는 것이었다. 40만 제곱킬로미터의 건조한 사암 고원지대인 누비아 사막은 6월 평균 기온이 43도가 넘고 한

---

22 중동과 근동을 아울러 이르는 말. 리비아에서 아프가니스탄까지의 북아프리카와 서아시아를 가리킨다.

낮의 모래 온도는 70도가 넘었으며 밤에는 10도까지 떨어져 일교차가 무려 30도 이상이나 되는 지역이었다. 비가 거의 내리지 않고, 오아시스도 전혀 없는 죽음의 사막이었다. 병사들이 행군하기에는 너무 위험한 곳이었다.

키치너는 타는 듯한 사막과 건조한 대지를 뚫고 행군해서는 이길 수가 없다고 생각했다. 키치너 장군은 발상을 전환한다. 그에게 도움이 되었던 것은 그가 공병장교 출신이었다는 점이다. 그는 수송수단을 이용해 병력을 이동하기로 한다. 만일 기차만 있다면 그들을 옴두르만에서 300킬로미터 떨어진 아트바라까지 태워다 줄 수 있었다. 그는 사막을 가로지르는 철도를 건설하기로 했다. 이집트 군대와 죄수들을 강제로 동원해 1897년 1월 1부터 철도를 건설하기 시작했다. 마침내 1898년 7월 14일, 수단 군사 철도가 성공적으로 설치되었다. 예전에는 카이로에서 보급품이 오려면 최소한 넉 달이 걸렸지만 이제는 11일 만에 도착하게 되었다. 무기와 탄약과 보급품과 병력 충원이 신속하게 이루어지게 된 것이다. 수단의 이슬람 반군은 사막에 철도를 놓다가 포기할 것으로 생각했다. 당시의 토목공사 능력으로는 불가능에 가까운 공사였기 때문이다. 그러나 1898년 1월 초, 아트바라Atbarah에서 240킬로미터 떨어진 곳까지 철도가 건설되자 수단 반군은 당황했다. 그들은 1만 6,000명의 병력으로 철도 건설현장을 방어하던 영국군을 공격했다. 이 전투에서 반군의 공격은 실패로 돌아갔다.

키치너는 그 다음에 나일 강을 이용하기로 했다. 이를 위해 키치너는 조립식 무장 증기선을 투입하기로 한다. 철도로 아트바라까지 배의 부품을 운반한 후 배를 조립한 것이다. 이 포함들은 포 36문과 맥심기관총 24정을 탑재한 그야말로 경천동지할 화력을 갖추고 있었다. 키치너는 영국 정규군 8,200명과 이집트인 및 수단인 1만 7,000명으로 부대를 조직했다. 기차로 아트바라까지 이동한 후 위험도가 낮은 나일 강의 중류를 이용하여 중요 무장 전력을 진격시켰다. 이 함대가 나일 강을 따라 가는 동안, 키치너가 이끄는 군대는 도보 또는 낙타를 타고 옴두르만을 향해 진군해 9월 초에 옴두르만의 북쪽인 나일 강 서쪽 제방까지 진출했다. 전투가 벌어졌을 때 수단의 이슬람 반군은 영국의 절대적인 화력, 특히 맥심기관총에 무력하게 쓰러져 갔다.

두어 차례의 전투에서 이슬람 반군지도자는 깨달아야만 했다. 당시로서는 최고의 화력을 영국군이 가지고 있었다는 사실을 말이다. 정면 공격은 실패를 부를 뿐이었다. 따라서 정면으로 맞서는 대신 영국군을 사막으로 끌어들여 소모전을 하거나, 화력의 우위를 다소 무력화할 수 있는 밤에 공격을 하는 것이 최선의 방법이었다. 그러나 이슬람반군 지도자는 영광스럽기는 하지만 바보 같은 전술을 선택했다. 밝은 대낮에 대규모 공격을 감행한 것이다. 9월 8일 새벽, 이슬람 반군 지도자는 병력을 영국군의 전면으로 진격시켰다. 영국 포병대는 이슬람 반군이 2킬로미터 앞에 도착했을 때 포문을 열었다. 포탄을 피해 전진해 온 반군에게는 1분에 500발의 총알을 내뿜는 맥심 기관총이 불을 뿜었다. 기관총에 살아남은 반군들에게는 영국령 이집트 보병대의 소총이 기다리고 있었다. 어느 이슬람 반군도 영국군 진지 300미터 앞까지도 가지 못했다. 전원이 전멸한 것이다. 수단의 이슬람 반군은 이 전투에서 1만 명이 전사하고, 1만 6,000명이 부상당했으며, 5,000명이 포로로 잡혔다. 반면 영국군측은 겨우 48명이 전사하고 382명이 부상당했을 뿐이었다. 키치너의 영국군은 마침내 옴두르만을 차지하고 나일 계곡을 완벽하게 차지하는데 성공했다. 영국군의 승리 뒤에는 당시 개발되어 전쟁에서 최초로 사용된 기관총의 역할이 매우 컸다.

훗날 영국의 위대한 총리가 되는 윈스턴 처칠도 키치너 군대의 중위로 임명되어 옴두르만 전투에 참전했다. 제21창기병연대의 일원으로서 이슬람 반군과 맞서 싸운 것이다. 그는 1899년에 펴낸『강의 전쟁 : 수단 재정복의 역사적 의의The River War: An Historical Account of the Reconquest of the Soudan』라는 책에서 옴두르만 전투에서 이슬람 반군을 제압하는 포와 기관총의 위력에 대한 기록을 남겼다.

> "다른 장교와 함께 나는 경사면 가장자리에 상자를 쌓고 그 위에 올라가 평원에 대한 약간의 시야를 확보했다. 800미터 떨어진 곳에서 남루한 복장의 사람들이 줄지어 선 채 필사적으로 다가왔다. 이들은 무자비한 화력 앞에서 전진하기 위해 몸부림을 쳤다. 하얀 깃발이 날아가거나 쓰러졌다. 하얀 형체가 10여 명씩 풀썩 땅으로 주저앉았다. 작은 하얀 연기가 그들의 소총으로부터 뿜어져 나왔지만, 포탄이 터지면서 그보다 큰 하얀 연기가 그들 앞에서 연속적으로 퍼졌다. 그 광경은 잠시 후 사라졌지만, 그 기억은 영원히 남아 있다."

키치너의 승리에는 고정적인 사고에 얽매이지 않는 발상의 전환이 있었다. 그가 만일 험악한 사막을 도보로 가로지르는 방법을 사용했다면 그도 고든 장군처럼 실패했을 것이다. 그는 적이 상상도 못했던 사막에 철도를 설치한다는 발상과 함께 나일 강을 적절히 이용했다. 누가 사막에 철도를 놓아 군대를 진격하려고 생각이나 할 수 있었을까? 전사가들은 키치너의 승리를 먼저 현대 화력이 인간을 칼과 창의 세계와 결별하게 만들었다는 점에서 찾는다. 두 번째로 키치너가 사막을 가로질러 철도를 놓고, 이를 통해 군대를 이동했다는 점에서 찾았다. 날씨 조건을 극복한 그의 '발상의 전환(패러다임쉬프트)'이 승리의 원인이라는 것이다. 오늘날까지도 키치너의 철도 건설은 공학의 놀라운 성취일

뿐만 아니라, 통찰력과 대담성 측면에서도 독창정인 군사전략으로 꼽힌다.

옴두르만에서의 승리로 영국의 영웅으로 떠오른 키치너는 수단의 사령관과 보어전쟁의 군총사령관, 인도의 군총사령관을 두루 거쳐 1911년 9월에 이집트 총독이 되었다. 제1차 세계대전이 발발하자 영국군 전쟁장관으로 임명되어 영국 육군을 지휘하여 독일에 맞섰다. 그러나 직선적이고 올곧은 성격으로 키치너는 다른 정치인들의 견제를 받았다. 이런 와중에 러시아의 황제 니콜라이 2세가 개인적으로 그를 초청했다. 그는 제1차 세계대전의 성과에 대한 지지 및 러시아에 대한 협조를 얻기 위해 1916년 6월 5일 러시아를 향해 출발했다. 장갑순양함 햄프셔호HMS Hampshire가 북해를 통과하여 러시아의 아르항겔스크 Arkhangelsk 항구까지 키치너를 태워다 줄 것이었다. 그러나 배가 출발하면서 거대한 폭풍을 만났다. 강한 바람과 높은 파도에 호위하던 구축함들은 돌아갔으나 햄프셔호는 항진을 계속했다. 그러다가 햄프셔호는 오크니Orkney 제도 서쪽에서 물속에 있던 기뢰에 부딪치면서 침몰했다. 독일의 유보트 U-75가 며칠 전에 그곳에 기뢰를 설치했던 것이다. 영국군 600명과 승객 43명이 숨졌고, 오직 12명만 생존했다. 사망자 명단에는 키치너의 이름이 들어있었다. 군인은 전쟁터에서 죽는 것이 가장 명예롭다고 말한다. 영웅 키치너의 죽음은 아쉽기는 하지만 명예로운 죽음이 아니었을까?

아프리카 전쟁의 영웅 포르베크

"압도적인 적 앞에 굴하지 않고 싸워 승리한 장군, 게르만 민족의 영웅 포르베크 장군!"

파울 폰 레토-포르베크Paul von Lettow-Vorbeck는 제1차 세계대전 때 아프리카 전투에서 영국군과 싸워 한 번도 패배하지 않았던 장군이다. 독일은 당시 전쟁에서 졌음에도 불구하고, 포르베크가 아프리카에서 귀국했을 때 그를 위해 퍼레이드를 열었다. 그가 국민의 자존심을 살려준 최고의 장군이었기 때문이다. 20년 뒤 정권을 잡은 나치 독일까지도 독일 민족의 우수성을 선전하기 위해 포르베크를 적극 활용했다.

1914년 제1차 세계대전이 발발하자 독일령 동아프리카(오늘날의 부룬디, 르완다 및 탄자니아 일부)에 주둔하던 독일군 포르베크 대령은 아프리카에 있는 영국 식민지를 공격함으로써 영국의 힘을 분산시킬 수 있다고 생각했다. 그리 한다면 독일에게 큰 힘이 될 것이었다. 그에게 가장 큰 힘이 된 것은 아프리카 원주민 부대였다. 아프리카 독일의 식민지 전쟁에 참여했던 프린츠Frintz라는 군인이 전역한 후 탄자니아에서 흑인 지원

파울 폰 레토-포르베크

병부대를 창설했다. 그는 현지 원주민으로 구성된 아스카리[23]Askari 부대를 강인하게 훈련시켰다. 그들은 독일 정규군과 비교해도 손색이 없었다. 프린츠는 독일령 동아프리카에서 가장 계급이 높은 포르베크 대령에게 훈련시킨 아스카리 부대를 인계했다. 제1차 세계대전이 일어나자 포르베크 대령은 200여 명의 백인장교와 1,000명의 아스카리 병사를 이끌고 영국 식민지를 공격했다. 포르베크가 이끄는 병력은 아주 적은 양의 탄약과 물자밖에 없었다. 그

럼에도 그가 이끈 기습공격은 엄청난 효과를 발휘했다. 포르베크는 타베타Taveta에서 영국의 철도역을 점령했다. 많은 영국군 진지와 20여 대의 기관차와 수마일의 철도가 파괴되었다. 포르베크의 '히트 앤드 런' 식의 게릴라 전법에 영국 식민지군은 너무나 무력했다. 포르베크는 공격을 할 때 철저히 지형과 날씨를 파악해 공격한 것으로 유명하다. 포르베크는 기습작전을 수행하는 중에도 새로운 병력을 꾸준하게 모집했다. 유능한 사람들은 누구라도 붙들어 독일군에 복무시켰다. 포르베크가 영입한 인재 중에 최고는 작센Sachsen 출신의 퇴역한 독일군 소장 쿠르트 발레Kurt

---

23 아랍어로 '전사'라는 뜻. 보통 아프리카 내 유럽 식민지에서 현지인으로 구성된 부대를 가리킨다.

1910년대 아스카리 부대 모습. ⓒⒾ⊙ Deutsches Bundesarchiv / Walther Dobbertin

Wahle 다. 제1차 세계대전이 일어났을 때 그는 아프리카에 있는 아들 집에 와 있었다. 발레는 포르베크보다 계급이 높았었지만 기꺼이 포르베크 밑에서 전쟁에 참여했다. 수송 업무를 맡은 발레 덕분에 독일군은 전쟁에서 매우 중요한 물자를 적시에 공급하는데 성공했다. 이것은 작전의 효율성이 매우 높아진다는 것을 의미한다.

"식인종 아프리카 병사들에게 죽어가는 대영제국의 병사들!" 영국 신문에는 매일 영국군이 독일군에게 유린당하는 기사가 실렸다. 자극적인 기사에 영국 국민은 분노했다. 영국 국민은 "아프리카 파병!"을 외쳤고, 영국 정부는 어쩔 수 없이 아프리카로의 파병을 결정했다. 1914년 10월 영국은 인도에 주둔하던 아서 에이킨Arthur Aitken 소장을 아프리카 원정군 사령관으로 임명했다. 그는 북랭커셔연대 소속 1개 대대와 구르카Gurkha 용병부대, 그리고 인도인으로 구성된 약 8,000명

탕가 해변에 놓인 영국군 전사자 시신. ⒸⒾⓄ Deutsches Bundesarchiv

의 병력을 차출했다. 11월 2일, 영국군을 태운 함정이 독일령 동아프
리카의 탕가Tanga[24] 인근 해안에 나타났다. 탕가는 아프리카에서 인도
로 넘어가는 길목에 자리 잡고 있는 해양 교통의 요지이다. 또한 영국
령 동아프리카(오늘날 탄자니아의 대부분 지역과 케냐·우간다·잔지바르)와
80킬로미터 떨어진 고원지대에 위치해 있으며 중요한 우삼바라 철도
Usambara Railway의 기착지이기도 했다.

 영국군을 이끄는 에이킨 소장은 새로운 전략과 전술 개발의 필요성
을 느끼지 못하던 인도에서 30년간 근무한 탓에 무기체계나 전술의 발
전 흐름에 매우 둔감했다. 유럽에서는 기관총과 현대적 포병화력, 참호
에 의한 전쟁이 벌어지고 있었음에도 병사들이 질서정연하게 대오를
이루어 적진을 향해 돌격하는 나폴레옹식 전술을 고집하는 시대에 뒤
떨어진 장군이었다. 포르베크 대령은 1,000명의 병력으로 영국군에 맞

---

24 오늘날 탄자니아 동북쪽 인도양에 면한 항구도시.

〈탕가 전투, 1914년 11월 3~5일〉, 마틴 프로스트 Martin Frost 作.

섰다. 병력 수는 8대 1로 영국군이 압도적이었다. 에이킨 소장은 영국 군이 진격하면 독일군은 꼬리를 내릴 것이라고 자신했다.

"나의 용맹스런 북랭커셔부대와 구르카 용병들과 인도병사들은 오합 지졸의 독일 원주민 병력을 무찌르는데 아무런 어려움이 없을 것이다. 병력도 몇 명 안 되는 그들은 우리의 모습만 봐도 도망칠 것이다. 우리 는 성탄절 이전에 탄자니아를 점령할 것이다."

그러나 독일군의 저항은 예상보다 강했다. 영국군을 기다리고 있는 것은 유럽 서부전선에서 사용된 신 전술로 무장한 독일군이었다. 진흙 댐과 참호와 철조망, 기관총좌로 구축된 견고한 방어망이었다. 영국군 의 공격이 시작되었다. 독일군 기관총좌는 밀림의 늪지를 헤쳐 나오느 라 허우적거리는 영국의 인도병사들을 쓸어 버렸다. 독일군의 매복과 참호전에서 패배한 영국군은 시 외곽의 밀림으로 쫓겨났다. 밀림에는 원주민들이 양봉을 위해 걸어 두었던 벌통들이 많이 있었다. 포탄 파편에 놀란 크고 사나운 아프리카 벌 떼가 영국군을 사정없이 공격했다. 코미디 같지만 이 전투의 승자는 벌 떼였다. 영국군은 1,000명의 사망자와 800명의 실종자 및 부상자를 내고 패퇴했다.

탕가 전투의 패배 소식이 영국에 전해지자 영국 국민은 분노했다. 영국은 제2차 보어전쟁의 영웅 얀 크리스티안 스뮈츠Jan Christiaan Smuts, 1870~1950[25] 중장을 동아프리카로 파견했다. 스뮈츠 중장은 1916년 3월, 포르베크가 이끄는 독일군을 잡기 위해 4만 5,000명의 병력을 동원했다. 압도적인 병력과 물자를 바탕으로 영국군은 속전속결을 계획했다. 그들은 독일군을 재빨리 격파한 뒤 곧바로 전략적으로 더 중요한 전장으로 이동할 생각이었다. 그러나 포르베크 대령은 영국의 뜻대로 움직여주지 않았다. 그는 소규모의 접전을 한 다음 재빨리 남쪽으로 후퇴했다. 그는 영국군과 전면전을 피하면서도 교전의 가능성을 열어둘 정도의 가까운 거리를 유지했다. 곧 잡을 듯했기 때문이었을까? 영국군은 계속 전진했다. 독일군은 손에 잡힐 듯했지만 영국군의 수중에 빠지지는 않았다. 무엇엔가 홀린 듯 스뮈츠 중장은 산을 넘고, 강을 건너, 숲을 지나 포르베크를 따라가고 있었다. 영국 군대의 보급선은 수백 킬로미터에 걸쳐 늘어졌다. 영국군의 사기가 떨어지기 시작했다. 독일군의 소규모 기습 공격에도 제대로 대응을 하지 못했다. 독일군을 쫓아가던 스뮈츠 중장의 군대는 함정에 빠져 전염병이 득실거리는 밀림에 갇혔다. 영국군은 전염병과 기아와 질병으로 죽어나갔다. 영국군은 자신

---

25 남아프리카연방 정치가. 남아프리카연방이 성립되자 국방장관·재무장관 등을 역임하고 제1차 세계대전 중에는 동아프리카 군사령관, 영국 내각 각료를 지냈으며 전후에는 국제연맹 창립에 공헌하고, 남아연방 수상·법무장관 등을 역임했다. 제2차 세계대전에도 남아연방의 수상·국방 장관·총사령관으로서 영국을 도왔다.

들의 방법으로 전투를 하지 못했다. 초원지대에서는 물을 제때 공급받지 못해 많은 병사들이 일사병과 탈수로 죽어갔다. 탄자니아는 적도지역인 관계로 평균기온이 섭씨 35도 이상의 무더위를 보인다. 겨울건기에도 기온은 내려가지 않으면서 비가 내리지 않아 초원에서 물을 공급받기가 어렵다. 포르베크는 물이 독일군의 생명이라는 생각으로 어느 전투에서건 가장 먼저 물을 확보했다. 그런 다음 보급선이 길어져 영국군이 제때 물을 공급받지 못해 지치고 전력이 약해지면 공격을 가했다. 통상 섭씨 28도 정도에서 병사 1인당 하루에 생수 6리터가 필요하다. 그러나 당시의 영국군의 보급체계에서 이 정도의 물을 공급하기는 매우 어려웠을 것이다.

유일하게 1917년 10월 마히와^{Mahiwa}에서 대규모 접전을 치른 적이 있다. 그때도 영국군은 2,700명이 사망하거나 실종되는 등 큰 패배를 당했다. 포르베크 장군은 4년 동안 영국 병력을 묶어두는데 성공했다. 1918년 11월 14일, 포르베크 장군은 포로로 잡은 영국군에게 독일이 패망했다는 사실을 들었다. 포르베크 장군은 교전중지명령을 내리고, 영국과 종전협정을 체결했다.

탄자니아의 지형과 기후를 살펴보자. 탄자니아의 북동부는 아프리카 최고봉인 킬리만자로^{Kilimanjaro} 산을 비롯해 산악 지대가 주를 이룬다. 북서쪽에는 아프리카에서 가장 넓은 빅토리아^{Victoria} 호와 아프리카에서 가장 깊은 탕가니카^{Tanganyika} 호 등 호수 지대가 형성되어 있다. 중부 지방은 넓은 평원과 경작 지대가 펼쳐져 있다. 동쪽 해안 지대는 덥고 습하다. 적도 근처이기 때문에 일 년 기온 차는 거의 없으며 무덥고 습한 날씨를 보인다. 해안 지역은 밀림으로 이루어져 있으며, 내륙 쪽으로 들어가면 황야가 펼쳐져 있다. 태양이 높은 여름에는 적도저압대赤道低壓帶의 영향으로 우기雨期가 있고, 태양이 낮은 겨울에는 아열

파울 폰 레토-포르베크의 퍼레이드, 1919년 베를린.

대고압대亞熱帶高壓帶의 지배를 받아 건기乾期가 돌아온다. 건기 때는 생각보다 매우 건조하며 기온이 높아 초원의 풀이 말라버리고 물이 없으면 생존하기가 어렵다. 초원 지역은 쾨펜의 기후구분으로는 열대원야기후熱帶原野氣候에 속한다. 포르베크 대령은 4년 동안 영국과의 전쟁에서 탄자니아의 밀림, 초원, 사막 등의 다양한 지형과 날씨를 적극 활용했다. 그는 전투마다 승리했을 뿐 아니라 10만에 가까운 영국 병력을 아프리카에 묶어두는데 성공했다.

포르베크 대령이 '동부아프리카의 힌덴부르크'로 불리는 데는 다 이유가 있다. 포르베크 장군은 승리하는 지휘 능력을 갖춘 리더였다. 첫째, 그는 미래를 대비하는 지혜로운 지휘관이었다. 항차 아프리카에서도 영국군과 전쟁이 일어날 것을 예측하고 흑인 원주민을 선발하여 훈련시켰다. 그가 훈련시킨 흑인 원주민 부대인 아스카리는 영국군에게는 저승사자와 같았다고 한다. 둘째, 애국심이 뛰어난 리더였다. 유럽에서 전쟁이 벌어지는 중에 아프리카에서는 평화를 갈망하던 분위기에서 그는 아프리카에서 영국을 괴롭히면 영국은 유럽에서 병력을 빼내어 아프리카에 투입할 것이고 그렇게 되면 독일을 돕게 된다고 믿었다. 셋째, 전쟁에서 누구보다도 정보의 가치를 알고 활용하던 장군이었다. 인도에 독일 정보원을 파견했고, 탄자니아와 케냐에도 많은 정보원을 두어 적의 동향을 미리 탐지했고 이를 토대로 전투작전을 수

1935년 육군 기동훈련 중 귄터 폰 클루게Günther von Kluge 장군을 방문한 파울 폰 레토-포르베크.

립했다. 넷째, 병력의 기동과 집중을 구사하는 지휘관이었다. 탕가 전투뿐 아니라 그 이후 벌어진 4년간의 동아프리카 전투에서도 그는 적은 병력을 가지고도 결코 영국군에 진 적이 없다. 이것은 소수의 병력이라도 기동력을 이용한 집중의 원칙을 활용하여 적을 공격했기 때문이다. 또 뛰어난 기동력은 적을 때리고 후퇴하는 작전에서도 놀라운 능력을 발휘했다. 독특한 것은 기동무기로 자전거를 사용했다는 점이다. 동아프리카에서 자전거는 소규모의 화물을 운반하고 빠른 속도로 이동하기에 아주 적합한 장비였다. 다섯째, 새로운 전술을 전투에 응용했다. 독일 본국에 새로운 소총과 기관총을 요구해 적은 양이나마 받았던 그는 새로운 전술인 기동전과 참호전을 적절하게 전투의 상황에 맞게 배합했다. 그의 신 전술은 영국군의 무대포식 돌격과 비교되었고 적은 병력으로 적에게 큰 타격을 입힐 수 있었다. 여섯째, 부하들의 충성심

을 이끌어내는 능력의 리더였다. 그는 흑인 병사들과 함께 먹고, 함께 자고, 함께 걸었다. 그러한 행동으로 흑인 병사들의 충성심을 이끌어내었다. 흑인 병사들이 생전 본적도 없는 카이저를 위해 싸우다 죽을 수 있게 만든 것이다. 일곱째, 승리한 후에는 적에게도 자비를 베풀었다. 포로를 돌려보냈으며, 부상당한 적군을 치료해 주었다. 이런 그의 행동은 적뿐 아니라 흑인 병사들에게 많은 감동을 주었다. 제2차 세계대전 이후 그가 폭격으로 집을 잃었다는 소식을 듣고 적이었던 에이킨이나 스뮈츠 장군이 앞장서서 살 집을 마련해 주었다는 것은 그의 인간미가 뛰어나다는 사실을 증명해준다. 마지막으로 압권은 단연 날씨와 지형을 철저히 이용한 장군이었다는 점이다. 포르베크 장군은 아프리카의 방대한 공간과 견디기 힘든 기후인 밀림과 초원기후를 한껏 이용하여 영국군을 무력화시켰다.

뛰어난 지휘관이었던 포르베크 장군은 소수의 흑인 원주민인 아스카리 부대를 이끌면서 제1차 세계대전 내내 수십만 명의 남아프리카인, 영국인, 인도인, 그리고 잡다한 영국 식민지 군대들을 탄자니아에 붙들어 놓았다. 전술적으로 후퇴하는 일이 많았으나 절대로 궁지에 몰리지 않았다. 자기 부대보다 몇 배나 규모가 큰 적에게 커다란 피해를 안겨 주면서도 단 한 번도 패하지 않았다. 제1차 세계대전이 끝난 것을 안 것도 포로로 잡힌 적의 연락병을 통해서였다. 당시 그는 후퇴하는 것이 아니라 영국령을 침공하고 있었다.

『논어論語』의 「위정편爲政篇」에 "옛 것을 알고 새 것을 알면 남의 스승이 될 수 있다溫故而知新 可以爲師矣"는 말이 나온다. 우리가 과거에 일어났던 전사를 살피고 공부하는 것은 예전의 것을 알아야 현재나 미래의 전투에 응용할 수 있으며 그것이 전쟁에 승리를 가져온다고 믿기 때문이다. 전쟁에서 승리하기 위한 요소는 무수히 많다. 병력의 수와

질, 전략, 전술, 보급의 정도, 지휘 능력, 병사들의 사기, 무기체계 등이
이에 속한다. 이 외에 중요한 요소가 하나 더 있다. 날씨와 지형이다.
열세인 병력과 무기체계로 강한 군대와 싸워 이기기 위해 필요한 것이
자연을 나에게 가장 유리하게 이용하는 것이다. 포르베크 장군은 이를
철저하게 활용하여 승리를 거머쥔 정말 위대한 장군이었다.

🐿 뉴기니와 부나의 승패를 가른 열대우림기후

태평양전쟁 때 군수품 보급철도를 건설하려는 일본군과 그 작업에 동원된 연합군 포로들의 갈등을 그린 영화 〈콰이 강의 다리The Bridge On The River Kwai〉는 실화를 배경으로 만들어졌다. 일본은 1941년부터 필리핀, 말레이시아, 싱가포르, 태국, 버마를 점령해 나갔다. 그러나 1942년 이후 연합군의 반격으로 해상보급로가 위협받기 시작하자 육로를 통한 보급품 공급을 위해 태국의 논프라독Nong Pladuk과 버마의 탄비자야 Thanbyuzayat를 잇는 철도 건설을 시작했다. 철도 건설을 위해 동원된 연합국 포로들은 동물보다 더 비참한 대우를 받으며 죽어갔다. 전후 영국 외무성이 발표한 콰이 강 철도공사 중 죽은 연합군만 2만 명에 이를 정도로 이 철도 공사는 난공사였다.

그런데 '콰이 강의 다리' 건설에는 일본군만이 아닌 조선인 군속들이 참여했고, 심지어 그 가운데는 자신의 이름과 국적을 찾지 못한 채 일본군 전범으로 몰려 형장의 이슬로 사라진 경우도 있었다. 정동주 씨가 발표한 소설 『콰이 강의 다리』는 불과 반 세기 전 식민지 조선의 청년들이 걸어간 기구한 운명을 밝히고 있다. 영어를 잘하는 약 300명의 한국인이 쾨이 강의 다리 공사장에 배속되어 통역, 서무보조, 경계근무(포로감시), 취사 등을 담당했다. 조선인 군속들은 일본군으로부터는 식민지 신민으로 차별과 감시를 당했고, 포로들로부터는 열악한 부상자 치료나 처우에 대한 책임과 비난을 뒤집어써야 했다. 일본의 패전 후 조선인 군속들은 모두 전범으로 체포되어 방콕 형무소에 수감되었다. 조선인 군속들은 포로들의 증언에 의해 52명이 유죄판결을 받았고, 싱가포르 창이 형무소에 이감된 뒤 24명은 사형, 28명은 무기징역형을 선고 받았다. 나라가 약하면 설움을 당한다는 것을 보여주는 실례라 할 수 있다.

일본이 진주만을 공격한 바로 그날, 타이완臺灣에 기지를 둔 일본 폭격기들은 필리핀에 있는 클라크 비행장Clark Field과 이바 비행장Iba Airfield을 공격했다. 진주만 공격과 더불어 동남아시아에 대한 일본의 대대적인 공격이 시작된 것이다. 1942년 1월 2일 필리핀 마닐라Manila가 일본군에 함락되었다. 그리고 약 석 달 뒤 필리핀 방어사령관이었던 미군 조너선 M. 웨인라이트Jonathan M. Wainwright 중장이 일본군에게 항복한다.

동시다발적으로 시작된 공격으로 영국군이 지키던 홍콩香港, Hong Kong이 일본에 넘어갔다. 일본은 12월 9일 방콕Bangkok을 점령했고 12월 16일에는 버마 남쪽 끝에 있는 빅토리아 곶을 점령했다. 그리고 1942년 1월 말 일본군은 말레이Malay 반도 전체를 점령했다. 영국 극동함대Far East Fleet의 중심지였던 싱가포르Singapore도 1942년 2월 15일 일본에게 항복했는데, 항복한 수비군은 무려 7만 명 이상이었다. 동년 3월 8일 인도네시아에 주둔했던 연합군 병력 약 9만 명이 반둥Bandung에서 항복하면서 인도네시아 전역은 일본군의 수중에 들어갔다. 버마도 3월 7일 랑군Rangoon이 함락되면서 일본에 항복했다. 순식간에 모든 것을 휩쓸어버리는 태풍처럼 일본이 동남아시아를 점령해 간 것이다.

버마를 정복한 후 일본군은 인도를 공격하는 대신 정복지역에 방어망을 구축했다. 일본의 점령지는 네덜란드령 동인도Nederlands Oost-Indië (오늘날의 인도네시아)에서 뉴기니New Guinea 섬과 길버트Gilbert 제도, 솔로몬Solomon 제도까지 확장되었다.

이들 지역이 일본군의 수중에 들어간 후 태평양 지역에는 미국 합동참모본부의 전략 지시를 받는 영·미 통합 참모부가 설치되었다. 맥아더MacArthur 장군은 남서태평양 지역의 최고사령관이 되었다. 그의 주요 임무는 호주와 미국을 잇는 병참선을 지키고, 일본군을 태평양 안에 가두어놓는 일이었다. 그럼으로써 미국의 방위를 지원하고, 대규모 반격을 준비하는 것이었다. 최초 일본군의 전격적인 공격에 거의 대응을 하지 못했던 연합국 측은 1942년 말부터 점차 공세적으로 나오기 시작했다. 이때부터 일본과 연합국 측은 동남아시아의 열대우림 지역에서 치열한 각축을 벌이기 시작했다.

열대우림 지역의 특징인 복잡한 밀림은 병력의 이동과 전개를 방해한다. 특히 전투 장소를 결정하기가 어려운데 이는 참호나 벙커를 잘못 잡으면 병사를 보호하는 것이 아니라 오히려 위태롭게 할 수 있기 때문이다. 일본군의 싱가포르를 점령할 때 영국군을 주축으로 한 7만 이상의 연합군이 거의 저항조차 못하고 항복한 데는 이런 기상과 지형적인 영향이 있었다. 영국군은 말레이시아에서 싱가포르로 오는 방향의 빽빽한 밀림이 싱가포르를 공격하는데 방해가 될 것이라고 판단했다. 따라서 싱가포르를 방어하기 위한 강한 전력은 남쪽인 바다 쪽으로 배치했다. 그러나 일본군은 의표를 찌르면서 재빨리 밀림 지역을 통과하여 후방으로부터 싱가포르를 점령한 것이다.

또한 열대우림에서의 전투는 무더위와 높은 습도, 그리고 이로 인한 무수한 질병과 싸워야 한다. 무더위로 인한 열사병 등은 병사들의 체력을 현저히 약화시키며, 부상자가 회복하기 힘들게 한다. 무엇보다 큰 문제는 무기력하게 만드는 열과 습도가 군인들의 사기를 형편없이 떨어뜨리며, 기력을 고갈시켜 적을 추적할 능력을 약화시키고, 승리하고자 하는 마음을 없앤다는 것이다. 늪지와 밀림과 우림에서의 모든 전투에서 설치류가 퍼뜨리는 페스트pest[26]에 많은 병력이 희생되었다. 또한 우림 지역 내의 저지와 습지에서의 전투는 빗물에 의해 이동을 2배나 힘들게 만들었고, 위생상의 문제를 일으켰으며, 장비를 못 쓰게 만들었다.

이러한 악조건은 전쟁에서 의료 지원 체계를 개선하는 계기가 되었다. 1944년에 중국-버마-인도 작전에서 미군 사망자의 90퍼센트가 질병으로 인한 것이었고 전투에서 사망한 경우는 단 2퍼센트에 불과했다. 그리고 제2차 세계대전 중 남서태평양에서 사망한 군인 중 83퍼센트가 질병으로 인한 것이었다. 미국은 후일 개선된 의료체계로 임한 베트남 전쟁에서도 1969년 미군의 67퍼센트가 질병으로 사망하는 등 비슷한 피해를 입었다. 제2차 세계대전 중에야 의약품과 시설이 본질적으로 부족했으므로 약간의 상처만으로도 감염과 죽음으로 갈 수 있었다. 그러나 약 20년 뒤 베트남 전쟁에서 미군은 현대 의약과 시설로도 열대우림의 질병과 병원균, 심리적 압박을 해결할 수 없음을 깨닫게 된다. 이것은 바로 열대우림의 날씨가 현대 의학에도 불구하고 병사들을 장티푸스나 콜레라, 말라리아, 간염 등의 질병으로부터 자유롭게 해주지 못한다는 것을 뜻한다. 게다가 이곳은 쥐와 불개미, 전갈, 지네, 독사와 같은 유해한 생물이 득시글거린다. 따라서 병사들의 생명과 건강은 위협받을 수밖에 없는 것이다. 제2차 세계대전 중 열대우림 전투에서

---

26 페스트균이 일으키는 급성 전염병. 오한, 고열, 두통에 이어 권태, 현기증이 일어나며 의식이 흐려지게 되어 죽는다.

가장 대표적인 전투가 뉴기니의 부나^{Buna} 전투였다. 제2차 세계대전 때 뉴기니 전투에 참전했던 미군 지휘관은 이렇게 고백했다.

> "열대우림의 습한 참호나 늪에서 며칠 동안 작전을 수행한 병사들의 체력은 눈에 띄게 떨어져 갔다. 그들은 점차 두려움과 불안감에 빠져 들어갔다. 우리는 일본군과 싸우는 것보다 날씨와 싸워야만 했다."

열대우림 지역은 특이한 날씨와 환경을 만들어 낸다. 매일 쏟아지는 소나기와 높은 기온은 식물들을 번성케 만들어 얽힌 밀림과 밀림을 만든다. 또한 우림 안에 진창을 만들고 공기를 습하게 한다. 뜨거운 열과 습기는 병을 옮기는 유기물의 성장을 돕고 사람들의 면역체계를 약화시켜 건강한 군인을 위험에 빠뜨린다. 군인들은 이런 독특한 기상환경에서 발생하는 말라리아, 장티푸스, 설사병 등으로 생명을 위협받는다. 열대우림에서의 부상은 사망 선고나 다름없었는데, 상처 부위가 급속하게 악화되기 때문이다.

일본 대본영은 1942년 1월, 뉴기니의 포트모르즈비$^{Port Moresby}$를 공격하기로 결정한다. 일본 연합함대사령부가 있는 트루크 제도를 방위하기 위해 포트모르즈비를 점령할 필요가 있었던 것이다.

1942년 7월 말 일본의 호리이 도미타로^{堀井富太郎} 장군이 이끄는 1만 1,000명의 병력은 뉴기니의 고나^{Gona}와 부나^{Buna}에 상륙하여 산맥을 넘어 남쪽에 있는 포트모르즈비를 향하여 진격했다. 해안에서 내륙으로 전진하던 일본군은 적도 다우림[27]으로 덮인 낮고 평평한 평지와 만나게 된다. 이 지역은 해변보다 훨씬 낮은 지대에 위치하고 있어, 호

---

27 적도 상우대 안에 드는 무성한 열대 식물의 숲.

우로 인해 범람한 물로 해안과 산 사이에 넓은 늪이 생겼다. 이 늪 때문에 일본군의 진격 속도는 느려졌고 병사들은 지치게 되었다. 천신만고 끝에 해안 늪지대를 지나자, 높이 2,000미터의 산맥이 그들을 기다리고 있었다. 밀림으로 이루어진 경사면에는 길이라고는 없었기에, 화약과 보급품을 옮기기 위해선 길을 만들어 가면서 전진할 수밖에 없었다. 뜨거운 열과 높은 습도, 벌레들과 질병, 특히 동물들의 배설물로 오염된 물로 인해 많은 병사가 죽어 갔다. 게다가 미군은 공중폭격을 멈추지 않았고, 산 곳곳에서 호우로 인해 생겨난 급류로 일본군의 숫자는 점차 줄어만 갔다. 식량과 의약품 보급을 청원한 호리이 장군에게 일본 대본영은 "보급에 관한 염려는 우리가 한다. 너희들은 오직 싸우기만 하면 된다. 싸워보기도 전에 약한 소리를 하다니 실로 언어도단이다"라며 강하게 진격을 명령했다. 호리이 장군이 이끄는 일본군이 9월 2일 코코다Kokoda 지역에 도착했을 때 그들의 숫자는 3분의 1로 줄어들어 있었다. 미군이나 호주군과의 전투에서 죽은 일본군보다 날씨와 지형의 영향으로 죽은 병력이 훨씬 많았다.

그들이 오언스탠리 산맥Owen Stanley Range의 정상에 도착했을 때, 식량과 탄약은 거의 남아있지 않았고 병사들 대부분이 영양실조로 인해 극히 쇠약해져 있었다. 늪지와 열대우림과 산맥을 통과하면서 지칠 대로 지친 일본군은 남쪽에서 방어선을 치고 기다리던 미군과 호주군의 강한 저항에 부딪혔다.

"극소수의 병력만 현재 지점에 남겨놓고 부대의 주력을 코코다까지 후퇴시켜라." 9월 10일 일본 대본영은 호리이 장군에게 포트모르즈비 작전을 중지하고 후퇴하라는 명령을 내렸다. 과달카날Guadalcanal 전투의 패색이 짙어지면서 방어병력이 필요했으며, 포트모르즈비를 점령한다 해도 보급과 증원이 불가능했기 때문이었다. 더 이상 싸울 힘도

의지도 없었던 호리이 장군은 남은 병력을 이끌고 후퇴하기 시작했다.

미군과 호주군은 후퇴하는 일본군을 쫓아 열대우림과 산맥을 넘었다. 그러나 "하나님, 정말 일본군이 이 길로 진격해 왔습니까?"라는 소리가 절로 나오게 하는 날씨와 지형이 동맹군을 괴롭혔다. 동맹군의 추격에 혼신을 다해 도망치던 일본군은 다시 한 번 지옥 같은 열대우림과 산맥을 넘어야만 했고, 마침내 출발했던 북쪽 해안에 도착했을 때 병력은 후퇴할 때의 4,000명에서 채 500명도 남아있지 않았다. 처음 출발했을 때의 병력 중에서는 채 5퍼센트도 살아오지 못했던 것이다. 더구나 남아 있는 자 중에서 성한 이를 찾아보기란 어려울 정도였다. 처참한 열대우림의 날씨와 지형으로 인한 끔찍한 패배였다.

전사의 기록에 의하면 일본은 뉴기니의 사정을 너무나 몰랐다. 뉴기니에 대한 정보라고는 30년 전에 당시의 동맹국이었던 영국 군부에서 얻은 지도가 유일했다. 그들이 뉴기니에 알고 있었던 것은 열대지방에 속한다는 것, 섬의 척추인 오언스탠리 산맥에 높이 4,000미터 전후의 높은 봉우리가 10여 개 있다는 것, 그리고 이런 높은 산들을 넘어야 포트모르즈비로 갈 수 있다는 것뿐이었다. 도로나 마을이 어디에 있는지, 보급을 어떻게 해야 하는지도 결정하지 않고 호리이 부대는 7월 하순에 작전을 개시했다. 물론 열대우림의 날씨가 전투에 얼마만큼 영향을 줄지에 대해서도 전혀 고려하지 않았다. 이것이 뉴기니 전투의 패배를 가져오는 치명타가 되었다.

"무지無知한 자는 미련한 것을 즐겨한다"고 잠언에서는 말한다. 사전 정보도 없었던 호리이 장군은 공격에 앞서 "우리 일본군은 열대에서의 전투 경험도 많을뿐더러 정예 병력이므로 어떤 조건에서도 승리할 것이다"라고 말했다. 그러나 열대우림의 날씨는 그가 생각했던 것보다 훨씬 더 강력했다. 그는 전투보다는 열대우림과의 싸움에서 거의 전 병력을 잃었으며, 그 자신도 후퇴하는 도중 물을 건너다가 빠져죽고 말았다. 뉴기니 전투에 이어 벌어진 부나 전투는 연합군이 태평양전쟁에서 일본 육군을 제압할 수 있다는 것을 보여준 전투이다.

1942년 7월 말 일본의 호리이 장군이 이끄는 1만 1,000명의 병력이 뉴기니의 포트모르즈비 점령 작전에 실패하고 후퇴했다. 미국의 맥아더 대장은 결정적인 승리는 부나를 점령하는 것이라 생각했다.

"부나를 점령하라. 만약 그렇지 못하면 살아서 돌아오지 말라"

맥아더 장군이 부나 공략 지휘관이었던 에이쳴버거Eichelberger 장군에게 한 말이다. 맥아더 자신도 호주에서 포트모르즈비로 날아가 미군의 공격을 독려했다. 에이쳴버거 장군이 부나에 부임해서 상황을 보니 많은 문제가 있었다. 당시 부나 전투는 미 보병 제32사단이 투입되었는데, 일본군 진지 돌파에 난항을 겪고 있었다. 일본군은 병력은 열세였으나 강력하게 저항하고 있었다.

부나는 연 강수량이 3,000밀리미터나 될 만큼 비가 자주 내리고 낮 기온은 섭씨 35도 이상 올라가는 무더운 곳이다. 음식은 순식간에 거의 부패해 버리고, 뱀과 거머리 떼가 득실거려 풍토병이 극성을 부리는 곳이다. 일본군은 해안선을 따라 배수가 잘되는 높은 곳에 그들의 진지를 구축했다. 벙커들은 코코넛 나무와 모래로 견고하게 만들어졌고 마른땅이었으므로 그들은 자유자재로 벙커 사이를 이동할 수 있었다. 반대로 공격하는 미국과 호주 동맹군의 위치는 밀림과 늪지대였다. 그런데 늪지란 것이 더러운 진흙과 부러진 나무로 뒤범벅이 되어 있어, 행동하기에 어려움을 겪을 수밖에 없었다. 뱀과 곤충들, 거머리 떼는 병사들에게 공포를 불러 일으켰다. 말라리아를 옮기는 모기는 일본군보다 더 무서운 적이었다. 끊임없이 쏟아져 내리는 비로 뜨거운 음식을 먹기란 불가능했다. 오랜 행군으로 인해 병사들의 옷은 찢겨지고 해어져 있었다. 심한 피부병과 함께 이질과 뎅기열, 말라리아 환자가 속출했다. 밀림에서 나는 소름끼치는 소리는 병사들이 정신착란을 일으키게 했다. 이런 상황에서 작전이 가능한 병력은 전체의 5분의 1에 미치지 못했다.

에이첼버거 장군은 일본군에 대한 공세보다 중요한 것은 미군의 사기를 올리는 것이라 생각했다. "음식을 익혀 먹고 뱃속을 따뜻하게 하는 것은 저격병의 탄환보다 더욱 가치 있는 것이다. 풍부한 보급과 함께 공중위생을 통해 여건을 향상시켜야만 한다." 그의 주장에 미 공군은 악천후에도 불구하고 필요한 옷과 음식을 지속적으로 공급해 주었다. 그는 모든 병사에게 면도를 하고 깨끗한 제복을 입을 것을 명령했다. 신선한 음식과 함께 적당한 휴식을 취하도록 해 주었다. 병사들은 빠른 속도로 회복되었다. 둘째로 부하들의 자신감을 고취시켰다. 부임 즉시 무리한 작전을 중지했다. 상당수 참모들이 상황을 절망적으로 보고 낙담하고 있음을 파악한 그는 "나는 이 전투를 승리로 이끌 자신감과 비책을 가지고 있으니 여러분은 조금도 두려워하지 말기 바란다"라며 부대의 지휘계통을 재확립하여 자신감을 심어주면서 분위기를 반전시켰다.

셋째로 그는 동고동락하는 리더십을 발휘했다. 부나 전투 당시 전선의 장교들은 계급장 부착을 기피했다. 일본군 저격병의 표적이 되기 때문이었다. 그러나 에이첼버거 장군은 3성장군 계급장을 당당히 부착했다. "자 다함께 가자." 최고지휘관이 가장 낮은 계급의 병사들과 동고동락하며 솔선수범하는 그의 리더십에 힘입어 미군 병사들의 사기는 하늘을 찔렀다.

에이첼버거 장군의 매력적인 리더십에 의해 사기가 오른 미군은 1943년 1월 초 부나를 점령했다. 이 전투에서 미군은 총 1만 1,000명

1943년 1월, 부나 전투 마지막 단계에서 사망한 일본군 병사들.

의 사상자 중 8,286명을 열대성 질병으로 잃었다. 일본군도 말라리아
나 각기병, 뎅기열 등의 질병으로 전체 전력의 7분의 6인 1만 8,000명
을 잃었다. 부나 전투의 주인은 항공기나 대포가 아닌 날씨였다. 즉 뜨
거운 열과 습도, 그리고 이로 인한 전염병이었던 것이다.

  잠언에서는 "명철明哲이 우리를 보호한다"고 한다. 열대우림의 전장
에서 휴식을 취하고, 좋은 음식을 먹고, 수염을 깎고 깨끗한 군복을 입
게 한 에이첼버거 장군의 명철한 리더십이 가장 적은 희생으로 승리를
가져온 원동력이 된 것이다.

🐗 임팔과 랑군 전투를 결정지은 몬순

"낮에는 비행기 밤에는 박격포, 비처럼 쏟아지는 포탄 아래로 / 오늘도 나가는가 육탄공격대, 나라위한 일이지만 아아 코히마 / 이거 정말 고생이에요, 비 내리는 아라칸을 한정도 없이 / 어깨에 들것 메고 방황하지만, 주린 창자 메워줄 보급은 없어 / 오늘도 끼니 찾아 이동이라네, 이거 정말 고생이에요."

인도의 임팔Imphal을 공략하기 위해 진격했던 일본군이 부른 노래다. 기록에 의하면 굶주려 앙상하게 뼈만 남은 병사들이 여자 말투로 "이거 정말 고생이에요"란 후렴구를 부르고 있는 광경은 우습기까지 했다고 한다. 동남아시아를 석권하고 사자후를 부르짖던 일본군은 임팔 전투를 시작으로 동남아시아에서 후퇴를 시작하게 된다.

일본을 동남아시아에서 물러나게 하는 계기가 된 임팔 전투는 왜 벌어졌던 것일까? 일본군이 인도 동북부 지방으로 진격하는 계획은 1942년 8월 과달카날 전투가 시작되었을 때 세워졌다. 버마 전선에서 일본군에 쫓긴 영국과 인도군은 모두 인도 영토 안으로 철수했다. 인도 동북부 지방은 거의 무방비상태로 변해버렸다. 일본이 이 지역을 점령한다면 첫째, 버마의 안전을 기할 수 있고 둘째, 인도로부터 중국의 장제스蔣介石군으로 보급되는 전쟁 물자를 차단할 수 있었다. 그야말로 '가재 잡고 도랑 치기'였다. 또한 북부 버마에 영국의 윙게이트Wingate 비행단[28]의 공격이 시작되자 선수를 쳐서 상대방의 반격기지를 공격하여 후환을 없애고자 하는 의도도 있었다. 이런 전략적인 면뿐만 아니라 정치적인 고려

수바스 찬드라 보스

도 있었다. 당시 반영 독립운동가였던 수바스 찬드라 보스Subhas Chandra Bose와의 정치적 거래가 그것이다. 일본은 찬드라 보스를 이용하여 인도 내의 반영감정을 부채질하고 인도국민군 2개 사단을 의용군으로 동원하고자 했다. 이에 대한 대가로 싱가포르에 임시정부를 수립하게 해주고, 인도를 점령하면 그 땅의 지배권을 주기로 했다.

일본군은 버마 방면 파견군 제15군의 3개 사단 병력으로 인도 북동부 지역에 있는 마니푸르Manipur 주의 수도 임팔을 점령하기로 했다. 당시 제15군의 무타구치 렌야牟田口廉也 사령관은 저돌적인 만용을 자랑

---

28 2차대전 당시 버마에는 오드 윙게이트(Orde Wingate)가 조직한 '친디트(Chindit)'라는 게릴라부대가 있었다. 3,000명의 영국인, 구르카인, 버마인 병사들로 구성된 이 부대는 지상병력 외에 소규모 비행대도 포함하고 있었다. 주로 일본군 후방에 침투하여 도로 차단, 교량 파괴, 지뢰 매설, 전초부대 습격 등의 임무를 수행했다. 일본군은 이를 상당히 경계하여 윙게이트 부대를 격멸하기 위해 2개 사단을 출동시킬 정도였다.

하고 융통성이 없는 전형적인 일본 육군 장군이었다. 그는 15군의 예하 3개 사단으로 임팔을 향해 진격하도록 명령했다. 무타구치 사령관의 작전명령은 다음과 같았다.

첫째, 제31사단은 남쪽에서 재빨리 국경을 돌파하여 북진, 연합군을 견제하면서 임팔로 향한다. 둘째, 그동안 제15사단과 제33사단은 기습적으로 친드윈Chindwin 강을 도하, 국경으로 향한다. 셋째, 연합군의 허를 찔러 제15사단은 직선으로 임팔 동북부에 진출, 연합군을 포위한다. 넷째, 제31사단은 북진하여 코히마Kohima를 점령, 북쪽에서 임팔로 향하는 연합군 증원부대를 저지한다. 다섯째, 코히마의 저지작전에 성공하면 제31사단의 일부를 임팔의 주전장으로 돌린다. 여섯째, 이 공략작전은 20일 이내에 끝내기로 하고 전체 작전 개시일은 3월 15일로 하되 그중 제33사단의 행동개시일은 3월 8일로 한다.

그러나 그냥 앉아서 기다리고 있을 영국군이 아니었다. 윙게이트 비행단이 3월 15일에는 버마 북부의 철도를 폭파하고 수송철도 중 몇 군데를 차단했다. 그리고 일본군 점령지구 안에 비행장을 건설해 P38, P40 등의 전투기로 일본군의 후방을 공습했다. 이 바람에 임팔 작전의 일본군 보급부대는 출동이 불가능하게 되었는데 이후 전투에서 일본군의 전력이 크게 약화되는 원인이 되었다.

일본군 제15군은 예정대로 북부와 중앙과 남부의 3면에서 임팔을 향해 진격을 개시했다. 식량 보급을 위해 3만 마리의 소와 코끼리, 그리고 몇 천 마리의 양을 이끌고 친드윈 강을 향해 전진했다. 인도와 버마의 국경 동쪽을 흐르는 너비 1킬로미터 가량의 친드윈 강을 건너면 곧 파트카이Patkai 산맥이 나타나고 이어 유명한 아라칸Arakan 산맥이 70킬로미터의 길이로 두 나라를 갈라놓는다. 바로 이 산맥의 동쪽에 임팔 시가 자리 잡고 있다.

남쪽 코스를 담당한 제33사단의 일부는 3월 8일에 본거지를 떠나 카바우 계곡Kabaw Valley을 북진, 다른 일부 연대 병력도 탄잔Tanzan과 칼레이묘Kalaymyo로 향했다. 이때 영국 제4군단은 탄잔 방면에 제17인도사단, 파렐Parell 방면에도 제20인도사단을 배치해 놓고 있었다. 일본군 제15사단은 3월 15일 밤에 친드윈 강을 도하했다. 병사 1명이 가지고 있는 장비는 소총탄 240발, 수류탄 6발, 20일간의 식량과 조미료 등이었다. 강을 건너고 보니 동물들은 도망가거나 거의 다 잃어버렸다. 이젠 지참하고 있는 식량 외에는 아무것도 없었다. 제31사단의 일부 병력도 이날 친드윈 강을 건넜다. 제31사단의 좌익 돌진부대는 3월 21일에는 우크룰Ukhrul에 진출했다. 제15사단은 3월 28일에 임팔의 북면에 도달했고 연합군에게는 큰 위협이 되었다.

임팔 방위사령관을 맡았던 영국 제14군 사령관 윌리엄 슬림William Slim 중장은 즉시 제5·7사단을 빼내어 임팔에 파견하는 동시에 제33군단에서도 제2영국사단과 제50인도전차여단을 증파하는가 하면 제14군 예비의 인도전차사단도 이 지역에 투입했다. 영국과 인도군의 병력과 장비와 화력이 증가하면서 임팔 공략에 나선 일본군은 어려움에 처하게 된다. 여기에 우기가 시작되면서 날씨마저 일본군을 괴롭히기 시작했다. 이젠 임팔 공략이 20일 안에 이루어지리라 생각할 수도 없었고, 시간을 끌수록 일본군은 더 어려움에 처하게 되었다. 당시 일본군 야나기다 겐조柳田元三 사단장은 상부에 다음과 같이 보고하고 있다.

"첫째, 본 사단 방면의 정보는 거의 대부분이 비보이며 금후의 작전은 극히 곤란할 것이 예상됨. 따라서 20일 만에 임팔을 공략한다는 것은 절망적 상태임. 우기의 도래와 보급의 곤란은 비참한 결과를 초래할 것임. 둘째, 아군의 편성과 장비는 극히 열세에 있고 적군과 비교한 종합적 전

력이 불충분하므로 헛되이 인명을 소모할 뿐이라고 판단됨. 이제 임팔
공략은 불가능에 가까운 상태에 이르고 있으며 설령 그 공략이 성공한
다 하더라도 금후의 방어는 어려울 것임. 셋째, 적의 공정부대가 투하된
것은 거의 진공상태에 이르고 있는 버마 본토를 위태롭게 할 것임."

그러나 무타구치 사령관은 야나기다 중장의 의견을 무시한 후 그를
해임하고 일본군의 진격을 명령했다.

임팔 평야의 입구까지 도달한 일본군은 소형 전차를 앞세워 진격하
려 했으나 영국의 포화 앞에 무산되고 말았다. 일본 제33사단의 포병
력은 불과 150mm 유탄포와 100mm 자동포 몇 문이 고작이었는데, 그
것마저도 영인군의 포화 앞에 산산조각 나고 말았다. 이때부터 일본군
은 육탄돌격을 감행하는 무모한 공격을 시작했다.

5월로 접어들면서 포탄이 바닥나고 보급이 이루어지지 않으면서 병
사들은 굶주리기 시작했다. 이에 반해 영인군의 병력은 눈에 띄게 늘어
나고 있었다. 몬순이 다가오고 있었다. 몬순이 다가오면서 보급로는 완
전히 막혀버렸다. 제31사단장 사토 고토쿠佐藤幸德 중장이 일본 제5비
행단장에게 전보를 보냈다. "탄약 1발, 쌀 1알도 없이 적의 식량을 탈
취하여 전투를 계속 중. 이제 최후의 기대를 공중수송에 걸고 있을 뿐
임." 이어서 제15사단장 시바타柴田 중장의 전보도 날아들었다. "이제
본 사단은 호우와 몬순기후의 특성인 낮고 두꺼운 비구름과 폭우를 뚫
고 보급수송을 할 수는 없다."

영국군이 임팔 전투의 주도권을 장악한 5월 중순 이후부터는 임팔의
일본군은 물자 부족으로 고통에 빠져 들어가기 시작했다. 필요한 식량
과 물자를 탈취하는 데 실패하자 노새를 잡아먹고 곤충과 뱀들을 잡아
먹었다. 균형 잃은 식사로 많은 병사가 각기병에 쓰러져갔고, 의약품이

1942년 11월, 과달카날 전투 도중 잠시 휴식을 취하는 미 해병대.

동나면서 이질, 말라리아, 장티푸스로 죽어갔다. 후퇴하자는 부하들의
진언에 무타구치 사령관은 "탄약과 식량이 다할 때까지 임무를 속행하
라. 손을 잃으면 발로 싸우라. 수족을 모두 잃으면 이를 가지고 적을 상
대하라. 숨이 끊어지면 정신력으로 싸우라. 무기가 없다는 것은 패배의
구실이 될 수가 없다"라는 잔혹한 명령을 되풀이했다.

그러나 한계에 다다른 일본군은 더 이상 영국군과 싸울 수 없었다.
결국 임팔 침공작전이 시작된 지 넉 달 후인 7월 8일 일본군은 친드윈
강을 건너 버마로 철수하기 시작했다. 몬순으로 물바다가 된 늪지와 진
흙탕을 헤치고 퇴각하기엔 일본군은 너무 쇠약해 있었다. 일본군이 퇴
각하자 영국과 인도군은 맹공격을 가했다. 영국군의 비행기가 쉴 새 없
이 폭탄을 투하하고 기총소사를 가했다. 길 양편에는 걷다가 지쳐 쓰러

진 일본군 병사들과 그대로 죽어버린 시체들이 널려있었다. 추격을 뿌리치고 간신히 탈출에 성공한 것은 10월 중순이었다. 임팔 작전에 참가한 일본군 병력의 90퍼센트 이상이 살아오지 못했다. 거의 전멸에 가까운 피해였다. 이것은 태평양전쟁의 가장 참혹한 전투로 꼽히는 과달카날 전투에서 있었던 일본군 손실의 약 4배에 달하는 것이다.

무타구치 사령관은 자기를 파멸시킨 것은 인도의 몬순이었다고 말했지만 사실 임팔 작전은 무계획한 전쟁의 표본이기도 했다. 전력분석 미흡, 전략전술의 실패, 보급수송의 차질, 지휘관의 무능력한 리더십이 날씨와 맞물려 패배를 재촉한 전투였다. 임팔 작전의 패배로 인해 버마의 일본군 전력이 단번에 약화되었다는 것을 뜻했다. 아울러 눈에 보이는 전력의 손실보다 패배를 거듭하던 영국군에게 자신감을 안겨준 것이 일본에게는 더욱 뼈아팠다. 영국이 적극적으로 버마 탈환작전을 세우게 된 것도 임팔 전투의 승리에서 기인했기 때문이다. 임팔 전투 이후 영국과 일본은 버마 지역에서의 전투를 더 이상 진전시키지 않았다. 영국은 유럽전쟁에 주력해야 했고, 일본은 태평양전쟁에 모든 역량을 쏟아 부어야 했기 때문이다. 그러나 일본이 태평양전쟁에서 미국에 몰리면서 영국은 1945년 4월 초에 버마에서의 공세를 강화하기로 결정했다. 일본에 점령되어 있는 랑군을 공격하기로 윌리엄 슬림 장군이 결정한 것이다. 랑군을 함락해야 항구를 열 수 있고 보급에 애를 먹는 영국 제14군이 전투를 지속할 수 있었기 때문이다.

랑군 공격에는 많은 문제가 있었다. 첫째, 비록 일본이 전체적으로 패하여 퇴각 중이라 하더라도 아직도 일본군은 영국군에 못지않은 전력을 보유하고 있었다. 둘째, 5월부터는 동남아시아 지역에 닥치는 우기로 정상적인 작전이 어려웠다.

"이곳에는 단 하나의 계절인 우기雨期만 존재한다. 비는 약한 가랑비에서 폭우에 이르기까지 다양하게 쏟아져 내린다. 이곳은 강수량을 '밀리미터(mm)'가 아닌 '센티미터(cm)'로 표시한다." (영국 '아시아전쟁' 기록 중에서)

동남아시아에 우기를 가져오는 몬순은 세계적으로도 악명이 높다. 디엔비엔푸 전투, 임팔 전투, 베트남 전쟁에서 몬순은 전쟁의 승패를 바꾸기도 했다. 셋째, 우기가 오기 전에 랑군을 탈환하기에는 거리가 너무 멀었다. 랑군까지의 거리는 약 500킬로미터로, 우기가 시작되기 전에 랑군에 도착하기 위해서는 하루 평균 16킬로미터를 전진해야 한다. 이러기 위해선 일본군의 방어거점을 지나쳐야 하는데 많은 일본군을 배후에 남겨놓는 위험이 뒤따른다.

영국은 랑군 공격에 실패의 위험이 많다는 사실을 깨닫고 입체적인 공세를 가했다. 5월 초에 랑군에 대해 공정작전과 강습상륙작전을 동시에 실시했다. 랑군으로 남진하는 슬림 장군 부대에 대한 일본의 방어력이 약화되었다. 이에 힘입어 슬림이 이끄는 영국군은 매우 신속하게 진격을 계속했다. 5월 1일 영국군은 랑군 전방 65킬로미터 지점까지 육박했다. 이때 예년보다 2주일이나 빨리 우기가 시작되었다. 몬순의 호우로 순식간에 강물이 불어나면서 밀림으로의 진격은 거의 불가능했고, 평야도 진창으로 변했다. 영국군의 진격속도는 현격히 떨어졌다.

슬림 장군이 이끄는 영국군의 남진 소식에 랑군 주둔 일본군의 사기가 떨어졌다. 일본은 랑군 시를 포기하고 태국으로 후퇴하기로 결정했다. 이때 영국군의 제15군단이 랑군의 남쪽 해안에 상륙했고, 제50인도여단의 낙하산부대가 랑군 남쪽에 강하했다. 일본군에 의해 훈련받고 편성된 버마 독립의용군이 영국 편으로 돌아선 것도 일본군에게는 치명타였다. 5월 3일, 퇴각을 결정한 일본군이 랑군에서 철수하면서 영국군은 랑군을 점령했다.

랑군은 영국군에게 탈환되었다. 그렇다면 랑군을 향해 진격하던 슬림 장군의 부대는 닭 쫓던 개 지붕 처다보는 격이 된 것일까? 그것은 아니었다. 일본군의 주력 중 하나인 제28군이 고립되어 영국군의 수중에 남았던 것이다. 일본군 제28군은 슬림 장군이 이끌던 영국군을 3년 전에 무지막지하게 학살한 부대였다. 일본군 제28군은 24킬로미터에 걸친 영국군의 전선을 돌파하기로 결정했다. 시탕Sittang 강을 건너 태국과의 국경에 있는 산악지방으로 퇴각하기로 한 것이다. 그런데 일본군을 가로막은 가장 큰 장애물은 영국군이 아니라 우기로 범람하는 강이었다.

전쟁사에서 강은 승패를 가르는 요소로 작용해왔다. 깊은 곳이나 낮은 곳이나, 넓거나 좁거나, 흐름이 빠르거나 느리거나 간에 강은 전투병력에게 위험요소가 된다. 강의 크기가 커질수록 군사적 장애물로서의 잠재력은 기하급수적으로 증가한다. 폭넓은 범람원, 가파른 협곡, 깊고 빠른 물의 흐름, 불안정한 강의 밑바닥, 그리고 범람은 큰 강을 건너려 할 때 지휘관이 깊이 고려해야하는 요소들이다.

시탕 강의 기슭까지 당도한 일본군은 몬순의 호우로 넘칠 듯이 소용돌이치고 있는 강물 앞에 망연자실했다. 군대가 강을 건너는 데는 여러 가지 방법이 있다. 기존의 다리를 통하는 것, 다리를 건설하는 것, 여울을 건너는 것, 동력을 이용하거나 뗏목을 띄우는 것, 수영하는 것, 그리고 항공로를 이용해 반대 측에 상륙하는 것 등등이 있다. 당시 일본군은 강을 건너기 위한 대책이 없었다. 가장 원시적인 뗏목을 이용해 건너는 것뿐이었다. 강을 건너던 일본군은 매복한 영국군의 사격에 쓰러지든가 아니면 익사했다. 일본의 제28군이 시탕 강에 도착했을 때 병력은 1만 7,000

명이 넘었다. 그러나 무사히 강을 건넌 자는 5,000여 명 정도였다. 이 작전에서의 영국군 측 전사자는 불과 95명이었는데 말이다. 몬순의 우기와 강물의 범람이 일방적인 승리를 가져온 힘이었던 것이다.

1942년 초에 일본군이 버마를 공격했다. 이때 시탕 강을 건너 도망치던 영국군 수천 명이 일본군의 공격과 강물의 범람으로 죽었다. 3년 후 영국군은 바로 그 시탕 강에서 잔학하게 영국군을 살육했던 일본군 1만 2,000명이 죽어가는 것을 목격했다. 되로 받고 말로 갚은 것이다.

랑군 공격의 선봉에 섰던 슬림 장군은 이등병에서 참모총장까지 오른 전설적인 인물이다. 그는 특히 겸손함으로 유명하다. 그가 1943년 영국 육군 제14군단장으로 취임해보니 병사들의 사기는 바닥이었다. 병사들은 굶주리고 있는데도 장교들은 시원한 그늘 아래서 여유롭게 식사를 즐기고 있었다. 슬림은 "나쁜 병사는 없다. 오직 나쁜 지휘관이 있을 뿐"이라며 장교들의 '겸손'과 '헌신'을 강조했다. 그는 쉴 틈 없이 전후방을 오가며 모든 병사가 "지휘관들이 우리를 배려하고 있다"는 생각을 갖도록 만들었다. 병사들의 사기는 올라갔고 전쟁에서 승리하는 밑거름이 되었다. "당신이 비슷비슷한 두 개의 행동방침 중에서 어느 것을 선택해야 할지 결정을 내릴 수가 없다면, 어려운 것을 선택하라." 지휘관이면 새겨야 할 슬림 장군의 말이다.

🏵후퇴하고도 승리한 장진호 전투

"추위 때문에 속수무책으로 죽어가는 동료들. 그들을 그저 바라보아야만 했던 일. 피가 나오자마자 곧 얼어붙어 버리는 지독한 맹추위. 눈 덮인 벌판에 끝도 없이 널려 있던 중공군의 시체. 차라리 죽어 버리면 이 고통을 잊을까 했던 추위 속에서의 중공군과의 혈투."

마틴 러스^{Martin Russ}의 『브레이크 아웃^{Breakout}』에 나오는 글이다. 이 책은 1950년 말 함경남도 장진호^{長進湖} 부근에서 미 해병 제1사단 병력이 5배 이상 되는 중공군의 포위망을 돌파하여 후퇴에 성공한 이야기를 담고 있다. 저자인 마틴 러스는 해병대원으로 장진호 전투에 참가했다. 그는 직접 보고 체험한 전투 경험과 수집한 이야기들을 소설 형식으로 기록했다.

인천상륙작전으로 대대적인 성공을 거둔 맥아더는 조기에 전쟁을 종결시킬 수 있다는 기대감이 높아지자 미 해병 제1사단을 다시 원산에 상륙시킨다. 미 해병 제1사단은 1950년 10월 26일 원산에 상륙한다. 월턴 H. 워커^{Walton H. Walker} 중장이 이끄는 미 8군은 평양을 거쳐 북진하고, 에드워드 앨먼드Edward Almond 소장이 지휘하는 제10군단은 장진호 일대를 거쳐 북상하여 북한군을 협공하겠다는 계획이었다. 이때 제10군단은 미 해병 제1사단과 미 육군 제7사단 및 제3사단, 한국군 제1군단으로 구성되어 있었다. 오늘 소개하는 '장진호 전투'는 미 해병 제1사단 전투에 관한 것이다.

1950년 겨울, 북한의 임시수도인 강계를 점령하려 한 미국 해병 제1사단이 장진호 근처의 산 속 곳곳에 숨어있는 중국군 제9병단(7개 사단 병력, 12만 명 규모)에 포위되어 전멸 위기에 처했다가 간신히 후퇴에 성공한다. 1950년 11월 26일부터 12월 13일까지 진행된 이 전투를 당시 미국의《뉴스위크Newsweek》지는 "미군 역사상 진주만 피습 이후 최악의 패전"이라고 혹평했다.

맥아더는 미 해병 제1사단으로 하여금 장진호 서쪽으로 진격하여 미8군과 합류하도록 했다. 중국과 북한도 이에 대한 대비가 되어 있었다. 미 해병 제1사단이 장진호에 도착할 무렵 중공군은 장진호 지역에 제9병단 소속 12개 사단을 배치하고 있었다. 그들은 미 해병 제1사단을 섬멸하기 위해 만반의 준비를 마친 상태였다. 그러나 미군을 섬멸하려 했던 중공군의 계획을 틀어지게 만든 것은 바로 날씨였다.

이 해의 겨울은 매우 춥고 빠르게 다가왔다. 11월 10일에는 차가운 북쪽 시베리아 고기압이 확장하면서 기온이 영하 18도 이하로 급강하했다. 15일 하갈우리에서는 기온이 영하 26도까지 내려갔다.

"갑자기 기온이 내려가자 장병 중에는 추위가 심해 일시적으로 쇼크를 일으킨 병사도 있었다. 해발 1,200미터의 황초령을 넘을 때는 호흡 곤란 증세를 느끼는 병사들이 많았다. 수통의 물이 얼어버려 군복 속에 넣어서 체온으로 보온해야만 마실 수 있었다. 음식물도 수분이 들어있는 것은 모두 얼어붙었다. 카빈 소총은 얼어붙어 발사가 안 되기 일쑤였고, M1 소총이나 기관총은 총 기름이 얼어서 작동이 곤란한 경우가 많았다. 차량도 일정 간격으로 가동을 시켜주지 않으면 시동이 걸리지 않았다. 지면도 두껍게 얼어있어 참호를 파거나 축성을 하는 일은 극심한 노동이었다. 가장 큰 문제는 동상 방지였는데 전투나 작업 후에 땀을 흘리고 나면 발과 발싸개 사이에 얇은 얼음막이 생겨 양말을 갈아 신지 않을 경우 대부분 동상에 걸렸다. 부상자를 위한 수혈관이나 모르핀도 얼어버려 사용이 어려웠으며 부상자를 위한 붕대도 함부로 갈 수 없었다. 전투식량도 일일이 녹여 먹을 수 없어서 얼음조각이 있는 상태로 먹었기 때문에 전투 기간 내내 병사들은 심한 장염과 설사에 시달렸다. 계속되는 전투로 침낭에 들어가 잠을 자는 것도 거의 불가능했는데 적의 기습에 대비해서 침낭 속에 잘 때에도 지퍼를 잠그는 것은 금지되어 있었다. 추위와 피로로 인해 미군 병사들은 눈 위에 쓰러져 추위도 적탄도 아랑곳없이 잠을 자려고 하여 장교와 부사관들은 이들을 깨우느라 정신이 없었다. 미 해병대는 전사한 전우의 명예를 생각해서 죽음을 무릅쓰고 부상자와 시신을 회수하는 전통이 있다. 동료 전사자의 시신을 거두기 위해 또 다른 사상자가 발생하기도 했다.” (마틴 러스, 『브레이크 아웃』)

마틴 러스의 말처럼 미 해병 제1사단을 기다리고 있던 것은 예상보다 빨리 찾아온 맹추위, 고지대와 내륙의 혹심한 추위, 해발 1,000미터를 넘는 개마고원의 산악지형이었다.

중공군의 포위 사실을 모른 채 미 해병 제1사단은 11월 25일 장진호 서쪽 유담리에 도착했다. 그런데 이날 서부전선의 미 8군은 중공군 대공세로 청천강 교두보를 상실하고 후퇴한다. 8군과 협공하기로 한 미

장진호에서 공격을 가하는 중공군.

해병 제1사단의 작전목표를 상실한 것이다. 맥아더는 제10군단에게 후퇴를 명령했다. 이틀 후인 27일 밤 영하 29도까지 내려가는 강추위 속에 중공군 6만 명은 미 해병 제1사단에 대해 총공격을 감행했다. 맹추위 속에 치열한 근접전투가 벌어졌다. 참혹한 날씨 조건은 미군이나 중공군에게 동일했다. 그러나 추위에 대한 대책이 없었던 중공군은 혹한으로 엄청난 병력 손실을 입었다. 여기에 비해 미군은 동상을 방지하는 비책과 난방물품을 보급함으로써 전력 손실을 최소화할 수 있었다. 추위로 인한 해병 제1사단의 병력 손실이 7,313명이었던 반면에 중공군은 제9병단에서만 5만 1,000명이나 발생했다.

하갈우리의 야전활주로가 완성되어 부상자에 대한 후송이 이루어지기 시작했다. 12월 6일까지 4,312명이 후송되었으며 시신 173구도 함께 후송되었다. 미 수송기를 통해 보급품을 지원받은 미국 해병 제1사단은 차량 1,000대를 이용해 중국군 9병단의 포위망을 뚫고 하갈우리

장진호에서 중공군 포위망을 돌파한 미 해병 제1사단.

에서 고토리로 후퇴했다.

절체절명의 위기에 빠진 미 해병 제1사단의 소식은 전 세계에 타전되어 자유 세계인들의 안타까움을 불러일으켰다. 반면 중국 당국은 승리를 확신하며 전황을 대대적으로 선전했다. 중국은 미 해병 제1사단을 완전히 섬멸할 경우, 미국인들이 입게 될 심리적 충격을 잘 알고 있어서 매체를 통해 연일 전황을 선전했다. 불행히도 미국 언론들은 중국의 선전내용을 사실 확인 없이 대대적으로 보도하고 있었다. 한마디로 세계인이 생중계로 그 과정을 지켜볼 만큼 미 해병 제1사단의 탈출극은 극적이었다.

당시 해병대가 흥남을 향해 출발하기 전에 영국인 기자가 사단장 올리버 P. 스미스Oliver P. Smith 소장에게 "흥남으로의 이동은 결국 후퇴 아니냐?"고 냉소적으로 묻자, 스미스 소장은 "후퇴라니, 우린 다른 방향으로 진격하는 겁니다Retreat, hell? we're attacking in another direction."라고 대꾸했다는 일화는 유명하다. 사실 장진호 전투의 성공은 스미스 사단장의 철저한 준비와 결단력에 힘입은 바가 크다. 그는 1950년 10월 북진 당시 다른 아군 부대와는 달리 후방의 안전을 확보한 뒤에야 부대를 이동시켰다. 덕분에 중공군 기습으로 큰 타격을 입은 타 부대와는 달리 스미스 소장의 해병 제1사단은 건재했다. 이러한 리더십에 힘입어 미군의 전사에 '역사상 가장 고전한 전투'로 기록된 장진호 전투에서 미 해병 제1사단은 10배가 넘는 중공군 12만 명의 남하를 지연시켰다. 이들은 중공군의 포위를 뚫고 12월 15일에 흥남에 도착, 남쪽으로 탈출하는 데 성공했다. 흥남 철수는 193척의 군함으로 군인 10만 명, 민간인 10만 명을 남쪽으로 탈출시킨 작전이다.

장진호 전투는 미 해병대 전투 역사상 가장 치열한 전투로 꼽힌다. 이 전투에서 미 해병 제1사단의 영웅적인 투혼이 없었다면 동부전선의 전 병력이 궤멸했을 것이라고 전사가들은 말한다. 미 해병 제1사단의 이 성공적인 후퇴작전으로 중공군을 저지함으로써 한국군과 유엔군, 피란민 등 20만 명이 남쪽으로 철수할 수 있었다. 또한 서부전선의 미 8군이 중공군을 방어할 수 있게 했다. 장진호 전투로 인해 중공군의 함흥 진출은 2주간 지연되었고 중공군 7개 사단은 큰 타격을 입었다. 중공군에게 더 많은 피해를 안겨주었으므로 전술적 승리였으며, 미 제10군단을 포함한 사상 최대의 인도적 철수작전과 중공군 9병단의 전선이탈은 분명한 연합군의 전략적 승리였다.

장진호 전투의 특징이라면 추위에 따른 비전투 손실이 많았다는 것이다. 특히 중공군에게 강추위는 지옥의 사신이었다. 후방으로부터의 보급을 원시적인 수단에만 의존했던 중공군은 혹한의 산속에 매복하

루이스 "체스티" 풀러Lewis "Chesty" Puller

고 있다가 고립되어 전투력을 상실했다. 압도적 병력으로 포위망을 형성하고도 미 해병 제1사단을 격멸하지 못한 이유는 미 해병사단의 영웅적인 전투와 함께 혹한의 날씨였다.

"우리는 후퇴하는 것이 아니라 단지 다른 방향으로 공격하는 것"이라는 유명한 후퇴의 변辯을 남긴 미 해병 제1사단장 스미스 소장의 유연한 사고와 날씨를 잘 이용한 리더십이 장진호 전투를 미 해병 전사에 자랑스러운 전투로 남게 했다. 장진호 전투에서 우리가 배워야 할 몇 가지가 있다. 장진호 동쪽에서 싸웠던 미 제7사단의 장병들은 놀랍게도 동상으로 인한 피해를 거의 입지 않았다. 이것은 제7사단 지휘관이 평소부터 장병들에게 추운 날씨를 대비한 훈련을 시켜왔기 때문이다. 그는 마른 양말을 자주 갈아 신게 했다. 또한 손발을 계속 움직여 혈액 순환이 이루어지도록 하는 습관을 가르쳤다. 대수롭지 않아 보이는 이런 작은 관심과 지휘가 무위의 병력 손실을 막는 가장 큰 힘이 되었다.

제1연대장 풀러Puller 대령은 11월 하순 고토리에서 중공군과 전투를 벌이고 있었다. 수송수단이 매우 부족한 상황이었다. 그는 전투를 위해 탄약을 먼저 보내달라고 할 것인가, 난방시설을 먼저 보내달라고 할 것인가를 선택해야만 했다. "살아 있기만 하면 총검만으로도 싸울 수가 있다. 우선 생존하는 것이 긴요하다." 풀러 대령은 난방시설을 먼저 보내 달라고 요청했다. 당연하게도 제1연대는 병력 손실을 최소화하면서 후퇴에 성공할 수 있었다. 날씨를 전투에 적극 활용한 리더십이 동상 등의 비전투적 손실을 중공군보다 7분의 1 이하로 줄여 영웅적인 철수 작전이 가능하게 만든 것이다. 두 지휘관의 사례는 한랭지 작전의 특징을 잘 이해한 조치였다. 리더들은 전장 상황을 가장 잘 파악하여 전투에 활용해야만 한다. 탄약이 소중하다는 고정적인 패러다임에 묶여있어서는 안 된다. 상황에 따른 창의적 패러다임이 전투에서의 승리를 담보하는 것이다.

미 해군은 장진호 전투를 기리기 위해 타이콘데로가급^{Ticonderoga class} 이지스 순양함에 'CG-65 USS Chosin'이라는 이름을 붙였다. 한국말로 하면 '장진함'이다. 아울러 장진호에서 살아남은 생존자들은 '조신 퓨^{Chosin Few}'라는 모임을 만들었다. "장진호 전투에서 살아남은 몇 안 되는 전우"라는 뜻이다. 이 조신 퓨가 조직한 '장진호 전투 동상 위원회'의 노력으로, 장진호 전투의 생존용사 가운데 4,000여 명이 47년 만인 1997년에 비로소 미국 원호청의 동상 후유증 보상을 받게 되었다. 그동안 동상 후유증은 보상대상에 포함되지 않았었다. 미국에서 출간된 6.25전쟁에 관한 책은 반드시 장진호 전투를 상세하게 설명하고 있다. 장진호 전투 자체에 관한 단행본만도 3권이나 된다. 2004년 12월 7일, 진주만 피습 63주년 기념식에서 미국 해병 제1사단을 방문한 미국의 부시 대통령은 연설에서 이렇게 말했다.

"6.25전쟁 당시 미국 해병 제1사단은 북한의 장진호 부근에서 중공군 10개 사단에 포위당했지만 적의 7개 사단을 격파하는 대승을 거두어 해병대의 위대한 전통을 세웠다."

장진호 전투를 소재로 한 영화도 제작 중에 있다. 〈혹한의 17일〉이라

는 제목으로 〈잃어버린 세계를 찾아서〉(2008)를 연출한 에릭 브레빅Eric
Brevig이 감독을 맡아 장진호 전투를 3D로 담아낼 계획이라고 한다. 우
리나라에서도 장진호 전투의 의미를 알리고 미군 해병대를 초청해 공
연을 열자는 계획이 있었다. 소설가 복거일 씨가 자금을 모으고 시나
리오까지 집필하는 열정으로 한편의 뮤지컬을 만든 것이다. 2011년 5
월 26일 용산아트홀에서 공연한 영어 뮤지컬 〈다른 방향으로의 진격
Attacking in Another Direction〉의 제목은 부대를 이끈 스미스 사단장의 전설
적인 명구 "우리는 철수하는 것이 아니라 적을 격멸하고 후방을 향해
새롭게 공격하는 것이다"에서 착안했다고 한다. "미군이 우리를 위해
목숨 바쳐 싸워줬는데 고맙다고 하기는커녕 반미 운동을 벌이는 판이
니 … 미군 입장에서 보면 괘씸하겠더라고요." 우리의 자유를 지켜준
미국에 대해 고마워해야 할 것은 당연히 감사해야 한다. 그리고 다시는
6.25전쟁과 같은 비극이 일어나지 않도록 철저히 대비해야 할 것이다.

케산 전투와 안개 ≡

베트남 전쟁에서 안개가 승패에 크게 영향을 주었던 전투가 케산^{Khe Sanh} 전투다. 베트남 전쟁에 참전한 미군 대장 크레이턴 에이브럼스^{Creighton Abrams}는 "역사상 그 어떤 전투에서도 베트남의 케산에서처럼 날씨가 결정적 요소로 작용한 적은 없었다"라고 말하고 있다. 미국은 그만큼 케산 전투에서 안개와 낮은 구름으로 인해 큰 곤욕을 치러야 했다.

베트남 전쟁에 미국 해병대가 투입된 이유는 강력한 전투력을 활용하려는 의도였다. 교착되어 있는 전황을 단숨에 역전시켜 주도권을 잡아보려는 계획이었던 것이다. 하지만 해병대의 무력시위에도 불구하고 전황이 변화될 조짐은 전혀 보이지 않았다. 애초 다낭^{Da Nang} 기지의 방어를 위해 파견된 해병대는 적의 로켓포 사정거리 안에서는 방어가 무리라는 판단을 내렸다. 이에 다낭 기지에서 60킬로미터 지점까지 전진했다. 해병대는 이윽고 국도 9호선을 따라 라오스 국경 근처까지 이동하여 '케산'에 기지를 만들었다. 케산 기지는 북베트남에서 남베트남으로의 침투, 적 병참선 차단 및 미군의 초계활동을 위한 전진기지로

케산 활주로 부근에서 벌어진 포격

사용되었다. 남베트남으로 병력과 물자를 보내는 통로로 사용하던 북베트남군에게는 큰 장애물이었다. 케산은 라오스Laos 국경에서 동쪽으로 10킬로미터, 비무장지대(DMZ) 남쪽으로 약 25킬로미터 떨어진 곳에 위치해 있다. 케산 기지에는 길이 1,200미터짜리 활주로 하나가 있으며 기지 전체의 크기는 동서 1,800미터, 남북 800미터에 달하는 북베트남에 가장 가까운 전진기지였다. 고원지대에 위치한 기지 옆으로는 해안과 라오스를 연결하는 9번 도로가 놓여 있었다. 미군은 이 도로 옆 기지를 확장해 활주로를 확장하고 6,000명의 미 해병대를 진주시켰다. 케산 기지에는 해병대 제26연대 제1~3대대가 주둔해 진지를 요새화했다. 주변의 구릉지에도 각 1개 중대씩이 전진수비를 담당했다. 무기로는 105mm 포 18문, 155mm 포 6문, 4.2인치 박격포 12문, M48 전차 6대, M42 더스터 대공전차 2대, 온토스 자주포 10대, 무장트럭(기관총 장착) 2대가 있었다.

북베트남군이 남베트남으로 진입하는 것을 차단하고자 하는 미국의 의도가 그대로 실현된다면 인근 호찌민 루트^{Ho Chi Minh route}[29]까지 위협 받을 수 있는 상황이었다. 고심하던 북베트남 군부는 결국 4만여 명의 병력으로 케산을 공격하기로 결정한다. 결국 베트남에서 가장 치열한 전투로 기록된 케산 전투가 1968년 1월 21일부터 4월 18일까지 벌어진 것이다.

통상 베트남의 5월에서 10월은 남서쪽에서 불어오는 계절풍으로 인해 비가 많은 우기이다. 11월부터 4월까지는 북동계절풍의 영향으로 건조한 시기가 된다. 전쟁이 시작되었을 무렵이 건기였다. 미군 기상 참모는 케산 지역의 날씨가 대체로 좋고 아침에 3마일 이하의 시정과 2,000피트보다 낮은 구름이 끼겠지만 낮에는 3,000피트까지 구름이 올라갈 것으로 예보했다. 그러나 이 해에는 유독 1~2월의 날씨가 너무나 안 좋았다. 악천후를 전혀 예상하지 못했던 미군은 고전에 고전을 거듭하게 된다. 특히 케산의 안개는 너무나 지독했다.

케산은 겨울에도 평균 기온이 20도 이상 되는 더운 곳이라 안개가 자주 낀다. 그런데 케산에서는 그 독특한 지형적 요인 때문에 모든 종류의 안개[30]가 발생하여 동시에 또는 번갈아 영향을 주었다. 원래 안개란 낮에 온도가 올라가면 걷히는 것이 보통이다. 이곳의 안개는 소산되기보다는 낮은 구름으로 만들어져 고지대에 다시 형성되었다. 이것

---

29 산악이나 정글 지대의 작은 길로 형성된 통로 연결망. 북베트남·베트콩·남베트남·라오스·캄보디아 사이의 연락과 수송에 이용되었으며, 제2차 세계대전 이후에는 위의 국가들에서 일어난 봉기를 지원할 목적으로 게릴라들이 이용했다.

30 보통 안개는 그 생성원인에 따라 4가지로 구분된다. 지표면의 냉각으로 발생되는 땅 안개라 불리는 복사(輻射)안개, 바다에서 생성된 안개가 밀려온 이류(移流)안개, 평지로부터 지형위로 상승하는 공기가 냉각되어 발생하는 활승(滑昇)안개, 비가 온 후 증발된 습기에 의해 생기는 증발(蒸發)안개가 그것이다.

을 충운層雲이라고 부르는데 이런 낮은 층운은 태양 빛을 막아 주어 안개가 오후까지 계속된다. 만약 층운 구름이 두껍게 형성되었을 때는 며칠 동안이나 지속되는 경우도 있다. 낮은 구름은 하늘과 땅 사이에 차단막을 형성해 줌으로 군대를 공습과 폭탄 투하로부터 보호해 준다. 안개는 시야를 불투명하게 해줌으로 부대이동을 숨겨주고 적은 병력으로도 적과 싸울 수 있게 해 준다. 따라서 구름과 안개의 형성을 포함한 날씨와 기후에 대한 지식을 지휘관이 알고 있다면 전투에서 승리할 수 있는 확률은 더욱 높아질 것이다.

 "다시 한 번 디엔비엔푸의 영광을!" 인도차이나 전쟁[31] 당시 디엔비엔푸Điên Biên Phu 전투에서 지형과 기상을 이용해 프랑스군을 꼼짝 못하게 만들었던 베트민Vietminh은 케산의 미군을 제2의 프랑스군으로 만들겠다고 장담한다. 이미 주변의 숲과 밀림은 베트민군이 장악하고 있었고, 주위의 다리들 또한 성한 것이 없었다. 이처럼 육로가 봉쇄되어 있어 파견 병력을 지원하기 위해선 항공기를 이용할 수밖에 없었지만 안개로 항공작전 수행이란 결코 쉬운 일이 아니었다. 베트민군을 견제하겠다던 미군이 오히려 '독 안에 든 쥐' 꼴이 되어 버린 것이다.

 1968년 1월 21일 짙은 안개와 낮은 구름이 드리워진 새벽, 베트민군은 대대적인 기습 포격 및 공격을 감행했다. 1차 공격은 미 해병 제26연대 제3대대가 방어 중이던 케산 기지로부터 북서쪽으로 3킬로미터 떨어진 861고지에서 철조망을 파괴하고 공격해왔다. 미군 해병대는 공

---

31 1946~1954년 프랑스령 인도차이나의 독립을 둘러싸고 벌어진 전쟁. 19세기 말 이후 베트남을 지배하던 프랑스 세력은 2차대전 중 일본군 진주로 인해 쫓겨났다. 일본이 패망하자 베트남인은 이를 독립의 기회로 보았으나 프랑스는 다시금 베트남을 식민지배하고자 했고, 이에 베트남 독립동맹(베트민)이 중심이 되어 프랑스와 전쟁을 벌인다. 특히 1958년 디엔비엔푸에서 벌어진 전투에서 베트민은 프랑스에 결정적인 타격을 가했다. 프랑스는 이 전투 후에 베트남에서 철수하게 된다.

격해 오는 북베트남군과 백병전을 벌였다. 첫날부터 미군의 피해는 그야말로 심각했다. 북베트남군의 포격으로 많은 헬리콥터가 파괴되고 활주로는 구멍이 났다. 탄약 창고가 피격되어 98퍼센트에 해당하는 탄약을 잃었다. 다음 날 다행히도 날씨가 좋아져서 미 공군의 대대적인 폭격이 가능해지자 베트민군은 작전을 중단한다. 간간이 포격전만 하던 북베트남군은 케산에 대한 2차 공격을 2월 5일 시작했다. 북베트남군의 제325사단은 케산 기지 주변의 감제고지[32]를 점령했다. 이 감제고지에서 케산 기지에 정확한 포격을 가하면서 북서쪽에서 공격해 들어간 것이다. 1954년 디엔비엔푸 전투에 참전했던 제304사단이 랑베이Lang Vei 기지를 점령한 후 케산 기지 남쪽에서 공격했다. 2월 7일, 북베트남군에 의해 랑베이가 피탈되고 이어 미 해병대와 3월 초까지 화력전과 소규모의 근접전투가 지속되었다. 이때도 미 해병대는 막대한 타격을 입게 된다.

디엔비엔푸에서의 프랑스군의 비극이란 결국 물자와 병력의 수송이 이루어지지 않았기 때문이었다. 이 사실을 인식했던 미군은 온 힘을 다해 물자를 수송하고 무차별적으로 폭탄을 투하했다. 그러나 짙은 안개와 낮은 구름의 연속인 2월 한 달 동안 항공기를 이용한 지원 작전은 어려움을 겪을 수밖에 없었다. 이 기간 동안 날씨가 가장 좋아진다는 한 낮에도 항공기 착륙률은 40퍼센트를 넘지 못했다. 가끔씩 낮은 구름을 뚫고 내려오던 미군 항공기들은 베트민군의 포격에 격추되기 일쑤였다. 공중 폭격도 사정은 마찬가지였다. 전투기간 동안 B-52 폭격기가 2,548회 출격에 6만 톤의 폭탄을 떨어뜨렸고 매일 평균 350대의 전폭기와 60대의 B-52 폭격기가 케산의 하늘을 뒤덮었다. 그러나 안

---

32 적의 활동을 살피기에 적합한, 주변이 두루 내려다보이는 고지.

개로 인해 아무데나 쏘고 보자는 식에 지나지 않았다.

얼마나 안개가 지긋지긋했을까. 미군은 케산에서 짙은 안개를 없애기 위해 C-123 수송기를 이용해 무려 15차례에 걸쳐 염화나트륨을 뿌렸다. 그러나 안개는 걷히지 않았다. 케산에서는 실패했지만 알래스카에서는 안개를 없애는 데 성공했다. 1967년 11월부터 이듬해 2월까지 37회나 드라이아이스를 뿌려 비행장에 낀 안개를 없애는 데 성공한 것이다. 왜 알래스카에서는 성공했는데 케산에서는 실패했을까? 바로 안개가 따뜻한 안개냐, 추운 안개냐에 따라 성패가 갈린 것이다. 이후 안개소산 등의 기상변조 기술이 많은 발전을 가져온다. 미국보다 안개를 없애는 방법에 먼저 성공한 나라가 영국이다. 제2차 세계대전 당시, 밤에 독일 폭격을 마치고 돌아오는 영국 폭격기들이 맞닥뜨리는 가장 큰 어려움이 안개였다. 내려야 할 활주로에 안개가 끼어 있을 경우 대책이 없었기 때문이다. 영국 공군은 '안개 조사 및 퇴치 작전 Fog Investigation and Dispersal Operation'을 추진했다. 원리는 간단하다. 구름과 같이 안개는 아주 습한 공기가 차가워져 수증기 중의 일부가 응결되면서 발생한다. 영국 공군은 공기의 온도를 올려 응결(안개 생성)을 막는 방법을 생각한 것이다. 공항 활주로를 따라 길게 정렬된 파이프에서 휘발유를 태워 주변의 공기를 가열시켜 안개 물방울을 증발시킨 것이다. 따라서 영국 공군은 기름을 태우는 등 열을 가해 기온을 높임으로써 안개를 없앴는데 무려 2,000회의 이착륙에 도움을 주었다고 한다. 총 6,800만 리터의 휘발유와 경유가 들어 천문학적인 돈이 들어갔다는 것만 빼고는 안개 없애기 작전은 대성공이었다.

3월에 접어들면서 차차 맑은 날이 많아지자 미군 전폭기의 폭격이 정확해진다. 북동계절풍 몬순이 끝나는 4월이 되자 더 이상 안개가 끼지 않았다. 미군은 육·해·공군의 합동작전으로 케산 병력의 구출 작전에 나선다. "하나님, 이젠 살았습니다. 감사합니다." 4월 15일 케산의 미군은 석 달에 걸친 베트민군의 포위로부터 겨우 풀려날 수 있었다.

"아무리 강력한 공중무기도 안개와 낮은 구름으로 시계가 가려진 상태에서는 그 기능을 발휘할 수 없다." 케산 전투 후 날씨 요소는 미래 전쟁에서도 중요한 요소가 될 것이라고 미국의 톨슨Tolson 장군이 말했다. 30년이 훨씬 지난 코소보Kosovo 전쟁에서 나토(NATO)군의 주요무기는 레이저유도탄이었다. 그러나 이런 레이저는 안개와 비 또는 구름 속에서는 큰 효력을 발휘하지 못했고 또 앞으로 개발되는 어떤 무기체계도 날씨의 장애를 극복하기는 힘들 것이라고 과학자들은 말한다.

케산 전투는 단지 미 해병대와 북베트남과의 단순한 전투가 아니었다. 북베트남의 고도로 계산된 구정공세 중 양동작전의 하나였다. 그래서 미국에게는 케산 전투가 더 뼈아프게 다가오는지도 모른다. 케산 전투와 구정공세는 베트남 전쟁의 분수령이었다. 1968년 1월 21일, 미 해병대 5,600여 명이 지키고 있는 케산을 향해 북베트남의 장거리포가 불을 뿜으면서 개전을 알렸다. 이로부터 열흘 뒤 남베트남 전역의 100여 개 도시와 미군 기지가 8만 명의 민족해방전선 전사들로부터 동시 공격을 받는 구정공세가 시작되었다. 곧 승리할 것이라는 믿음을 가지고 있던 미국인은 갑작스러운 사태에 경악했다. 방송을 통해 베트남의 참상과 어려움을 보면서 냉소와 반전분위기로 바뀌기 시작한 것이다. 구정공세는 분명 미국이 승리한 전투였음에도 이를 사전에 예상하지 못하고 우왕좌왕했다는 점에서 미국인에게는 충격이었다. 무엇보다 77일간이나 포위된 채 여론의 관심이 집중된 케산 전투로 인해 미국인의 사기는 곤두박질쳤다. 언론은 매일 프랑스에 패배를 안겨준 디엔비엔푸 전투(1954년)의 망령을 연상시키며 자극적인 장면을 내보냈다. 처음에는 케산 전투에 별로 신경 쓰지 않았던 미국인은 매일 TV로 보여주는 케산 전투의 잔혹한 장면을 목격하면서 분노했고 환멸을 느꼈다. 북베트남의 목표는 케산의 포위작전을 장기전으로 끌고감으로써 반전운동을 확산시켜 전쟁에 대한 부정적 여론을 조성하는 데 있었다. 북베트남군은 디엔비엔푸처럼 미군을 포위망에 가두지도 않았고, 몰아치지도 않았다. 반전운동은 날개에 날개를 달았다. 당시 미 해병대는 사전에 공격징후를 포착하고 이에 대한 대비책을 강구했고, 전투 간 통합화력운용 등 월등한 전투력을 바탕으로 효과적인 방어를 실시하여 전투에서 승리했다고 자화자찬했다. 그러나 미 해병대가 전술적인 승리는 거두었다 하더라도 전략적인 승리는 아니었다. 북베트남의 전략이었던 '베트남 전쟁의 베트남화' 전략에 따라 평화협상, 미군 철수 등으로 이어지는 전략적 패배로 이어졌기 때문이다.

그해 말 닉슨Nixon 공화당 대통령 후보가 "명예로운 평화협상을 추구한다"고 발표함으로써 베트남 전쟁의 끝이 보이는 듯했다. 그러나 미국은 그대로 빠져 나오기에는 자존심이 너무 상했다. 4년에 걸친 평화조약 논의 과정에서 "미국이 이빨 빠진 호랑이가 아니다"라는 사실을 과시하기 위해 또 주도권 장악을 위해 휴전회담 내내 폭탄을 마구 떨어뜨렸다. 누가 죽어도 상관없다는 이 작전으로 죽지 않아도 될 사람들까지 수도 없이 죽었다. 1973년 1월에 체결된 파리평화조약은 4년 전 회담을 처음 시작할 때 논의했던 내용과 거의 차이가 없었다. 베트남 전쟁은 마지막까지 미국의 전략적 실패가 계속된 우울한 전쟁이었다.

참고문헌

『라이프 지구 재발견 시리즈』, 한국일보타임라이프, 1989

강호국 외, 『지형 및 기상』, 양서각, 1999

국방군사연구소, 『한국전쟁(상, 중, 하)』, 국방군사연구소, 1995

기상연구부, 『기상총감』, 공군 73기상전대, 1994

기상연구부, 『작전과 기상(Weather and Operation)』, 공군기상전대, 1999

김광식 외, 『한국의 기후』, 일지사, 1982

김광일, 『전쟁으로 읽는 한국사 : 한반도의 역사를 뒤바꿔놓은 결정적 전쟁이
　　　야기』, 은행나무, 2012

김도균, 『세계사를 뒤흔든 전쟁의 재발견』, 추수밭, 2009

김동완 외, 『날씨 때문에 속상하시죠』, 좋은벗, 1998

김명섭, 『대서양문명사』, 한길사, 2001

김성남, 『전쟁으로 보는 삼국지』, 수막새, 2009

김소구, 『지진과 재해』, 기전연구사, 1996

김연옥, 『기후학 개론』, 정익사, 1987

김연옥, 『한국의 기후와 문화』, 이화여자대학교 출판부, 1985

김충영, 『전쟁영웅들의 이야기 : 고대 중앙아시아편』, 두남, 2010

남경태, 『인간의 역사를 바꾼 전쟁이야기』, 풀빛, 2002

남도현, 『교과서는 못 가르쳐주는 발칙한 세계사』, 플래닛미디어, 2008

남도현, 『끝나지 않은 전쟁 6 · 25』, 플래닛미디어, 2010

남도현, 『전쟁, 그리고 : 10개 키워드로 읽는 색다른 전쟁이면사』, 플래닛미디
　　　어, 2012

남도현, 『히틀러의 장군들』, 플래닛미디어, 2009

노병천, 『도해 세계전사』, 한원, 1989

문승의, 『기상환경의 이해』, 지구문화사, 1987

민경덕 외, 『대기과학개론』, 시그마프레스, 1999

박은식 저, 김태웅 역해, 『한국통사 : 국망의 아픈 역사를 되돌아보는 거울』, 아카넷, 2012

박태균, 『한국전쟁』, 책과함께, 2005

반기성, 『날씨 토픽 : 21세기 지구촌 최대 이슈 '날씨' 이야기』, 명진출판, 2000

변희룡, 『이야기로 간추린 天機天氣』, 정명당, 1994

세계사신문 편찬위원회, 『세계사신문 1 : 문명의 여명에서 십자군전쟁까지』, 사계절, 1998

안명복, 『태풍이야기』, 중앙일보사, 1981

양욱, 『그림자 전사, 세계의 특수부대』, 플래닛미디어, 2009

윤선자 외, 『이야기 역사 시리즈』, 청아출판사 2006

윤일희 편, 『현대 기후학』, 시그마프레스, 2004

윤일희, 『스토리 기상학』, 경북대학교출판부, 2006

윤일희, 『D-Day 예보에 참여한 기상학자들』, 북스힐, 2007

이동훈, 『전쟁영화로 마스터하는 2차세계대전 : 태평양 전선』, 가람기획, 2009

이우진, 『일기도와 날씨해석』, 광교이택스, 2006

이우진, 『정보화 사회의 기상서비스』, 문예당, 1997

이우진, 『컴퓨터와 날씨예측』, 광교이텍스, 2006

이원복, 『먼나라 이웃나라 시리즈』, 김영사, 2000

이유진, 『기후변화 이야기』, 살림출판사, 2010

이윤기, 『뮈토스』, 고려원, 1999

임용한, 『세상의 모든 전략은 전쟁에서 탄생했다』, 교보문고, 2012

임용한, 『한국고대전쟁사1 : 전쟁의 파도』, 혜안, 2011

전윤재 · 서상규 공저, 『전투함과 항해자의 해군사』, 군사연구, 2009

정미선, 『전쟁으로 읽는 세계사』, 은행나무, 2009

정토웅, 『전쟁사 101장면』, 가람기획, 1997

정하명 외, 『세계전쟁사』, 육군사관학교, 1981

정하명 외, 『세계전쟁사』, 일신사, 1976

정해은, 『고려, 북진을 꿈꾸다』, 플래닛미디어, 2009

조석준, 『기상경제, 기온 1도의 변화를 읽는다』, 서운관, 1995

조석준, 『재미있는 날씨 이야기』, 해냄, 1992

조중화, 『다시 쓰는 임진왜란사』, 학민사, 1996

주시후, 『戰爭史』, 한국학술정보, 2007

지구과학 연구회 편, 『지구 환경의 이해』, 지구문화사, 1988

진단학회, 『한국사 : 중세편』, 을유문화사, 1961

타임라이프 북스, 『타임라이프 세계사 세트』, 가람기획, 2005

해군대학, 『세계 해전사』, 해군대학, 1998

홍성길 편저, 『기초 기후학』, 신광출판사, 1981

Brian J. Skinner & Stephen C. Porter, 박수인 외 공역, 『생동하는 지구』, 시그 마프레스, 2000

C. V. 웨지우드 저, 남경태 역, 『30년 전쟁 1618~1648』, 휴머니스트, 2011

H. H. 램, 김종규, 『기후와 역사』, 한울아카데미, 2004

R. C. 빌라 저, 나일성 역, 『기후의 비밀』, 중앙일보, 1978

Stephen Tanner 저, 김성준·김주식·류재현 공역, 『아프가니스탄』, 한국해양 전략연구소, 2010

Trudy E. Bell 저, 손영운 역, 『SCIENCE 101 기상학』, 북스힐, 2010

고든 L. 리트먼 등 저, 김홍래 등 역, 『세계의 전쟁 시리즈』, 플래닛미디어, 2008

그레고리 프리몬-반즈·토드 피셔, 『나폴레옹 전쟁』, 플래닛미디어, 2009

로널드 피어슨 저, 김준민 역, 『기후와 진화』, 민음사, 1987

로라 리 저, 박지숙 역, 『세계사 캐스터』, 웅진지식하우스, 2007

류평 편저, 김문주 역, 『인류의 운명을 바꾼 역사의 순간들 : 전쟁편』, 시그마

북스, 2009

리처드 오버리 저, 류한수 역, 『스탈린과 히틀러의 전쟁』, 지식의 풍경, 2003

마이크 데이비스 저, 정병선 역, 『엘니뇨와 제국주의로 본 빈곤의 역사』, 이후, 2008

마이클 매클리어 저, 유경찬 역, 『베트남 10,000일의 전쟁』, 을유문화사, 2002

마크 네스빗 저, 김봉기 역, 『체임벌린의 남북전쟁』, 한스하우스, 2011

맥스 부트 저, 송대범 · 한태영 역, 『MADE IN WAR 전쟁이 만든 신세계』, 플래닛미디어, 2007

버나드 로 몽고메리 저, 승영조 역, 『전쟁의 역사 Ⅰ, Ⅱ』, 책세상, 1995

브라이언 페이건 저, 남경태 역, 『기후 문명의 지도를 바꾸다』, 예지, 2007

브라이언 페이건 저, 윤성옥 역, 『기후는 역사를 어떻게 만들었는가』, 중심, 2002

사이먼 윈체스터 외, 박영원 역, 『지구의 생명을 보다』, 휘슬러, 2005

실베스트르 위에 저, 이창희 역, 『기후의 반란』, 궁리, 2002

아노 카렌 저, 권복규 역, 『전염병의 문화사』, 사이언스북스, 2001

아서 브라이언트 저, 황규만 역, 『워 다이어리』, 플래닛미디어, 2010

안토니 비버 저, 조윤정 역, 『피의 기록, 스탈린그라드 전투』, 다른세상, 2012

앤터니 비버 저, 김원중 역, 『스페인 내전』, 교양인, 2009

얀 클라게 저, 이상기 역, 『날씨가 역사를 만든다』, 황소자리, 2004

어네스트 지브로스키 Jr. 저, 이전희 역, 『잠 못 이루는 행성』, 들녘, 2002

에릭 두르슈미트 저, 방대수 역, 『날씨가 바꾼 전쟁의 역사』, 이다미디어, 2006

웨인 휴스 저, 조덕현 역, 『해전사 속의 해전』, 신서원, 2009

윌리엄 맥닐 저, 김우영 역, 『전염병의 세계사』, 이산, 2005

윌리엄 위어 저, 이덕열 역, 『세상을 바꾼 전쟁』, 시아출판사, 2009

이다 무즈지로 저, 이면우 역, 『구름 · 바람으로 읽는 기상』, 아카데미서적, 1997

제레드 다이아몬드 저, 김진준 역, 『총, 균, 쇠』, 문학사상사, 1998

제레미 블랙 편, 박수철 역, 『역사를 바꾼 위대한 장군들』, 21세기북스, 2009

제프리 메가기 저, 김홍래 역,『히틀러 최고사령부 1933~1945년』, 플래닛미디어, 2009

조셉 캠벨 · 빌 모이어스 저, 이윤기 역,『신화의 힘』, 고려원, 1992

조지프 커민스 저, 채인택 역,『별난 전쟁 특별한 작전』, 플래닛미디어, 2009

존 그리빈 · 메리 그리빈 저, 김웅서 역,『빙하기』, 사이언스북스, 2006

존 린치, 이강웅 · 김맹기 공역,『길들여지지 않는 날씨』, 한승, 2004

존 키건 저, 류한수 역,『2차세계대전사』, 청어람미디어, 2007

존 키건 저, 조행복 역,『1차세계대전사』, 청어람미디어, 2009

존 G. 스토신저 저, 임윤갑 역,『전쟁의 탄생』, 플래닛미디어, 2009

콜린 A. 로넌 저, 김동광 · 권복규 역,『세계과학문명사 1, 2』, 한길사, 1997

크리스 비숍 · 데이비드 조든 공저, 박수민 역,『제3제국』, 플래닛미디어, 2012

크리스터 외르겐젠 등, 최파일,『근대 전쟁의 탄생』, 미지북스, 2011

크리스터 요르젠센 저, 오태경 역,『나는 탁상 위의 전략은 믿지 않는다』, 플래닛미디어, 2007

타챠나 알리쉬 저, 우호순 역,『자연재해』, 혜원출판사, 2009

폴 콜리어 · 알라스테어 핀란 · 마크 J. 그로브 등 저, 강민수 역,『제2차 세계대전』, 플래닛미디어, 2008

피에르 발로 저, 남윤지 역,『아틀라스 20세기 세계전쟁사』, 책과함께, 2010

피터 심킨스 · 제프리 주크스 · 마이클 히키 공저, 강민수 역,『모든 전쟁을 끝내기 위한 전쟁』, 플래닛미디어, 2008

필립 드 수자 · 발데마르 헤켈 · 로이드 루엘린-존스 공저, 오태경 역,『그리스 전쟁』, 플래닛미디어, 2009

Brian J. Skinner, Stephen C. Porter, Daniel B. Botkin, *The Blue Planet*, Wiley, 1998

C. D. B. Bryan, *The National Geographic Society*, Harry N. Abrams, 1997

C. Donald Ahrens, *Essentials of Meteorology*, Wadsworth, 1998

David H. Levy, *Skywatching*, Time Life Books, 1997

David Pedgley, *Mountain Weather*, Cicerone Press, 1979

Erwin Rommel, *Infantry Attacks*, Combat Forces Press, 1956

Felix Gad Sulman, *Health, Weather and Climate*, S. Karger, 1976

Georg Paul Neumann, J. E. Gurdon, *The German Air Force in the Great War*, Hodder and Stoughton Ltd., 1920.

George D. Freier, Ph.D., *Weather Proverbs*, Fisher Books, 1997

Girard L. McEntee, *Military History of the World War*, Charles Scribner's Sons, 1937.

Harold A. Winters, *Battling the Elements*, Johns Hopkins University Press, 1998

Howard C. Kunreuther, Erwann O. Michel-Kerjan, *At War with the Weather*, The MIT Press, 2009

J. F. C. Fuller, *A military History of the Western World (Vol. III)*, Funk & Wagnalls Co., 1954

Jan DeBlieu, *Wind : How the Flow of Air has Shaped Life, Myth, and the Land*, Houghton Mifflin Harcourt, 1998

Jeff Renner, *Mountain Weather*, The Mountaineers Books, 2003

Joe. R. Eagleman, *Meteorology*, D. Van Nostrand Company, 1980

John E. Oliver, Rhodes W. Fairbridge, *The Encyclopedia of Climatology*, Van Nostrand Reinhold Company, 1987

John F. Fuller, *Thor's Legions : Weather Support to the U.S. Air Force and Army, 1937-1987*, American Meteorological Society, 1997

Karl von Clausewitz, Trans. O.J. Matthijs Jolles, *On War*, Random House, 1943

Lee Bennett Hopkins (Author), Melanie Hall (Illustrator), *Weather*, Harpercollins Childrens Books, 1994

Leonard Leokum and Paul Posnick, *Weather War*, Pinnacle Books, 2004

Louise Michel, *The Red Virgin : Memoirs Of Louise Michel*, University of Alabama Press, 1981

Mary Miller, Tom Murphree, *Watching Weather*, Owl Publishing Company, 1997

Michael Oard, *The Weather Book*, Master Books, 1998

Myriam Dornoy, *Politics in New Caledonia*, Sydney University Press, 1984

Restless Earth Natures Awesome Powers, National Geographic Society, 1997

Richard Whelan, *The Book of Rainbows*, First Glance Books, 1997

T. A. Fitzpatrick, *Weather and War*, The Pentland Press Limited Edinburgh Cambridge Durham, 1998

T. E. Lawrence, *The Seven Pillars of Wisdom*, Garden City Publishing Co., 1938.

W. J Maunder, *The Value of the Weather*, Methuen Co. Ltd, 1970

William J. Burroughs, Bob Crowder, Ted Robertson, Eleanor Vallier-Talbot, Richard Whitaker, *Weather*, Time Life Books, 1997

William James Burroughs, *Does the weather really matter?*, Cambridge University Press, 1997

William P. Crawford, *Mariner's Weather*, W. W. Norton & Company, 2003

William R. Cotton and Roger A. Pielke, Sr., *Human Impacts on Weather and Climate*, Cambridge University Press, 1994

Winston S. Churchill, *The World Crisis, (4 vols)*, Charles Scribner's Sons, 1932

한국국방안보포럼(KODEF)은 21세기 국방정론을 발전시키고 국가안보에 대한 미래 전략적 대안들을 제시하기 위해 뜻있는 군·정치·언론·법조·경제·문화·마니아 집단이 만든 사단법인입니다. 온·오프라인을 통해 국방정책을 논의하고, 국방정책에 관한 조사·연구·자문·지원 활동을 하고 있으며, 국방 관련 단체 및 기관과 공조하여 국방교육자료를 개발하고 안보의식을 고양하는 사업을 하고 있습니다. http://www.kodef.net

KODEF 안보총서 56

날씨가 바꾼

서프라이징 세계사

초판 1쇄 인쇄 | 2012년 8월 16일
초판 1쇄 발행 | 2012년 8월 20일

지은이 | 반기성
펴낸이 | 김세영

책임편집 | 김예진
편집 | 이보라
디자인 | 홍효민
관리 | 배은경

펴낸곳 | 도서출판 플래닛미디어
주소 | 121-839 서울 마포구 서교동 381-38 3층
전화 | 02-3143-3366
팩스 | 02-3143-3360
블로그 | http://blog.naver.com/planetmedia7
이메일 | webmaster@planetmedia.co.kr
출판등록 | 2005년 9월 12일 제 313-2005-00197호

ISBN 978-89-97094-18-9 03900